WESTEND

LARS WINKELSDORF
THOMAS ECKERT

Tot oder lebendig

Das skandalöse Geschäft
mit dem Notruf

WESTEND

Mehr über unsere Autoren und Bücher:
www.westendverlag.de

Die Deutsche Nationalbibliothek verzeichnet diese Publikation in der Deutschen Nationalbibliografie; detaillierte bibliografische Daten sind im Internet über http://dnb.d-nb.de abrufbar.

FSC® www.fsc.org
MIX
Papier aus verantwortungsvollen Quellen
FSC® C083411

ISBN 978-3-86489-273-8

Umschlaggestaltung: Buchgut Berlin
Fotos Seite 19, 22: © Björn-Steiger-Stiftung
Alle weiteren Fotos: © privat
Satz: Publikations Atelier, Dreieich
Druck und Bindung: CPI – Clausen & Bosse, Leck
Printed in Germany

Inhalt

Konfrontation mit der Realität

Der 4. Oktober 2017 ist ein typischer Redaktionstag. Thomas Eckert und ich sitzen im Schneideraum beim NDR in Hamburg Lokstedt und bearbeiten die Endfertigung eines Beitrages für die an diesem Abend geplante Sendung ARD Plusminus.[1] Es geht um unkorrekte Abrechnungen von Rettungsdiensten. Endfertigung, das bedeutet juristische Prüfung des Fernsehbeitrages, es bedeutet aber auch, dass die eigenen Vorstellungen der Redaktionsleitung eingearbeitet werden müssen, bevor die fertige Arbeit dann auch ausgestrahlt werden darf.

Über die Arbeit an diesem Beitrag haben wir uns kennengelernt, beide haben wir eine Ausbildung als Rettungssanitäter absolviert, vor Jahren in einem früheren Leben, vor dem Journalismus. Der Kollege ist dann jahrelang Krankentransport und Rettungsdienst gefahren, ich bin es nicht. Es ist unsere erste Zusammenarbeit und das Thema passt dabei nahezu perfekt, um sich zusammenfinden zu können: Über Jahre hinweg haben die Feuerwehren von Hamburg und Berlin auf ihren Rettungswagen an Material und Medikamenten gespart, somit wurden die DIN-Normen für die Fahrzeuge umgangen, die Einsätze aber dennoch gegenüber Patienten und Krankenkassen als vollwertige Rettungswagen abgerechnet. Machte so etwas ein privater

Dienstleister, er müsste sich mit an Sicherheit grenzender Wahrscheinlichkeit vor Gericht wegen Kassenbetruges verantworten. Jedoch sind die zuständigen Behörden anderer Meinung gewesen und verwiesen darauf, dass ja zusätzlich zu den Rettungswagen (RTW) noch der Notarzt mit seinem Einsatzfahrzeug käme und so im Rendezvous-System die komplette Ausstattung am Patienten zur Verfügung stünde.

Weil uns einige Sekunden Bildstrecke fehlen, haben wir kurzerhand eigene Notfallausstattungen von zuhause mitgebracht. Erweiterte Erste-Hilfe-Ausstattungen für den Urlaub oder längere Autofahrten. Einfach mit der Kamera die Stillleben abfilmen, schon ist das Problem der fehlenden Schnittbilder gelöst. Als wir uns gegen 15 Uhr voneinander verabschieden, können wir noch nicht ahnen, dass wir einem wesentlich größeren Thema auf der Spur sind. Gleich einem redaktionellen Dornröschenschlaf sind wir auf das Thema des Kassenbetruges in diesem Fernsehbeitrag regelrecht fixiert und verlassen das Studiogelände. Für mich ein Weg in den Feierabend mit Kaffee, Zigaretten und dem entspannten Abwarten auf die obligaten Anrufe von Interviewpartnern, Informanten und Kollegen nach der Sendung.

Den Kaffee dringend brauchend, komme ich auf dieser Fahrt bis etwa fünf Minuten vor meine Haustür in Hamburg Langenhorn, als an einer Kreuzung von links ein Einsatzwagen der Polizei mit Sondersignal auf die Kreuzung einfährt. Gegenüber sehe ich rechts an einer Bushaltestelle eine Gruppe Passanten im Kreis stehen. Eine Person liegt auf dem Boden, ein Mann drückt mit den Händen auf seinen Oberkörper – Reanimation.

Meine Erinnerung setzt wieder ein, als ich rechts am Fahrbahnrand stehe und der Polizeiwagen vor mir hält. Der Gesichtsausdruck des Fahrers lässt mich darauf schließen, dass ich ihn wohl ausgebremst habe, erhellt sich aber für den Moment deutlich, als ich die Notfalltasche aus dem Kofferraum hole. Später werde ich feststellen, dass es zu dieser Zeit 16.11 Uhr ist. Für freundliche Worte oder auch nur das Denken daran ist in dieser Situation aber keine Zeit, ich werfe die Tasche neben den Patienten und drücke meine Hand auf die Schulter des völlig erschöpften Ersthelfers, um ihn abzulösen. Wir machen uns dabei miteinander bekannt, er ist Kinderarzt aus einem nahe gelegenen Krankenhaus, hat kürzlich sein Notfalltraining absolviert. In der Ferne kann man den Rettungswagen hören, noch ein oder zwei Minuten bis zu seinem Eintreffen.

Ich öffne die Jacke des Mannes. Die Hemdknöpfe dauern zu lange, ein kurzer Riss und schon habe ich den Brustkorb frei vor mir liegen, suche den Druckpunkt und beginne selber mit der Herzmassage. In diesem Augenblick realisiere ich, dass die Jahre ohne Sport, mit viel zu fettem Essen und Unmengen an Kaffee und Zigaretten eine eher schlechte Idee gewesen sind, und muss die fehlende Kondition durch Zusammenreißen ersetzen. Routine oder Erfahrung in Wiederbelebung wären auch nicht unpraktisch gewesen. Derweil kümmert sich der Arzt um die Atemwege des Betroffenen und macht sie mit dem »Esmarch-Handgriff« frei, damit die zurückgesunkene Zunge nicht den Weg in die Lungen versperrt. Unter meinen Fingern spüre ich, wie ich bei der Druckmassage die Rippen des Mannes breche, es knirscht erbärmlich. An seiner Stirn ist eine blutende Wunde, aber für Handschuhe ist keine Zeit. Vermutlich war er bereits bewusstlos, als er zu Boden fiel, und konnte seinen Sturz nicht mehr abfangen.

Endlich trifft der Rettungswagen ein, sofort kleben die Notfallsanitäter die Elektroden vom Defibrillator auf die Brust. Wir machen uns nicht großartig bekannt miteinander, alles läuft automatisch, geradezu selbstverständlich. Das Gerät analysiert einige Sekunden den Herzrhythmus und erkennt, dass ein lebensrettender Stromstoß gegeben werden muss. Mit dem typischen Pfeifen zeigt es an, dass es auflädt, wir nehmen Abstand vom Patienten, um nicht selbst geschockt zu werden. Ich hebe meine Hände und zeige so an, dass ich bereit bin. Als der Schock ausgelöst wird, schlagen die Arme des Patienten hoch, sein Körper bäumt sich auf und ich beginne sofort wieder mit der Druckmassage. Ein bis zwei Minuten etwa, dann lasse ich mich ablösen und wir betrachten das EKG auf dem Monitor, die elektrische Aktivität des Herzens: Pulslose elektrische Aktivität, der Stromfluss ist also wieder in Ordnung, aber er produziert nicht die gewünschte mechanische Leistung des Herzens. Wie ein Auto im Leerlauf: Man tritt das Gaspedal, aber es bewegt sich nichts.

Ich greife den Beatmungsbeutel der Feuerwehr und bereite das Material vor, damit der Notfallsanitäter für wichtigere Aufgaben frei ist, reiche es dem Arzt am Kopfende an und prüfe am Handgelenk den Puls. Die Druckmassage kommt an, wir sind also wenigstens effektiv und der Mann hat hoffentlich eine Chance. Die weitere Arbeit läuft Hand in Hand: Die Sanitäter bereiten einen Larynxtubus vor, ich übernehme und versuche, den Schlauch in seine Atemwege zu schieben, als der Patient sich zu wehren beginnt und mit der Zunge dagegen drückt. Seine Augen zeigen, dass er unter der laufenden Reanimation aufklart, sein Gehirn erholt sich vom Sauerstoffmangel. Aber die Atemwege sind extrem klein, regelrecht winzig und ich breche den Versuch ab. Ich bereite als Alternative einen Schlauch vor, den der Arzt in seine Bronchien schieben will. Es gelingt ihm nicht, wir brechen ab und arbeiten weiter mit dem Beutel über die Maske. Die weitere Sicherung der Atemwege muss warten, bis der Notarzt eintrifft, für den Augenblick reicht die Versorgung mit der Maskenbeatmung gerade so aus.

Ich löse den Arzt ab und übernehme das Bebeuteln, damit er einen Zugang in die Handvene legen kann. Über die Spritze können dann lebenswichtige Medikamente gegeben werden. Zwei Versuche unternimmt der Kinderarzt, beide scheitern, als plötzlich ein Arzt erscheint, vermutlich arabischer Herkunft. Er hatte die Notlage erkannt und mit seinem Auto einfach angehalten, um zu helfen. Er diskutiert nicht lange, versucht es und hat sofort Erfolg. Er spritzt Adrenalin, derweil versuche ich, mit der Feuerwehrtechnik aus dem Hause Wegwerfprodukte irgendwie klarzukommen. »One size fits all«, die Maske soll angeblich auf 90 Prozent aller Erwachsenen passen – dann gehört der Patient hier also zu den anderen 10 Prozent. Ich tausche es gegen mein eigenes Material. Einer der Sanitäter bedankt sich: »Wir sind RTW 16F, melde dich einfach später bei der Feuerwehr, dann kriegst du alles Material ersetzt.«

Immer noch kein Herzschlag, inzwischen ist eine gefühlte Ewigkeit vergangen. Erst jetzt merke ich, dass um uns herum Polizisten stehen und Decken als Sichtschutz halten. Vom Notarzt ist weit und breit nichts zu sehen. Ich spreche einen der Beamten an: »Wir brauchen einen Notarzt, fordern Sie bitte den Hubschrauber an.« Macht er auch sofort und fragt über Funk nach. Man sieht es ihm an, dass er froh ist, jetzt etwas tun zu können und nicht mehr hilflos zuschauen zu müssen. Es sind auch die ersten Momente, in denen ich selbst mal zum Nachdenken komme, in was für eine Situation ich da geraten bin. Ohne Notarzt und das Material auf dem Einsatzfahrzeug wird dieser Mensch hier nicht überleben, dazu fehlt es uns an Technik, Medikamenten und dem studierten Know-how. Ich merke, dass ich mich übergeben muss, zünde mir eine Zigarette an und atme kurz durch, als auch schon der Polizist zu mir kommt und mir erzählt, dass der Notarzt in wenigen Minuten ankommt. Der Hubschrauber ist in einem anderen Einsatz gebunden und der Notarzt hängt im Stau fest.

Es ist 16.32 Uhr, als endlich das Signalhorn des NAW 23B zu hören ist.[2] Bei der Ankunft informiere ich kurz die Notärztin und beschließe, mich nun zurückzuziehen. Im Einsatz sind nun zwei Sanitäter der Feuerwehr Hamburg, eine der Bundeswehr und die Notärztin. Während ich mein Material einzusammeln versuche, kann ich sehen, wie der Patient nun einen Schlauch in die Atemwege geschoben bekommt, derweil übernimmt die junge Soldatin die Herzmassage. Eine mechanische Pumpe wird vorbereitet, die diese Arbeit übernehmen soll, der »LUCAS«.

Ich frage die völlig erschöpfte Soldatin, ob ich das Drücken wieder übernehmen soll. Nach einer vorschnellen Ablehnung kommt wenige Augenblicke später ihre Zusage, sie zählt einen Countdown abwärts und ich übernehme wieder die Massage. Ein kurzer Blick zur Ärztin und ich sage ihr, dass wir inzwischen seit mehr als 35 Minuten bei der Arbeit sind. Die unausgesprochene Bedeutung dahinter sind die Kriterien für einen Abbruch der Wiederbelebungsmaßnahmen, denn mit zunehmender Dauer wird das Gehirn unterversorgt und die Chancen auf einen Erfolg sinken beträchtlich. Irgendwann muss man sich Gedanken darüber machen, ob man tatsächlich noch ein Leben retten kann oder einen schwer hirngeschädigten Komapatienten rettet, der seine letzten Tage menschenunwürdig an einem Beatmungsgerät verbringt. Die Notärztin nickt kurz in Richtung ihres Mobiltelefons, sie hat die Stoppuhr laufen.

Der Patient schaut mich dabei an. Seine Pupillen folgen mir und er scheint zumindest Teile der ganzen Geschehnisse irgendwie mitbekommen zu haben. Er weint erkennbar und ich versuche, mit ihm zu sprechen, ihn zu beruhigen. Ich weiß nicht, was er davon bewusst verarbeiten kann. Während ich ihm zu sagen versuche, dass wir uns um ihn kümmern, ihm helfen, flackern seine Pupillen und er verdreht die Augen. Er krampft. Es sind inzwischen etwa 40 Minuten vergangen und der Krampf weist nun doch sehr eindeutig darauf hin, dass durch den Sauerstoffmangel ein schwerer Hirnschaden eingetreten ist. Mit anderen Worten: Wir haben verloren. Mir wird übel.

Dennoch bricht die Notärztin die Bemühungen nicht ab. Nach quälend langen 70 Minuten erfolgt schließlich der Transport mit dem Rettungswagen in die nur wenige Minuten entfernte Notaufnahme. Später erfahre ich, dass der Mann dort nach etwa 20 Minuten für tot erklärt wurde.

Um nicht falsch verstanden zu werden: Die Retter waren großartig und haben bis zur völligen Erschöpfung an dieser Bushaltestelle geschuftet, um das Leben des Mannes zu retten. Diesen Menschen würde ich mich nach dieser Erfahrung selbst bedingungslos anvertrauen. Es liegt nicht an ihnen, dass ihr Dienstherr nicht ausreichend Material zur Verfügung stellte, gut 30 Minuten Wartezeit auf den Notarzt notwendig wurden und die Maßnahmen vergeblich waren. Nicht einmal der tragische Ausgang der Bemühungen kann daran festgemacht werden, dass hier zahlreiche Versäumnisse kulminierten, und es ist zudem auch fraglich, ob der Mensch überhaupt eine Überlebenschance hatte. Aber es zeigt eindrucksvoll auf, dass es grauenvolle Konsequenzen sind, denen man sich auch zu stellen hat, wenn lange Wartezeiten auf Notärzte hingenommen werden, wenn Sanitäter auf ihren Rettungswagen an der »kurzen Leine« gehalten werden und nicht ausreichende Kompetenzen zugebilligt bekommen und wenn ein System zu einem gewissen Prozentsatz schlicht nicht funktioniert. Eben Konsequenzen wie diese.

Es war dieses eigene Erleben, welches die Perspektive verschob und die gravierenden Probleme im Rettungswesen für uns offensichtlich werden ließen. Die statistischen Prozente bekamen ein Gesicht, sie wurden zu Schicksalen und tragischen Geschichten von Rettungsmitteln, die zu spät eintreffen, von

Standesdünkeln, die Familien zerstören, und von verzweifelten Helfern, die tagtäglich versuchen, aus den schlechten Arbeitsbedingungen und einem zunehmend maroden Rettungssystem das Bestmögliche herauszuholen.

Nach langen Gesprächen über diesen Todesfall war das Erlebte der Anstoß für unsere Recherchen im deutschen Blaulichtmilieu und wir mussten uns wiederholt mit der Frage auseinandersetzen, ob man dem Leser die Realitäten überhaupt zumuten kann, die Schilderungen nicht zu drastisch wären oder sogar Angst machen könnten. Ja sogar, ob man von diesem Anstoß überhaupt erzählen sollte. Um es kurz zu formulieren: Was Retter in Deutschland erleben, ist für Außenstehende kaum vorstellbar und häufig nur noch als entsetzlich zu beschreiben. Jeden Tag diese Anblicke ertragen zu müssen und verzweifelt um das Überleben von Menschen zu kämpfen, häufig dabei diesen Kampf zu verlieren, ist eine Grenzerfahrung, die höchsten Respekt verdient. Morgens in einer vermüllten Wohnung einen Schlaganfallpatienten zu versorgen, um wenige Stunden später ein misshandeltes Kind ins Krankenhaus zu bringen und anschließend zum wiederholten Male einen Pflegefall in die Notaufnahme zu fahren, später erfolglos eine Wiederbelebung an einem Neugeborenen zu versuchen und am Ende noch auf der Straße angepöbelt zu werden, ohne an diesen Erlebnissen zu zerbrechen, ist eine wirkliche Leistung, die in unserer Gesellschaft viel zu wenig Anerkennung erfährt.

Dass wir uns trotzdem dazu entschieden haben, den Leser Eindrücken von schweren Erkrankungen und Unfallgeschehen, den Belastungen der Retter und schlussendlich auch dem Sterben von Menschen auszusetzen, ist dem Thema selbst geschuldet: Der menschliche Körper ist nicht dazu geschaffen, um bei Motorradunfällen auf der Autobahn bei Tempo 200 km/h das Ereignis an einem Stück zu überstehen. Der Alkoholiker stirbt nur selten friedvoll schlafend im Bett, sondern häufig jämmerlich blutend und die Schmerzen bei einem Herzinfarkt sprengen die Vorstellungskraft der meisten Gesunden. Dies aber ist ein normaler Bestandteil unser aller Lebensrealität, denn der Traum immerwährender Jugend und Gesundheit, mit dem wir die Problematik allzu leicht verdrängen, wird für jeden von uns so oder so enden. Wir werden älter, wir erkranken, uns passieren Unfälle und früher oder später landen wir alle auf die eine oder andere Weise in einer Situation, in der wir auf ein Rettungsmittel selbst angewiesen sein werden, ein Kollege oder ein naher Angehöriger, ein Freund oder ein Nachbar betroffen sein wird.

Genau darum geht es uns auch alle an, dass bestehende Probleme in der Notfallrettung politisch gelöst werden müssen.

Rettungswesen in Deutschland

Wenn es brennt, kommt die Feuerwehr. Das erscheint uns selbstverständlich und auf historischen Bildern können wir ebenso das Wirken der Feuerwehrmänner sehen wie in Museen die Ausrüstung vergangener Jahrhunderte bestaunen. Doch nur wenige Museumsexponate zeigen uns, wie das Rettungswesen um 1850 funktioniert hat.

Der Grund dafür ist verhältnismäßig einfach: Es existierte quasi nicht. Man wurde sich nur mühsam des Problems bewusst. Erste Rettungsverordnungen in den Ländern erklärten die Rettung von Menschen zur Bürgerpflicht und versprachen sogar Belohnungen für die Wiederbelebung von »Scheintoten«, gaben Anleitungen dazu, doch Organisationsstrukturen oder gar Ausstattung suchte man in aller Regel vergeblich. Eine Tragbahre vielleicht, die man bestaunen kann oder möglicherweise ein Ruderboot der Seenotrettung, doch was wir heute an schneller, professioneller Hilfe auf den Straßen bei Unglücksfällen erleben, ist eine noch sehr junge Erfindung. Notfallmedizin ist Ergebnis des Krieges und entstammt den Schlachtfeldern Europas im 19. Jahrhundert, wo erstmals verwundeten Soldaten in Zelten von Feldärzten im Schein von Öllampen die Gliedmaßen amputiert und Wunden genäht wurden. Wohlgemerkt ohne Narkose und ohne Antibiotika. Die grauenvollen Zustände damals wiesen den Weg in moderne Erkenntnisse einer Akutversorgung und so wundert es nicht, dass viele auch heute noch berühmte Ärzte und Methoden dieser Epoche entstammen:

Die moderne Anästhesie, aus der schließlich die medizinischen Fachbereiche der Schmerztherapie, der Intensivmedizin und der Notfallmedizin erwuchsen, wurde am 16. Oktober 1846 am »Äthertag von Bosten« vom Zahnarzt William Thomas Green Morton (1819–1868) überhaupt erst erfunden. Operationen waren bis dato von Patienten zu ertragen und es gab bestenfalls etwas Alkohol oder, wenn man viel Glück hatte, die damals frei verkäufliche Opiumtinktur Laudanum.

Oder etwa Friedrich Trendelenburg (1844–1924, Berlin), der als Chirurg noch heute gültige Grundsätze zur Schocklagerung ersann und in seiner Abschiedsrede darauf verwies, dass seine Studenten dem »Vaterland in Stunden der Gefahr tüchtige Kriegsärzte sein würden« und sich damit zur grundsätzlichen Herkunft seiner Kunst bekannte.

Aber gerade auch Friedrich von Esmarch (1823–1908), dessen Name noch heute bekannt ist durch den »lebensrettenden Handgriff« mittels Öffnen und Vorschieben des Unterkiefers bei überstrecktem Kopf, damit die Atemwege des Patienten frei sind. Der neben dem berühmten Dreiecktuch quasi nebenbei die »Erste Hilfe« in Deutschland erfand: Nachdem er bei einem Kongress in England die dortige St. John Ambulance Association kennengelernt hatte, schuf er 1882 die ersten Grundlagen für das Samariterwesen in Kiel, zu dem nicht nur die Versorgung von Patienten gehörte, sondern auch die Entwicklung der »ersten Hülfe«. Damit war er Vorreiter des Sanitätswesens in ganz Deutschland: Die einzelnen Organisationen im Land schlossen sich schließlich zum Deutschen Samariter Bund zusammen, der 1908 umbenannt wurde in »Deutsche Gesellschaft für Samariter- und Rettungswesen«. Es schlossen sich andere Organisationen, etwa das Rote Kreuz, welches seinen Ursprung auf den Schlachtfeldern Europas hat, oder Feuerwehren, diesen Systemen an und so gab es zur Zeit der Jahrhundertwende bald ein organisiertes Krankenbeförderungssystem.

Krankenwagen im eigentlichen Sinn entstanden in dieser Phase allerorts und brachten die Patienten bei Notfällen schnell in die Hospitäler. Doch mehr auch nicht, es waren reine Transporter, in denen die Erkrankten oder Verletzten liegend verbracht wurden und der Fahrer im Rückspiegel einen Eindruck vom Zustand des Patienten hatte – wenn denn überhaupt mit einem Fahrzeug gearbeitet wurde und nicht mit einer einfachen Schubkarre mit einer Trage darauf.[1] Eine Versorgung fand so gut wie nicht statt und es war vielmehr dem Zustand des Opfers und seinem Glück überlassen, ob es lebendig im Krankenhaus ankommen konnte.

Das Paradigma der damaligen Zeit war, den Patienten so schnell wie möglich in die Klinik zu bringen. In der Praxis bedeutete dies, dass Soldaten an der Front bei Verwundung durch eine schnellere Versorgung vor Ort deutlich bessere Überlebenschancen hatten als Zivilisten in der Heimat bei einem banalen Autounfall. Aus unserer heutigen Sicht erscheint es regelrecht absurd, doch an eben diesem Verfahren wurde noch weit über den Zweiten Weltkrieg hinaus festgehalten und es dauerte noch bis in die 70er-Jahre, um einen Paradigmenwechsel anzustoßen. In der Bundesrepublik wurde dieser ausgelöst durch einen tragischen Unfall in Baden-Württemberg:

Am 3. Mai 1969 war der achtjährige Björn Steiger aus Winnenden auf dem Heimweg aus dem Schwimmbad, als er von einem Auto angefahren wurde. Ersthelfer kümmerten sich um den schwer verletzten Jungen. Verzweifelt telefonierten sie mit der Polizei und mühten sich um die Rettung des Kindes, doch es dauerte über eine Stunde, bis endlich ein Krankenwagen an der Einsatzstelle eintraf. Auf dem Weg ins Krankenhaus starb der Junge schlussendlich an seinen schweren Verletzungen.[2]

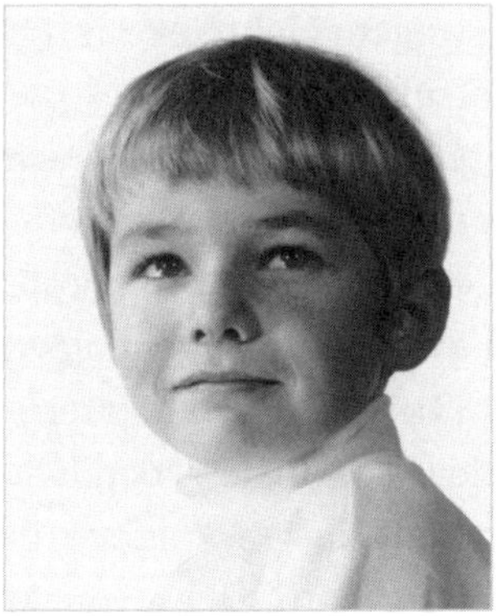

Der Tod von Björn Steiger war Auslöser für die Schaffung unserer modernen Notfallversorgung

Zwei Monate später gründeten die Eltern, Ute und Siegfried Steiger, die Björn Steiger Stiftung e. V. mit dem Ziel, die Notfallrettung in der Bundesrepublik zu verbessern. Denn der Unfalltod ihres Sohnes war kein Einzelfall, er zeigte die seinerzeit herrschenden Zustände drastisch auf: Nicht einmal eine einheitliche Notrufnummer gab es, um Retter alarmieren zu können, von einem System der Notfallrettung ganz zu schweigen. Häufig genug gab es nur ehrenamtliche Helfer im Katastrophenschutz und Notrufe gingen ins Leere.

Heute kennt jeder die Ergebnisse dieses Todesfalles bei Stuttgart: Die orangefarbenen Notrufsäulen an den Autobahnen – inzwischen durch Mobiltelefone ein Anachronismus – sind den Eltern des toten Jungen zu verdanken und haben wohl Tausende Menschenleben gerettet. Die Notrufnummer 112 wurde 1973 dank der Arbeit von Ute und Siegfried Steiger bundesweit etabliert und die Einführung eines wirkungsvollen Rettungssystems zwischen Krankenhäusern, Rettungsdiensten und Leitstellen ist ebenso das Verdienst der Eltern wie die Schöpfung der ersten modernen Rettungswagen. Heute ist die 112 sogar die europaweit einheitliche Notrufnummer.[3]

Und obwohl dieses Lebenswerk herausragend ist, zeigt es doch deutlich, dass in Deutschland immer erst etwas passieren muss, bevor sich die verkrusteten Apparate knirschend in Bewegung setzen und es zu den dringend notwendigen und sogar häufig genug längst überfälligen Verbesserungen kommt.

Wobei sich auch der ADAC in den 70er-Jahren vom reinen Pannenhelfer zu einem engagierten Anbieter in der Notfallrettung mauserte. Schon bei der Entführung von Arbeitgeberpräsident Hanns Martin Schleyer am 5. September 1977 durch Terroristen der Roten-Armee-Fraktion gelangte der Notarzt mit einem Hubschrauber des ADAC an die Einsatzstelle und versuchte vergeblich, das Leben der angeschossenen Personenschützer zu retten.[4]

Ersonnen wurde das revolutionär neue Rettungsmittel bereits Ende der 60er-Jahre, als der Automobilclub mit angemieteten Hubschraubern das Modell einer schnellen Zuführung des Arztes zum Patienten erprobte und aus diesen Erfahrungen heraus schließlich mit »Christoph 1« in München den ersten Rettungshubschrauber stationierte. Der Modellversuch bewährte sich derart, dass die damit geschaffene Luftrettung des ADAC heute bundesweit 36 Standorte mit eigenen Hubschraubern betreibt.[5]

Natürlich entsprachen die damals eingesetzten bodengebundenen »Rettungswagen« der 70er- und 80er-Jahre nicht den heutigen Ansprüchen und nicht selten waren es auch nicht die heute bekannten Fahrzeuge auf Basis kleiner Lastwagen. Legendär waren vor allem die vergrößerten Versionen von Kombis, etwa der »Mercedes hoch-lang« auf Basis der Limousine

W123. Mit gerade genügend Platz für einen liegenden Patienten und einen sitzenden Sanitäter bot dieses Rettungsmittel eine eher bescheidene Ausstattung für Notfälle. Ein Beatmungsbeutel, eine Sauerstoffflasche und Verbandmaterial waren damals der übliche Standard.[6] Die Einführung der einheitlichen, 560-Stunden-Ausbildung zum Rettungssanitäter war 1977 bereits revolutionärer Fortschritt. Erstmals wurde hier durch den Bund-Länder-Ausschuss »Rettungswesen« der klassische Krankenwagenfahrer eingebunden in die medizinische Versorgung von Notfallpatienten und seine Kompetenz verpflichtend reguliert. Bedurfte es einer intensiveren Versorgung, musste der NAW (Notarztwagen) gerufen werden, der mit einem Rettungsmediziner besetzt über weitaus umfangreichere Möglichkeiten verfügte: Beatmungsgeräte, Infusionen und EKG zur Diagnostik der Herzfunktion.

Diese Entwicklungen wurden begleitet von Fernsehreportagen und sogar eine eigene, dreizehnteilige Serie über einen Notarztwagen in Frankfurt erschien 1976: »Notarztwagen 7«. Bald schon zeigte sich dabei aber, dass die Schere zwischen Notärzten und Rettungssanitätern zu weit auseinander klaffte und die Ausbildung und die Kompetenzen der Retter nicht ausreichten, um die Wartezeit auf einen Notarzt überbrücken zu können.

So wurde schließlich 1989 das Berufsbild des Rettungsassistenten geschaffen, der mit einer etwa 2 Jahre dauernden Ausbildung mit fundiertem Fachwissen und Erfahrungen nicht nur den Notarzt unterstützen sollte, sondern auch eigenverantwortlich im Rahmen der »Notkompetenz« gefährliche Symptome und Notfälle bis zum Eintreffen des Arztes behandeln konnte. Damit wurde ein endloser Streitfall geschaffen, denn die gesetzlichen Regelungen zu diesem Berufsbild waren damals nicht ausreichend geregelt, und so formulierte die Bundesärztekammer schließlich ab Ende der 90er-Jahre mehr oder weniger klare

Start des 24-Stunden-Notarztsystems in Stuttgart, 10. Juli 1971

Kompetenzen für das nichtärztliche Personal im Rettungswesen und empfahl, die unaufschiebbaren Maßnahmen im Rahmen des »Rechtfertigenden Notstandes« nach § 34 StGB zu lösen.[7]

Im Prinzip handelten damit alle Retter objektiv strafbar, hatten aber zumindest den Rechtfertigungsgrund des medizinischen Notfalles, um so in einer Grauzone freiwillig Hilfe leisten zu können. In der Praxis führte dies dazu, dass das Personal eine umfassende Ausbildung erhielt und dabei auch ärztliche Maßnahmen und die Medikamentengabe erlernte, dies in der Praxis aber häufig überhaupt nicht anwenden durfte oder sich im schlimmsten Fall bei Anwendung straf- und arbeitsrechtlichen Konsequenzen gegenübergestellt sah. Die Absurdität gipfelte darin, dass die gewährten Kompetenzen dieses Personals vom jeweiligen ärztlichen Leiter unter besonderen Bedingungen eingeräumt wurden und bei landkreis- oder länderübergreifenden Einsätzen entsprechend schnell gefährliche Kompetenzüberschreitungen auftreten konnten.

So gab es also Landkreise, in denen venöse Zugänge in den Handrücken gelegt werden durften, um mit Infusionen den Kreislauf der Patienten zu stützen, wo hingegen im Nachbarlandkreis eine solche Maßnahme dem Arztvorbehalt unterfiel und bei Strafe verboten war.[8] Eine für das Personal nicht nur grundsätzlich unbefriedigende Arbeitswelt, vor allem auch eine für Patienten durchaus gefährliche Abgrenzung ärztlicher Entscheidungsgewalt, die in jedem Einzelfall diskutiert werden musste.

Etwa im Falle von zwei Rettungsassistenten aus dem Kreisverband Neustadt/Aisch des Bayerischen Roten Kreuzes, die unabhängig voneinander bei gefährlichen Krampfanfällen ihren Patienten Medikamente gegeben hatten, weil der Notarzt nicht rechtzeitig an der Einsatzstelle war. Beide waren mit der Begründung gekündigt worden, ihre Kompetenzen massiv überschritten zu haben. Zwar konnte man sich außergerichtlich auf eine Weiterbeschäftigung einigen, doch zeigten die Fälle auf, dass die Regelungen zur Medikamentengabe bei solchen Notfällen selbst innerhalb des Bundeslandes völlig unterschiedlich gehandhabt wurden. So wurde in benachbarten Landkreisen die gleiche Vorgehensweise ganz regulär angewendet, die hier zur Kündigung der Retter geführt hatte.[9]

Auch zeigte es sich in dieser Phase des Rettungswesens der 90er-Jahre, in der sich neue Wege der Notfallrettung etablierten, dass der Notarztwagen damals regelrecht überdimensioniert war. Mit der zunehmenden Verbesserung von Rettungswagen unterschieden sich diese kaum noch von den NAW, sieht man von der Besetzung durch einen Arzt und etwas mehr an Ausstattung ab. Bereits 1964 hatte es in Heilbronn Versuche gegeben, den Arzt getrennt von Transportfahrzeugen mit einem legendären VW Käfer »Heidelberg 10« an die Einsatzstelle fahren zu lassen [10] – die Geburt des Rendezvous-Systems, wie es heute meist überall in der Bundesrepublik anzutreffen ist: Rettungswagen und Notarzteinsatzfahrzeug (NEF) fahren getrennt zum Einsatzort und treffen sich dort oder auf dem Transportweg, um den Notarzt aufzunehmen. Der entscheidende Vorteil an diesem System ist, dass der Notarzt damit deutlich schneller und flexibler ist und, so er nicht gebraucht wird, sofort wieder für neue Einsätze zur Verfügung steht. Die ersten NEF wurden bereits 1979 von der Björn Steiger Stiftung entwickelt und den Hilfsorganisationen der Stadt Bonn gespendet. Notarztwagen klassischer Prägung lassen sich heute meist nur noch in speziellen Verwendungen finden, etwa als »Baby-Notarzt« oder für intensivmedizinische Verlegungstransporte. Lediglich die Bundeswehr schwört auf das Konzept der NAW.[11]

Die unbefriedigende Kompetenzabgrenzung der Notärzte gegenüber den Rettungsassistenten führte schließlich nach jahrelangen Diskussionen zu einer Lösung: 2013 wurde das neue

Klassischer Notarztwagen der Bundeswehr aus der Zeit der Jahrtausendwende

Berufsbild des Notfallsanitäters geschaffen und trat 2014 in Kraft.[12] Erstmals wurden hier ärztliche Aufgaben unmittelbar an nichtärztliches Personal übertragen und über die Ausbildung definiert. Während einer Übergangsphase ist es möglich geworden, dass Rettungsassistenten sich qualifizieren konnten zu dem neuen Beruf, andernfalls benötigt es drei Jahre Ausbildung hierzu, ähnlich wie beim examinierten Pflegepersonal. Sinn der Sache: Aus der Notkompetenz mit einem Umweg über das Strafrecht sollte so eine Regelkompetenz geschaffen werden, die umfangreiche Befugnisse gewährt und damit nicht nur der Sicherheit des Personals dient, sondern auch und gerade dem Wohl der Notfallpatienten, die sonst auf einen Arzt warten oder eben aber auf wesentliche Maßnahmen der Hilfeleistung verzichten müssten.[13]

Unterschiedliche Sanitäter			
	Rettungssanitäter	**Rettungsassistent**	**Notfallsanitäter**
Ausbildungsdauer	560 Stunden	2 Jahre	3 Jahre (Ausbildungsberuf)
Einsatz	i. d. R. im Krankentransport oder als Fahrer eines RTW eingesetzt	Teamleiter auf dem RTW (alter Art)	Teamleiter auf dem RTW
Kompetenz	Notkompetenz umstritten: Darf AED einsetzen und Beatmungsbeutel, evtl. Infusion	Notkompetenz: Darf AED einsetzen, Beatmungsgeräte und ausgewählte Medikamente	Regelkompetenz: Nach ärztlichen Vorgaben weitreichende Maßnahmen zulässig im Sinne von Handlungsanweisungen

Unterschiedliche Sanitäter			
	Rettungssanitäter	**Rettungsassistent**	**Notfallsanitäter**
Funktion	Helfer des RettAss/NotSan	Zusammenarbeit mit NotSan, Helfer des Notarztes	Eigenständige Arbeit und Helfer des Notarztes
Status	i.d.R. Inhalt der Ausbildung zum NotSan	Aussterbender Ausbildungsweg	Neues Berufsbild im Aufbau befindlich

Die Ausbildung zum Notfallsanitäter, die sich wesentlich auf fest gefügte Abläufe, sogenannte Algorithmen stützt, ist dabei so ziemlich die kostenintensivste Ausbildung auf dem Markt und schlägt mit knapp 157 000 Euro zu Buche. Zum Vergleich: Die Ausbildung zum Tischler kostet demgegenüber lediglich knapp 25 000 Euro.[14] Doch während der Tischler nach bestandener Prüfung über den Weg des Gesellen bis zum Meister aufsteigen kann, bleibt der Notfallsanitäter eben Notfallsanitäter. Zudem muss er kontinuierlich seine Kenntnisse nachweisen, während man den Tischler dann in Ruhe lässt. Zumindest kann sich der NotSan mit weiteren Ausbildungen qualifizieren und so später Ausbilder werden oder auf einem Hubschrauber fliegen. Entsprechend gering sind die Anreize für die Retter, eine solche Ausbildung zu absolvieren, und es besteht in manchen Regionen eine erhebliche Not, Auszubildende zu finden.[15]

Mit zur Ausbildung des Notfallsanitäters gehören dabei ärztliche Maßnahmen, die sonst undenkbar wären, wie etwa chirurgische Notfallinterventionen oder die selbstständige Medikamentengabe. Somit kommt also diesem »Krankenwagenfahrer« eine besondere Stellung zu, die es sonst im Gesundheitswesen wegen des Arztvorbehaltes nicht gibt: Das selbstständige Handeln auf Grundlage eigener Entscheidungen.

Obwohl in den letzten 40 Jahren positive Entwicklungen stattgefunden haben und wir in der Bundesrepublik über ein modernes Rettungswesen verfügen, werden dennoch Traditionen fortgeführt, die selbst für kundige Betrachter nur noch schwer verständlich sind, ja sogar teilweise keinerlei inhaltliche Begründung mehr bieten können.

In Hamburg ist beispielsweise die Feuerwehr zuständig für den Rettungsdienst.[16] Fährt man allerdings nur wenige Kilometer gen Süden, dann stellt man verwundert fest, dass in Niedersachsen in der Landrettung zivile Hilfsorganisationen eingesetzt werden, um die gleichen Aufgaben zu verrichten.[17] Ursache hierfür sind nicht etwa bessere Arbeitsbedingungen, sprudelnde Finanzmittel oder politisch begründete Zuständigkeiten, es ist die Fortwirkung der Besatzungszeit nach dem Zweiten Weltkrieg. Die USA hatten ihre Retter als zivile Organisationen eingerichtet, während die Briten etwa diese Aufgabe Polizei und Feuerwehren übertrugen. In ihren jeweiligen Besatzungszonen wurden die unterschiedlichen Systeme kurzerhand kopiert. Manche Länder haben dies über die Jahrzehnte angepasst, andere Landkreise, Städte oder auch Bundesländer haben aus Bequemlichkeit und aufgrund der damit verbundenen Einnahmen an den Systemen festgehalten. So kommt es also, dass wir in Deutschland kein einheitliches Rettungssystem haben und es nicht einmal einheitliche Standards dafür gibt.

Statt also »der« Rettung haben wir in der Bundesrepublik 16 Bundesländer mit unterschiedlichen Regelungen, die ihrerseits diese Regelungen den jeweiligen Landkreisen und Gemeinden aufoktroyierten, die Umsetzung und Ausgestaltung aber gleichzeitig diesen selbst überlassen. Es entstand eine absurde

Verteilung im deutschlandweiten Rettungssystem, die in der Realität dazu führen kann, dass die beste Erste Hilfe darin besteht, einen Patienten 100 Meter weiter in einen anderen Landkreis oder ein anderes Bundesland zu schleifen, weil ihm dort deutlich besser geholfen werden kann. Dass diese absolut skandalösen Zustände bisher nicht Gegenstand parlamentarischer Diskussionen waren und zu wirklichen Konsequenzen führten, ist ebenso erstaunlich wie kaum nachvollziehbar.

In Deutschland existieren mit knapp 300 Landkreisen und zahlreichen überregionalen Strukturen und Organisationen zahllose unterschiedliche Rettungssysteme. Wir haben es mit einer regelrechten Streusandbüchse der Lebensrettung zu tun, während wir gleichzeitig in einem Land leben, in dem es einheitliche Vorschriften für die Ausgestaltung dörflicher Schützenvereine gibt. Nur geht es hier nicht um geselligen Alkoholkonsum, sondern um Menschen, die sich in akuter Lebensgefahr befinden und die 112 anrufen, weil es dringender Hilfe bedarf. Denn tatsächlich unterscheiden sich die Kompetenzen der eingesetzten Retter nicht nur bei der Gabe von Schmerzmitteln, es geht dabei in erster Linie um unaufschiebbare Maßnahmen, um den Tod eines Patienten zu verhindern.

Ein wesentlicher Indikator für die Qualität der Hilfeleistung ist die Zeit zwischen der Alarmierung der Retter via Notruf bis zu deren Eintreffen an der Unglücksstelle. Dieses Zeitfenster wird als »Hilfsfrist«, mancherorts auch als »Schutzziel« bezeichnet, wobei sich dies in den meisten Fällen auf das Eintreffen irgendeines Rettungsmittels bezieht und nicht zwischen Rettungswagen oder Notarzt differenziert wird. Um hier überhaupt die nötigen Zeitfenster noch erhalten zu können, haben sich inzwischen überall in der Bundesrepublik »First Responder« etabliert, schnelle »Voraushelfer« oder »Ersthelfer«, die meist als Freiwillige mit Kleinwagen regional angesiedelt sind und durch bessere Ortskenntnis und schnelle Anfahrt eine weitaus effektivere Hilfeleistung bei Notfällen ermöglichen.[18] Mit umfangreichen Ausstattungen sichern die in aller Regel ehrenamtlichen Helfer so Unfallstellen ab, fordern notwendige Kräfte nach, etwa Notarzt oder Feuerwehr, und leisten eine Erste Hilfe bis hin zu Maßnahmen der Reanimation.[19]

First Responder stehen vor ganz eigenen Problemen angesichts zahlreicher widersprüchlicher gesetzlicher Regelungen. Denn so gerne die Landkreise und Landesregierungen die Helfer auch in Anspruch nehmen, um so die Daseinsvorsorge überhaupt noch einigermaßen zeitnah betreiben zu können, müssen sich die Ersthelfer mit dem Problem auseinandersetzen, dass sie kein Fundament für ihre Tätigkeit haben: Während die Ehrenamtlichen der Freiwilligen Feuerwehren gesetzlich vollständig abgesichert sind, etwa gegen berufliche Probleme mit dem Arbeitgeber durch häufige Alarmierungen, sind First Responder hier ohne Regelungen faktisch in einem luftleeren Raum unterwegs und auf den guten Willen der Unternehmen angewiesen, in denen sie arbeiten.[20] Angewiesen sind sie auch auf den guten Willen anderer Verkehrsteilnehmer, denn so absurd es klingt, Blaulicht und Signalhorn stehen ihnen als »Sonderrechte« nach den deutschen Gesetzen nicht zu.[21]

Fährt also ein solcher Voraushelfer zu einem so zeitkritischen Einsatz wie der Wiederbelebung eines Säuglings, kann er bestenfalls die Hupe und den Warnblinker benutzen, um so ein paar Sekunden schneller an die Einsatzstelle zu gelangen. Es wird derzeit nicht einmal auf Bundesebene über entsprechende Gesetzesänderungen diskutiert, um den notwendigen Freiraum für Lebensrettungen zu schaffen. Die bestehende Situation der Straßenverkehrsordnung ist sogar derart verrückt ausgestaltet, dass selbst ganz offizielle Rettungsdienste keine personengebundenen, sondern lediglich einsatzgebundene Sondersignalzulassung haben: Während Fahrzeuge des Katastrophenschutzes, wie etwa das Technische Hilfswerk, hier überhaupt kein Problem haben, darf ein Rettungswagen nur dann Blaulicht und Horn verwenden, wenn eine tatsächliche oder zumindest angenommene Lebensgefahr besteht. Eine gesetzliche Vorgabe, die häufig zu Problemen führt, wenn es etwa um das NEF geht. Denn während die Fahrt zum Patienten sich noch verhältnismäßig leicht begründen lässt, ist die Weiterfahrt in die Notaufnahme für die Retter ein Problem.[22] So kann ein vorausfahrendes NEF, das eine Kreuzung gegen Unfälle absichert, juristisch bereits keine wirklich sichere Begründung für ein taktisch so wichtiges Vorgehen haben und im Zweifelsfall wirken sich hier die Nachteile auch auf die Patienten aus, wenn es wieder zu Unfällen mit Rettungsmitteln kommt, weil auf das Sondersignal verzichtet werden musste. Bereits dies zeigt den ausgesprochen geringen Stellenwert, der von Seiten der Bundespolitik dem Rettungswesen tatsächlich zugemessen wird.

In Bayern führte dies schließlich 2018 zu erheblichen Konflikten zwischen den Freiwilligen Feuerwehren der Gemeinden und dem Land, weil immer häufiger die Helfer auch für Rettungseinsätze als First Responder eingesetzt werden mussten, ohne jedoch hierfür tatsächlich ausgebildet und vor allem motiviert gewesen zu sein. Ohne die Absicherung durch das Feuerwehrgesetz, das diese Aufgaben schlicht nicht vorsah, war die Finanzierung solcher Einsätze für die Kommunen zunehmend problematisch geworden. Ganz zu schweigen davon, dass sich Feuerwehrleute über die psychisch stark belastenden Einsätze beschwerten, die sich doch erheblich von ihrem normalen Handwerk unterschieden.[23]

Auch in Hamburg werden die Helfer der Freiwilligen Feuerwehren als First Responder eingesetzt und in den Randbezirken des Stadtstaates alarmiert, wenn die Anfahrt eines RTW zu lange dauern würde. Dabei offenbart sich auch das Problem solcher Ersthelfer: Die Ausbildung der Retter erfolgt in zehntägigen Kursen zu »Feuerwehrsanitätern«, für die keine einheitlichen Standards existieren, wenn es um eine Teilnahme in der Regelrettung geht.[24] So gibt es also in den unterschiedlichen Ländern und den verschiedenen Hilfsorganisationen zahlreiche Modelle dazu, wie solche Gruppen organisiert sind. In Hessen etwa sind die Anforderungen etwas geringer und die Basisausbildung besteht aus lediglich 16 Stunden in Erster Hilfe und einem achtstündigen Vorbereitungskurs. Der darauf aufbauende Kurs für Voraus-Helfer-San umfasst 48 Stunden und die Empfehlung für praktisches Training von mindestens 24 Stunden im Rettungsdienst. Zum Vergleich: In Bayern dauert bereits der Grundlehrgang 48 Stunden.[25] Und auch in Nordrhein-Westfalen ist man mit einer Forderung von 50 Stunden Mindestausbildung da schon konkreter, die auf einem 16-stündigen Kurs in Erster Hilfe aufbaut. Normen, etwa zur Ausstattung und Qualifikation, existieren in Deutschland keine, praktisch jeder Bezirk kann so seine eigenen Vorstellungen realisieren, mal mehr, mal weniger gut.

Hat man Glück, kommen hochmotivierte Rettungssanitäter, Rettungsassistenten oder sogar Notfallsanitäter mit entsprechender Ausbildung zum Patienten. Hat man Pech, erscheinen zwangsverpflichtete Helfer der Feuerwehren ohne entsprechende Ausbildung. In beiden Fällen aber stellen die Landesregierungen dies als qualifizierte Hilfeleistung dar, denn das Gegenteil wurde bisher noch nirgendwo definiert.

Aktuell werden auch andere Wege erprobt, die dabei helfen sollen, die bestehenden Lücken in der Versorgung gerade in ländlichen Bereichen schließen zu helfen. In Husum wurden zwei neue Rettungseinsatzfahrzeuge (REF) in Dienst gestellt, die analog zum NEF zu Einsätzen disponiert werden, jedoch ohne Notarzt. Damit soll die gesetzliche Hilfsfrist von zwölf Minuten nun gewährleistet werden können, denn bisher dauerte es meist deutlich länger, bis ein Rettungswagen zum Patienten gelangen konnte.[26]

Ähnlich, aber vor allem zur Entlastung der Notärzte gedacht, verhält es sich mit dem »Gemeindenotfallsanitäter«, der als Pilotprojekt in Oldenburg betrieben wird und dabei die Kreise Ammerland, Vechte und Cloppenburg einschließt. Auch hier fährt der NotSan bei Einsätzen voraus, kann aber von der Leitstelle in Zweifelsfällen auch alleine disponiert werden und sich damit selbstständig um die Patienten kümmern. Sie sind vor allem für die Fälle gedacht, wo ein Hausarzt nicht erreichbar ist und ein Rettungswagen alarmiert wird, ohne dass der Patient transportiert werden muss.[27] Im Prinzip ist also der Notfallsanitäter hier ein Lückenbüßer für die unzureichende Versorgung der Bevölkerung durch die kassenärztlichen Vereinigungen und wird für die Fälle in Anspruch genommen, in denen ein RTW verzichtbar erscheint.

Wie unterschiedlich die Länder hier tatsächlich definieren, was eine angemessene Hilfeleistung bei Notfällen darstellen kann, soll das Beispiel eines akuten Herzinfarktes verdeutlichen. Das lebensbedrohliche Notfallbild, in aller Regel von schwersten Schmerzen und Todesangst geprägt, erfordert die schnellstmögliche Hilfe. Umso unverständlicher, dass die Hilfsfristen beim gleichen Krankheitsfall völlig unterschiedlich geregelt sind:

In Schleswig-Holstein soll das erste Rettungsmittel nach spätestens 12 Minuten am Patienten eintreffen. Hamburg äußert sich überhaupt nicht zu der Wartezeit, sondern beschreibt diese kurzerhand als »Sicherstellung einer flächendeckenden, bedarfs- und fachgerechten Versorgung« – wobei unser Herzinfarkt vermutlich eine andere Auffassung von bedarfsgerecht haben wird als die zuständige Innenbehörde. In den Haushaltsplänen des Senats wird wenigstens eine Planungsgröße von acht Minuten angeführt, doch die erscheint bereits durch die erheblichen Ausfälle in dem Erreichen der Schutzziele von bis zu 38 Prozent als Wunschdenken. In Niedersachsen oder Brandenburg muss der Patient schon etwas geduldiger sein, dort soll der RTW wenigstens in 95 Prozent der Fälle in maximal 15 Minuten eintreffen. Bremen als Stadtstaat hat die gleichen Anforderungen an die Einhaltungsvorgabe von 95 Prozent der Fälle, verlangt aber die zügige Hilfe bereits in zehn Minuten, worüber sich der Herzinfarkt vermutlich eher freuen wird als in Mecklenburg-Vorpommern, die darauf hinweisen, dass es möglichst nicht mehr als zehn Minuten sein sollten, aber dann doch großzügige 15 Minuten gewähren.

Berlin artikuliert einfach eine »bedarfs- und fachgerechte« Anfahrt, ohne hierbei konkrete Zeiten nennen zu können. Was angesichts der Verkehrsverhältnisse in der Bundeshauptstadt auch ausgesprochen realistisch ist. Tatsächlich praxisbezogen ist man mit den Hilfsfristen in Sachsen-Anhalt, die für den RTW immerhin 12 Minuten verlangen, vom Notarzt aber ebenso verlangen, in spätestens 20 Minuten bei einem Herzinfarkt sein zu müssen.

Drastische Unterschiede zwischen Stadt- und Landbevölkerung macht man in Nordrhein-Westfalen und gibt für die Städte eine Hilfsfrist von stolzen acht Minuten vor, während man in ländlichen Gebieten in immerhin noch 90 Prozent der Einsätze eine Anfahrt von 12 Minuten akzeptiert. Dagegen ist Hessen sogar noch deutlich sportlicher und verlangt eine Ankunft des Notarztes binnen 15 Minuten, wohingegen in den Städten immerhin zehn Minuten als vertretbar angesehen werden und man Patienten auf dem Land dann 15 Minuten Wartezeit zugesteht. Die gewährt man dünn besiedelten Gebieten in Thüringen ebenso, verlangt sonst aber eine Ankunft innerhalb von 12 Minuten.

Sachsen verlangt, wie auch das Saarland, kurzerhand die gleichen 12 Minuten als Regelfall, während Rheinland-Pfalz bei Herzinfarkten wie Niedersachsen 15 Minuten gewährt. Möglichst nicht mehr als zehn Minuten soll es in Baden-Württemberg dauern. Einzige Ausnahme sind die Bayern, die knallhart verlangen, dass der Rettungswagen in »höchstens 12 Minuten« an der Einsatzstelle eintrifft.[28]

Wobei es selbst bei diesen Anforderungen durchaus Zahlenspielereien gibt, um die gewaltigen Versorgungslücken zu tarnen: Eine einheitliche Definition der Hilfsfristen existiert nicht, mancherorts wird also die Zeit ab Entgegennahme des Notrufs gezählt, in anderen Regionen beginnt die Hilfsfrist erst zu laufen, wenn das Rettungsfahrzeug das Tor der Wache passiert und losfährt. Da das Telefonat in der Regel um die zwei Minuten benötigt, eine gute Methode, die Statistiken zu schönen.

Natürlich sind dies dennoch rein theoretische Werte. Auf Nachfrage mussten hierbei beispielsweise die Bundesländer Niedersachsen und Nordrhein-Westfalen sogar mitteilen, über keinerlei statistische Daten zu Hilfsfristen zu verfügen, weil diese bis 2017 gar nicht erhoben wurden und man in den zuständigen Ministerien somit keinerlei Einblick in die Qualität der Rettungsdienste im eigenen Bundesland hatte.[29] Hat also unser akuter Herzinfarktpatient das ausgesprochene Glück, in einer Großstadt am Rhein zu leben, ergibt sich wenigstens in der Theorie der bislang ungeprüfte Anspruch auf deutlich schnellere Hilfeleistung als auf dem Dorf in Thüringen, während in Berlin die dringende Hilfe problemlos im Berufsverkehr steckenbleiben darf.

Welchen tatsächlichen Nutzwert konkrete Gesetze für die betroffenen Patienten haben können, zeigt das Beispiel des plötzlichen Herztodes, bei dem auch junge und scheinbar gesunde Menschen unvermittelt einen Herzstillstand erleiden. Jährlich

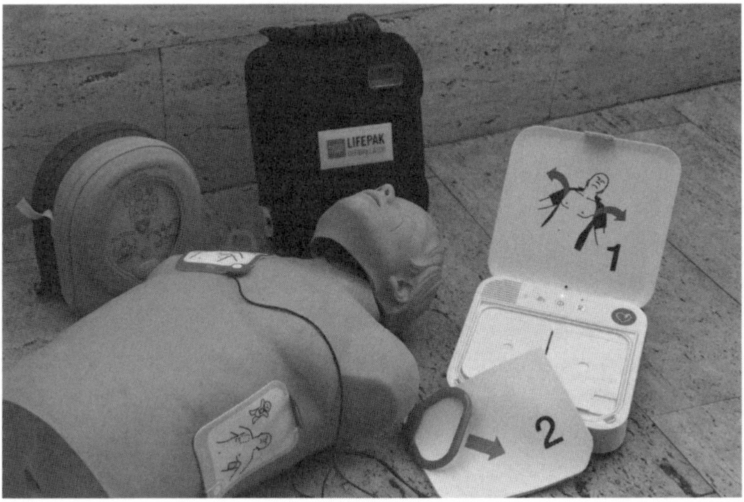

Typische AED-Geräte, die auch Laien die Lebensrettung ermöglichen

versterben in der Bundesrepublik etwa 100 000 bis 200 000 Menschen an diesem Notfallereignis, je nach Zählweise.[30] Einzige Chance, die man zur Rettung solcher Patienten hat, ist die sofortige Wiederbelebung, die Reanimation und hierbei optimalerweise unter Einbeziehung eines Automatisierten Externen Defibrillators (AED), der es auch Laien ermöglicht, mit einem zielgerichteten Stromstoß das flimmernde Herz des Patienten wieder in den angemessenen Takt zu bringen.

Dr. Burkhard Dirks, Altvorsitzender des Deutschen Rates für Wiederbelebung, erklärt: »Mit jeder Minute, die nicht reanimiert wird, sinken die Überlebenschancen des Betroffenen um etwa zehn Prozent.«

Mit anderen Worten: Die gesetzlichen Vorgaben der Länder sind nicht geeignet, das Überleben von solchen Patienten auch nur annähernd zu gewährleisten. Sie schreiben eine Hilfeleistung vor, bei der die Chancen auf ein positives Ergebnis bei zumindest null Prozent liegen. Entsprechend arbeiten die Hilfsorganisationen verstärkt, um die bestehenden Lücken mit ihren First Respondern füllen zu können, damit durch den Einsatz eines AED überhaupt Chancen auf ein glückliches Ergebnis bestehen können. Die Björn Steiger Stiftung setzt massiv darauf, der Bevölkerung die Augen zu öffnen und solche AED-Geräte in Deutschland zu forcieren. Inzwischen findet man sie auch entsprechend häufig dort, wo mit viel Publikumsverkehr zu rechnen ist, etwa an Bahnhöfen, Flughäfen und in vielen Verkehrsflugzeugen, aber auch in Einkaufszentren und sogar bei Behörden.

Problematisch dabei ist allerdings, dass die Standorte solcher AED im Internet recherchiert werden können, ausgesprochen häufig jedoch dabei nicht mitgeteilt wird, dass man auf die Öffnungszeiten von Ämtern oder Banken angewiesen ist. Geschieht der Notfall also um 21 Uhr abends, besteht kein Zugang mehr zu dem lebensrettenden Defibrillator und man muss die entsprechenden Minuten auf den Rettungswagen warten.

Die entscheidende Frage dabei ist jedoch, wieso die Regierungen der jeweiligen Bundesländer in Anbetracht dieser Zahlen eine Daseinsvorsorge vorgaukeln, gleichzeitig aber nicht ausreichend unternehmen, um eine solche auch in die Realität umzusetzen, und angesichts der hohen Todeszahlen entsprechende Maßnahmen zu ergreifen, dem plötzlichen Herztod den Kampf zu erklären. Denn gerade in den Bereichen, wo in der Fläche eine Abdeckung durch Rettungsdienste eher schlecht möglich ist, finden sich so gut wie keine Angebote der Landesregierungen, hier aktiv entgegenzuwirken. Kostenlose Angebote der Ersten Hilfe sucht man dort ebenso vergeblich wie öffentlich zu jeder Zeit zugängliche AED-Geräte und selbst die Freiwilligen Feuerwehren in den Regionen werden nur ausgesprochen selten mit solchen Defibrillatoren ausgestattet. Meist sind es Spenden von Bürgern, durch die den Feuerwehren solches Material zur Verfügung gestellt wird, die dann in der Regionalpresse entsprechend gewürdigt werden.[31] Dass dies jedoch eine zentrale Aufgabe der Innenministerien und der Gesundheitsbehörden darstellt, weil es letztlich staatliche Aufgabe der öffentlichen Daseinsvorsorge ist, wird schlicht übersehen.

Dabei muss man berücksichtigen, dass die häufig in diesem Zusammenhang gestellte Kostenfrage eine Chimäre ist. Natürlich kosten die Länder solche AED-Geräte zunächst einmal Geld, in aller Regel ab etwa 1 000 Euro aufwärts, je nach Ausstattung und Aufwand, den man dabei betreiben möchte.[32] Zudem müssen die Geräte gewartet werden und nach einiger Zeit müssen Batterien und Klebeelektroden ausgetauscht werden, auch dies verursacht entsprechende Kosten für die Regierungen und Landkreise. Allerdings muss man hier berücksichtigen, dass das Ableben von Steuerzahlern weitaus höhere Kosten verursacht. Durch den Ausfall an Einnahmen und insbesondere wegen der hohen Folgekosten für beispielsweise dauerhafte Pflegefälle durch einen Hirnschaden, stehen weitaus größere Summen zur Diskussion. Gegenüber den jährlich anfallenden Zehntausenden von Euro für einen einzelnen Beatmungsplatz eines solchen Patienten sind AED-Geräte geradezu ein Griff in die Portokasse.

Ganz zu schweigen davon, dass die Wirtschaftlichkeit von Rettungsdiensten eine Frage der Rettungsdienste selbst ist, deren Beauftragung durch die Landkreise und Gemeinden sowie dabei schlussendlich durch die Länder erfolgt, deren hoheitliche Pflicht in der Fürsorge gegenüber der eigenen Bevölkerung besteht. Der Anspruch an die Wirtschaftlichkeit besteht somit für die Länder überhaupt nicht, ganz im Gegenteil: Die hoheitlichen Pflichten bestehen gerade auch dort für die Bevölkerung, wo Wirtschaftsunternehmen die entsprechenden Dienstleistungen aus finanziellen Erwägungen nicht wahrnehmen können. Nötigenfalls muss also die Beauftragung einer solchen Dienstleistung staatlich ausreichend subventioniert werden, um eine schnelle Hilfeleistung bei Notfällen gewährleisten zu können.

Dieser Pflicht entziehen sich jedoch ausnahmslos alle Regierungen der Länder und versuchen, das Problem auf ehrenamtliche Helfer von Hilfsorganisationen abzuwälzen, so das Problem denn überhaupt wahrgenommen wird. Den bundesweiten Bevölkerungsschwund in der Größenordnung einer kleineren Großstadt, der de facto über dieses Unterlassen jährlich zu beklagen ist, scheinen die Verantwortlichen problemlos akzeptieren zu können. Dass es hierbei jedoch um vermeidbare Todesfälle geht, ist bislang in der Politik noch nicht ausreichend angekommen, um wirklich effektiv etwas dagegen unternehmen zu wollen.

Zwischen 1994 und 2013 haben sich die Einsatzzahlen der Rettungsdienste von gerade 9,5 Millionen auf über 14,4 Millionen Notfallversorgungen gesteigert. Ein Großteil dieser Einsätze sind Bagatelleinsätze. Vertreter von Notarztverbänden beschweren sich seit Jahren darüber, dass bis zu 80 Prozent der Notarzteinsätze Fehlalarme seien, für die eine Hinzuziehung des Notarztes nicht erforderlich wäre.[33]

Gleichzeitig, so beklagt Wolfgang Petersen, bis 2018 Chefarzt der Chirurgie im Marienhaus Klinikum des Kreises Ahrweiler, sollen in den kommenden Jahren 300 Krankenhäuser bundesweit geschlossen werden: »Woher dann die Notärzte kommen sollen, wie deren Qualifizierung überhaupt erfolgen soll, bleibt dabei völlig unklar. Es wird einen vorhersehbaren Mangel an Notfallmedizinern auf den Straßen geben, wenn diese Einsparungen erfolgen.«[34]

Schon jetzt gibt es einen erheblichen Mangel an Notärzten, der insbesondere in ländlichen Bereichen für Probleme sorgt.

Die gravierenden Probleme in der Finanzierung und der fehlende Nachwuchs führten dazu, dass sich in Adenau schließlich eine Bürgerinitiative gründete unter Beteiligung von Notfallmedizinern, dem DRK, der Kommune sowie Vertretern des Krankenhausträgers und des Fördervereins St. Josef-Krankenhaus Adenau, um mit dem Projekt »Unser Notarzt« Spenden in der lokalen Bevölkerung zu sammeln.[35] Tatsächlich wurde es mit diesem Pilotprojekt möglich, geeignetes Material zu beschaffen und den Notarztstandort finanziell zu realisieren. Doch muss man kritisch hinterfragen, ob fehlende Finanzmittel tatsächlich aus Spenden aufgefüllt werden müssen, wenn doch dem Staat die Aufgabe des Schutzes seiner Bevölkerung obliegt.

Dass es hier akuten Handlungsbedarf der Politik gibt, wurde so auch schlussendlich anerkannt: Im Koalitionsvertrag haben sich SPD und CDU 2018 bereits auf eine Verbesserung der Notfallversorgung für die Bevölkerung geeinigt.[36] Passiert ist davon bis heute nichts, der Föderalismus mit starren Strukturen der Ländergrenzen hat es bislang nicht möglich werden lassen, dass einheitliche Standards etabliert werden konnten. Doch dass die Notfallversorgung der Bevölkerung bundesweit in einer tiefen Krise steckt, hat sogar der Sachverständigenrat zur Begutachtung der Entwicklung im Gesundheitswesen festgestellt und radikale Reformen verlangt.[37]

Der Bundesgesundheitsminister Jens Spahn (CDU) hat so auch entsprechende Änderungen des Grundgesetzes eingefordert. Ziel sind Reformen und weitreichende Änderungen im Sozialgesetzbuch (SGB V), um so die Notfallversorgung nicht mehr als ausschließliche Transportleistung der Rettungsdienste zu behandeln und abrechnen zu lassen. Doch selbst innerhalb der eigenen Partei stehen solche Forderungen gegenwärtig isoliert und werden ausgehebelt durch ein Festhalten an verknöcherten Strukturen.[38]

Krankenwagenfahrer?

Christian Leder arbeitet seit über zehn Jahren im Rettungsdienst. Der 31-Jährige ist Notfallsanitäter, also verantwortlich für einen Rettungswagen. Seine persönlichen Erfahrungen im Hamburger Umland zeugen von den massiven Problemen, die Retter in Deutschland tagtäglich erleben müssen.[1]

»Natürlich kommen wir häufig zu Patienten mit internistischen Notfallbildern, die Ergebnis einer sozialen Verelendung sind. Wir kommen in Wohnungen, wo wir auf den ersten Blick sehen können, dass sich schon jahrelang nicht mehr ausreichend um diese Menschen gekümmert wurde und ihnen wegen Vorerkrankungen zunehmend die Fähigkeit fehlt, ihr Leben selbst bewältigen zu können. Einerseits internistische Erkrankungen, also zum Beispiel Herz- oder Nierenleiden, da sind aber auch viele psychische Probleme bei. Überforderte Angehörige oder Nachbarn sind es dann meist, die uns rufen. Und wir erfahren dabei dann Eindrücke, vor denen man sich normalerweise ekelt. Wir sind auch nur Menschen und haben gerade am Anfang des Arbeitslebens diese Gefühle. Ist man aber länger dabei, dann macht einem das nicht mehr so viel aus.

Das Schlimmste dabei sind die Gerüche, dagegen kann man nur wenig machen und die setzen sich überall in der Kleidung fest. Selbst nach dem Duschen, wenn man dazu überhaupt kommt, hat man diese Gerüche noch in der Nase und wird die auch nach Stunden, manchmal Tagen nicht los. Aber wenn eben über Wochen und Monate der Unrat in der Küche liegt und da ganze Käferfamilien gezüchtet wurden, ist das doch etwas anderes. Dazu dann die fehlende Körperpflege und entzündete Geschwüre und solche Sachen, daran haben auch wir anfangs zu knabbern. Ich versuche dann, mich noch mehr auf den Patienten und seine gesundheitlichen Probleme zu konzentrieren und das Umfeld dadurch weitestgehend zu ignorieren, meistens klappt das auch ganz gut.«

Christian Leder (31), Notfallsanitäter

Eine zunehmende Vereinsamung in der Gesellschaft stellt einen erheblichen Risikofaktor dar, weshalb nicht mehr zeitgerecht auf die Symptome der Patienten reagiert werden kann. Dies führt dazu, dass immer wieder Menschen erst Tage oder gar

Wochen nach ihrem Tod in ihrer Wohnung aufgefunden werden. Dabei bergen manche Krankheiten ein besonderes Risiko: Bereits 2050 wird die Zahl der Demenzerkrankungen in der Bundesrepublik auf mindestens drei Millionen Fälle geschätzt, diese Entwicklung bedeutet für die Rettungsdienste ein entscheidendes Problem:[2]

Während ein stabiles soziales Umfeld zeitnah reagieren kann und hier dann meist ärztliche Abklärung erfolgt, sind die gravierenden Konsequenzen der Symptome bei einsamen Menschen kaum feststellbar und zeigen sich in aller Regel erst dann, wenn das Kind längst in den sprichwörtlichen Brunnen gefallen ist. Dazu gehören dann nicht nur Auffälligkeiten im Verhalten und eine gerade bei dementiellen Veränderungen des Gehirns auftretende Aggressivität, es sind vor allem Zeichen der Verwahrlosung, weil betroffene Patienten weniger fähig sind, den Alltag zu bewältigen.

»Solche Klientel haben wir auch auf der Straße, meist geht es dabei dann um Alkoholabusus, den ›C2-Intox‹, also kurz gesagt: Trinker. Gerade letztens wurden wir an einen Bahnhof gerufen für eine vermeintliche Wiederbelebung und als wir dann mit Vollgas ankamen und das ganze Material auf den Bahnsteig gewuchtet hatten, saß der Mann auf der Bank zusammengesunken und war sturzbetrunken. Reste von Erbrochenem an der Kleidung, erkennbar verwahrlost, das ist natürlich auch für uns nicht toll. Und zu diesen Eindrücken kommt dabei eben auch dazu, dass anschließend der Wagen komplett gereinigt werden muss. Das kann man auch anderen Patienten schlecht zumuten. Wir haben im Grunde einen Nebenjob als Autoputzer und nach solchen Einsätzen ärgern wir uns darüber, weil es wirklich überflüssig ist, das sind hausgemachte Probleme. Nach schweren Unfällen sind die Behandlungsräume auch verschmutzt, klar, aber das ist etwas anderes, wenn da alles voller Blut ist, Verpackungsmaterial oder Kleidungsreste auf dem Boden liegen. Manchmal ist das wirklich heftig, bei einem Blutsturz etwa, wenn nach langen Leberproblemen bei einem Patienten die Krampfadern in der Speiseröhre aufplatzen. Der Mensch liegt dann mit dem Kopf auf der Trage in Richtung Fahrerkabine und das Blut kommt in einem Schwall rausgeschossen. Aber da geht man dann wirklich mit einer anderen Einstellung an die Arbeit, bereitet das im Kopf noch mal nach und geht das Erlebte wieder durch, bespricht sich auch mit seinem Teampartner, um auch zu überlegen, was man nächstes Mal besser machen könnte. Man denkt da auch an die Patienten und ihre Schicksale, das betrifft uns eben auch selber und dann fragt man sich schon beim Putzen, ob das noch gutgegangen sein wird, ob man noch rechtzeitig helfen konnte.

Wir können ja ohnehin nicht direkt weiterfahren, wenn wir anspruchsvolle Einsätze hatten und Material verbrauchten, dann muss das systematisch wieder aufgefüllt werden. Logisch, alles ist doppelt und dreifach auf dem RTW vorhanden, falls etwas beschädigt oder unsteril wird, aber solche Reserven braucht der nächste Patient vielleicht dringend, also wird da faktisch jedes Mal eine Inventur vorgenommen nach einer solchen Grundreinigung. Sollte zumindest, manchmal ist man auch Schlumpf und übersieht etwas. Sollte nicht sein, darf nicht sein, passiert aber eben immer wieder. Jede neue Schicht prüft vor Arbeitsbeginn erstmal den Wagen und macht so eine Inventur, zwischendurch halt immer wieder und doch vergisst man etwas, achtet nicht auf Kleinigkeiten und dann ist mal eine Batterie leer oder es fehlt an einem Tubus in einer speziellen Größe. Bei belastenden Einsätzen passiert so was mal, wir sind schließlich auch Menschen und es gibt Eindrücke, die wir nur schwer verarbeiten können, sodass ich hin und wieder bei Übernahmen des RTW feststellen muss, dass etwas vergessen wurde. Anderen Kollegen wird das aber nicht anders gehen.«

Die äußeren Eindrücke der allgegenwärtigen Verfügbarkeit bei Einsätzen tragen erheblich dazu bei, dass eine Fehlwahrnehmung in Bevölkerung und Politik besteht hinsichtlich der Zahl der verfügbaren Rettungsmittel. Tatsächlich sind Rettungsfahrzeuge nach jedem Einsatz zunächst »verbraucht« und scheiden damit in aller Regel bis zur Wiederherstellung der Einsatzbereitschaft aus. Dies gilt umso mehr, wo es durch Krankheitserreger, Körperflüssigkeiten oder auch Exkremente zu einer umfangreichen Kontaminierung der Fahrzeuge und des eingesetzten Personals gekommen ist und somit ein zeitintensiver Aufwand betrieben werden muss, die Hinterlassenschaften zu entfernen.

In den behördlichen Statistiken jedoch wird im Widerspruch hierzu häufig auf die Gesamtzahl der in einem Bereich vorhandenen Rettungsmittel verwiesen, die solche Ausfälle nicht hinreichend berücksichtigen. Diese Zeit der Nachbereitung, die mit zum Einsatz gerechnet wird, bedeutet in der Praxis, dass zu »Stoßzeiten« mit einem vermehrten Einsatzaufkommen entsprechende Engpässe entstehen können und die Einsatzfahrzeuge nicht in ausreichender Zahl zur Verfügung stehen. In den Bedarfsplanungen sind dies die eigentlich vorgesehenen fünf bis zehn Prozent der Fälle, in denen die Hilfsfristen der Rettungsfahrzeuge durch die damit entstehenden Dispositionslücken überschritten werden.

»Für mich persönlich schlimm sind die Einsätze mit kleinen Kindern. Viele Retter haben Angst vor Kindern, weil die eben nicht nur kleine Menschen sind, sondern eine völlig andere Anatomie haben und das ausgesprochen anspruchsvoll ist, die zu versorgen. Durchaus anspruchsvoller als bei Erwachsenen und die verzeihen etwaige Fehler auch nicht so wie erwachsene Patienten, die Kleinen haben einfach weniger Reserven für solche Notfälle in ihren Körpern. Und da ist es natürlich besonders heftig, wenn man solche Bilder wie den Plötzlichen Kindstod erlebt.

Wenn man gerufen wird, ist das schon eine grundlegend andere Motivation und gerade wenn man eigene Kinder hat, begleitet einen das umso intensiver. Und wenn man dann in eine Wohnung kommt und feststellen muss, dass da im Prinzip schon vor Stunden jeder Rettungsversuch vergeblich gewesen ist, nimmt einen das schon mit. Besonders im Umgang mit den Eltern geht das an die Substanz, denen dann erklären zu müssen, dass ihr Kind gestorben ist und man nichts mehr tun kann, ist hart. Härter ist es nur noch, wenn da Notfälle gemeldet werden, wo wir klar erkennen können, dass die Kinder missbraucht oder misshandelt werden. In letzter Zeit haben wir häufiger mit Familien zu tun gehabt, die einen anderen kulturellen Hintergrund haben und bei denen es verbreitet zu sein scheint, die Kinder zur Strafe in einen Topf mit kochendem Wasser zu stellen. Das sind dann schwere Verbrühungen und Verbrennungen als Ergebnis und wenn die Eltern dann die Folgen nicht mehr unter Kontrolle haben, weil die Schmerzen nicht aufhören und die Blasen auf der Haut platzen, werden wir als Rettungsdienst gerufen. Ich habe das selbst in den letzten zwölf Monaten zwei Mal erleben müssen und das ist schon etwas, das man auch mit in sein Privatleben mitnimmt und dann darüber nachdenkt. Wir können nicht viel tun dabei und nur über den Notarzt auf solche Feststellungen hinweisen mit der Hoffnung, dass die Krankenhäuser oder die Vorgesetzten im Rettungsdienst später die Jugendämter ausreichend informieren und diesen Kindern geholfen wird.«

Kindesmisshandlung als Lebensrealität der Rettungsdienste wird in Deutschland gegenwärtig in den meisten Fällen als Tabuthema betrachtet. Erhebungen über die Entwicklung der Fallzahlen existieren dabei keine und die gesellschaftliche Diskussion der zahlreichen Einzelfälle erfolgt überwiegend erst, wenn es durch tragische Verläufe zu medialer Aufmerksamkeit gekommen ist.

Dabei sind es gerade die schweren Fälle, bei denen zwingend notfallmedizinische Hilfe erforderlich geworden ist, die den Notfallhelfern in ihrem Beruf begegnen und nicht eben »nur« Blutergüsse an den Extremitäten. Notfallbilder, bei denen die Eltern nach Misshandlungen ob der beeindruckenden Lebensgefahr in regelrechte Panik geraten und versuchen, die schweren Folgen der eigenen Handlungen noch irgendwie rückgängig machen zu lassen.

Der Deutsche Berufsverband Rettungsdienst e.V. hat entsprechend 2014 eine Initiative gestartet, die Grundlagen nicht nur durch Ausbildung des Fachpersonals erarbeitet, vielmehr wurde die Politik zu angemessenen Reaktionen aufgefordert.[3] Ziel ist es, im Zusammenwirken mit den Rettungsdiensten hier den Opfern unverzügliche Hilfe zukommen lassen zu können, etwa eine schnelle Trennung von den Tätern aus dem familiären Umfeld zu ermöglichen, aber auch eine ärztliche Reaktionspflicht im Sinne der Opfer zu etablieren. Immerhin, so stellt der Verband fest, sind jährlich zwischen 200 000 und 1,4 Millionen Kinder von Gewalt betroffen. Wöchentlich sterben drei Kinder an den Folgen solcher Taten und 70 Kinder bedürfen medizinischer Hilfe.

So absurd es erscheinen mag, aber es besteht in der Bundesrepublik keine Pflicht für Ärzte, so auch nicht für Notärzte, solche Fälle zur Anzeige zu bringen und damit Sofortreaktionen der Behörden einzuleiten. Die Ärzte, ebenso das Rettungsdienstpersonal, sind hier einer Schweigepflicht unterworfen, die sie zwar im Notfall straflos brechen dürfen, aber es besteht keine Verpflichtung hierzu. Es ist also eine persönliche Entscheidung, ob und wie reagiert wird auf solche Fälle.

Maik Herberhold, Facharzt für Kinder- und Jugendpsychiatrie und -psychotherapie in Bochum, stellte im Interview mit dem WDR 2019 klar, dass der Arzt in erster Linie der Schweigepflicht unterworfen ist und somit das Äußern eines Verdachts gerade auch deswegen ein Problem werden kann, weil weiterhin ein Einwirken des Täters auf ein Kind möglich ist.[4] So wäre es also durchaus möglich, dass ein Täter gewarnt würde und so Druck auf sein Opfer ausüben kann. Ihm seien Fälle bekannt, wo Ärzte seit Jahren vor Gericht stünden, weil sie begründete Fälle gemeldet hätten und damit die Schweigepflicht brachen.

»Überhaupt ist dieses Gefühl, nichts wirklich tun zu können, das tatsächlich Schwerste bei dieser Arbeit. Gar nicht mal so die Herausforderung, wenn es um das Fachliche geht, es ist die Hilflosigkeit dabei, die einen ehrlich wurmt«, erzählt Christian Leder. »Ich selber versuche, das mit Sport dann für mich irgendwie auszugleichen, aber da denkt man eben schon darüber nach, wie das mit der eigenen Familie wäre. Bei sterbenden Menschen etwa, zu denen wir auch gerufen werden. Die Angehörigen geraten in Panik, weil das anders aussieht als im Fernsehen und nur selten wirklich friedlich wirkt. Statt friedlich daheim zu sterben, müssen wir die Patienten auf den letzten Lebensmetern noch ins Krankenhaus bringen, obwohl ohnehin nicht mehr geholfen werden kann. Oder es fehlt an eindeutigen Patientenverfügungen, Dokumente und Betreuer sind gerade nicht auffindbar und wir müssen völlig überflüssige Maßnahmen ergreifen, die für die Betroffenen nur noch eine schlichte Quälerei sind. Da merkt man dann auch direkt, ob man einen guten oder einen weniger guten Notarzt mit dabeihat.

Nicht alle Notärzte sind gleich qualifiziert, das fängt schon mit dem Hintergrund an, ob die Anästhesisten sind oder Chirurgen. Klar kommt das auch immer auf das jeweilige Notfallbild an. Das kann einem als Patient also schon passieren, dass da Sanitäter eintreffen mit zusammen an die 50 Jahre Berufserfahrung und der Notarzt, der das Sagen hat, ist dann recht frisch und fährt erst seit einem Jahr. Wir versuchen dann im Team, so was aufzufangen, natürlich dezent mit freundlichen Fragen an den Arzt, ob er nicht lieber ein anderes Medikament wünscht oder ob ihm bestimmte Symptome aufgefallen sind. Meistens geht das problemlos, man arbeitet im Team, aber es gibt eben auch Situationen, wo unsereiner dann resigniert und einfach den Weisungen des Arztes folgt, auch wenn man da klar sieht, dass das jetzt eher suboptimal für den Patienten ist. Und trotzdem bin ich froh, dass ich diese Verantwortung nicht tragen muss.«

Tatsächlich ist die Qualifikation von Notärzten in Deutschland nicht unproblematisch und schon gar nicht einheitlich. Zwar existieren inzwischen Mindestanforderungen, doch sind diese mit zwei Jahren Weiterbildung als Arzt *überwiegend* stationär geprägt, finden also in einem Krankenhaus statt. Davon müssen mindestens sechs Monate Anästhesiologie, Intensivmedizin oder in einer Notaufnahme absolviert werden und zudem 50 Einsätze unter Aufsicht eines Notarztes erfolgen.[5]

Die rein fachliche Ausbildung in der Notfallmedizin selbst bietet dabei dann ein zusätzlicher Kurs von 80 Stunden, der nicht selten in Seminarform kommerziell angeboten wird und an durchaus malerischen Orten wie etwa der Nordseeinsel Sylt stattfindet. Dort lernen die Teilnehmer beispielsweise, wie man einem Patienten den Brustkorb aufschneidet, um einen Schlauch zur Entlastung der Lunge zu legen. Zwei Mal in der Praxis angewendet, dann hat man den gewünschten Nachweis. Somit hängt es entscheidend davon ab, wie der angehende Notarzt in der klinischen Ausbildung unter die Fittiche genommen wurde, und weniger von einer einheitlich geregelten Ausbildung.

Die hier beschriebenen Erfahrungen sind also Ausdruck von Unsicherheiten ob dieser erkennbar uneinheitlich geregelten Ausbildungswege: Sechs Monate auf einer kardiologischen Intensivstation bieten eine Spezialisierung für Herzleiden, vernachlässigen aber andere Bereiche. Gerade bei kleinen Kindern ist in der Praxis, so beklagten es viele Ärzte und Notfallsanitäter, häufig eine extreme Unsicherheit feststellbar. Dies insbesondere dadurch, dass Kinder einen anderen Körperbau haben, die Atemwege unterscheiden sich zum Beispiel völlig von denen bei Erwachsenen. Hier wären also Änderungen der Ausbildung für die Zukunft, etwa durch die Entwicklung eines eigenständigen Facharztes für Notfallmedizin, erkennbar wünschenswert.

Ausbildungsprobleme ganz anderer Art bestehen für Christian Leder in Konfliktsituationen bei seiner Arbeit:

»Gewalt gegen uns ist inzwischen ohnehin schon beinahe alltäglich geworden. Es gibt wohl niemanden im Rettungsdienst, der noch keine renitenten Patienten oder deren Angehörige erlebt hätte. Die haben dann Vorstellungen aus dem Fernsehen übernommen und erwarten, dass das bei uns genauso aussehen muss wie bei RTL II, damit das dann wirklich ›gute‹ Arbeit wäre. Und auf der Straße glauben viele Leute inzwischen, dass man unsere Einsätze einfach filmen kann und die hinterher im Internet landen dürften. Solche Konflikte sind im Grunde alltäglich geworden. Vor allem, wenn man es mit anderen Kulturen zu tun hat und da andere Anspruchshaltungen bestehen, ob da nun ein Mann einer schwer kranken Frau helfen darf oder eben auf Abstand zu bleiben hat. Da gibt es durchaus immer wieder Diskussionen und das kann dann auch schon eskalieren.

Gerade da ist man auch gefordert, wenn es um robustere Maßnahmen geht, die Sprachbarriere ist manchmal extrem und dann verständlich zu machen, warum man nun vielleicht gerade auf den Brustkorb drücken muss, kann zu einer wirklichen Herausforderung werden. Solche Angehörige nehmen die Situation eben anders wahr und versuchen durchaus schon mal, den Patienten vor uns zu ›beschützen‹. Es sind also tatsächlich nicht selten Missverständnisse, die Gewalt entstehen lassen.

Auf der anderen Seite ist es auch pure Dummheit, wenn Betrunkene renitent werden oder ihre Kumpels uns bedrängen, da werden wir als störend empfunden und weil wir einen Bewusstlosen ja schließlich nicht einfach an seine Freunde herausgeben können, damit die ihre Zechtour fortsetzen können, endet so was dann eben auch schon mal mit der Faust der Saufkumpane. Schlimmer noch ist das bei Drogenmissbrauch, wenn Halbstarke sich irgendwas eingeworfen haben und dann meinen, sie wären die Stärksten, während sie gleichzeitig in Lebensgefahr sind. Das kann also immer mal wieder vorkommen, dass der Patient schon auf der Trage im RTW liegt und dann plötzlich gewalttätig wird.

Da bestehen die Probleme aber nicht allein auf Seiten der Zuschauer oder Angehörigen, die Rettungsdienste als Arbeitgeber sind immer auch von Buchhaltern geführt und finanzielle Mittel für die Weiterbildung gibt es so gut wie keine. Während also Polizisten lernen, in Konflikten zu deeskalieren, sich selbst schützen zu können und notfalls auch über das erforderliche Wissen verfügen, wie man heil aus einer Situation herauskommt, gibt es das bei uns als Rettern so gut wie gar nicht, und dieses Missverhältnis müssen wir dann eben in der Praxis mit unserer eigenen Gesundheit ausbaden. Wobei solche Fälle glücklicherweise deutlich seltener sind, als man es aus den Zeitungen oder dem Fernsehen serviert bekommt.«

Die gesellschaftliche Wahrnehmung von Gewalt gegenüber Rettungsdienstpersonal hat dazu geführt, dass der Gesetzgeber den Strafrahmen für solche Delikte 2017 verschärft hat. Eine Auswertung des Bayerischen Landeskriminalamtes aber zeigt, dass die Problematik insgesamt in der medialen Darstellung übertrieben wird:

Im Vergleichszeitraum von 2012 bis 2017 ist lediglich ein leichter Anstieg der Fälle zu verzeichnen gewesen, von 265 Fällen im

Jahr 2012 auf 327 Gewaltdelikte 2017. Dies ergab eine Häufigkeit von 2,1 Fällen pro Hunderttausend Einwohner für das Jahr 2012 und einen Anstieg auf 2,5 Fälle für 2017 – da aber auch gleichzeitig die Bevölkerungszahl in dem Bundesland zugenommen hat, verdeutlicht die Zahl der Einsätze insgesamt, wie gering das Problem sich in der Praxis darstellt: Bei ursprünglich jedem 6805. Einsatz 2012 wurde Gewalt gegen Rettungsdienstpersonal zur Anzeige gebracht. 2017 musste festgestellt werden, dass dann bei jedem 6424. Einsatz Übergriffe stattgefunden haben.[6]

Dabei unterscheidet die Statistik nicht zwischen Fällen, bei denen tatsächlich deliktisch relevantes Verhalten vorgelegen hat und in welchen Fällen dies krankheitsbedingt erfolgte, etwa durch Trunkenheit oder psychische Erkrankungen.

Insgesamt ist natürlich eine Zunahme solcher Fälle zu verzeichnen und es ist zweifelsfrei richtig, dass hier dem in der Notfallrettung tätigen Personal entsprechend geholfen wird. Etwa indem Schutzwesten zur Verfügung gestellt werden sollten und entsprechende Ausbildungen eingeführt werden müssen, wie sie für Polizeibehörden als Eigensicherung selbstverständlich sind. Ebenso ist es zweifelsfrei richtig, dass hier dem Sicherheitsempfinden des Rettungspersonals die erforderliche Rechnung getragen wird, wozu dann auch gehört, dass die Folgeschäden solcher Übergriffe sozial aufgefangen werden müssen und berufliche Alternativen bestehen für Geschädigte.

Nur ist deutlich zu hinterfragen, ob die medialen Darstellungen der einschlägigen Tageszeitungen nicht sogar den Fokus verschieben von den tatsächlich bestehenden Problemen im Rettungsdienst hin zu einer Randerscheinung und so sogar dem eingesetzten Personal mehr schaden als tatsächlich nutzen.

»Wo wir auch echte Probleme haben, ist das zunehmende Gewicht unserer Patienten. Wenn wir da mal realistisch rangehen, dann sind wir nicht selten nur zwei Leute auf dem Wagen und geraten an Menschen mit 150 Kilogramm Kampfgewicht und mehr, die wir dann erst mal auf die Trage kriegen müssen. Soll nicht sein, bei manchen Erkrankungen ist das sogar brandgefährlich, aber wenn es der Gesundheitszustand zulässt, fragen wir höflich, ob die noch die paar Schritte laufen können, weil es anders schlicht nicht geht, ohne dass wir uns einen Bandscheibenvorfall zuziehen. Sicherlich kann man in der Theorie bei solchen Fällen Verstärkung als ›Tragehilfe‹ rufen, in der Praxis aber muss für so was auch das erforderliche Rettungsmittel verfügbar sein und wenn die Kollegen draußen im Einsatz sind, sieht das schon schlecht aus mit der nötigen Hilfe, da muss dann die Feuerwehr ran.

Bei einem Fall kamen wir in eine völlig vermüllte Wohnung und trafen eine Patientin mit einem Lebendgewicht von knapp 250 Kilo an. Und bei solchen Fällen stoßen wir eben nicht nur menschlich, sondern auch technisch an unsere Grenzen. Dafür sind die kleinen Rettungswagen einfach nicht mehr gemacht und das funktioniert auch nicht mit einer normalen Trage, das ist bereits ein Fall für einen Großraumrettungswagen oder Schwerlastfahrzeuge. Wir mussten dann für den Transport durchs Treppenhaus einen Löschzug der Feuerwehr als Tragehilfe nachfordern, alleine wären wir dazu nicht in der Lage gewesen, die Patientin durch das Treppenhaus zu bringen.«

Ohnehin stehen die Notfallretter vor dem Problem exzessiver Gewichtsbelastungen. Diese fangen aber nicht bei den Patienten selbst an, die durch Übergewicht zu einer Belastung für die Helfer werden, bereits die mitgeführte Ausrüstung, die im Einsatz aus dem RTW zum Patienten gebracht werden muss, übersteigt in vielen Fällen bereits die Grenze zur Gesundheitsgefährdung des Personals:

Der Notfallrucksack nach DIN-Norm 13232 wiegt, je nach Verteilung, zwischen 15 und 20 Kilogramm. Dazu kommt dann ein EKG-Defibrillator, der noch mal ab fünf Kilogramm aufwärts

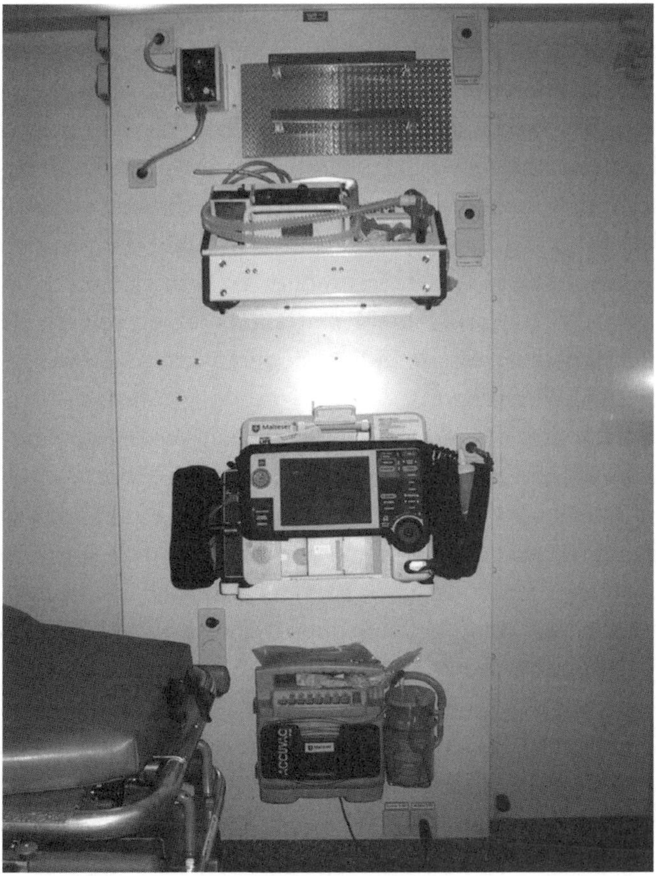

Nur ein Teil der zu tragenden Ausrüstung: Beatmungsgerät, Defibrillator und Absaugpumpe (von oben)

wiegt, und natürlich ein Beatmungsgerät mit Sauerstoffflasche. Es ist also durchaus normal, dass Material mit 30 Kilogramm oder mehr auch über weitere Strecken oder durch Treppenhäuser gebracht werden muss, um einem Notfallpatienten überhaupt angemessen helfen zu können.[7]

Gerade wegen dieser Belastungen hat sich bei vielen Hilfsorganisationen eine Bequemlichkeit eingeschlichen und es wird auf das Mitführen dieses Materials im Einsatz verzichtet, einzelne Teile werden im Fahrzeug belassen oder eine Unsitte eingeführt, die nicht genormt und auch nicht vorgesehen ist: Die »Erstangriffstasche«, die eine bescheidene Auswahl an Hilfsmittel enthält, um zunächst einen Überblick über die gesundheitliche Situation des Patienten erhalten zu können. Der Gedanke dahinter: Wird wirklich mehr Material benötigt, soll ein Helfer den Patienten versorgen und der andere dann das Material aus dem Auto holen gehen.

Da allerdings ein großer Teil der Dienstanweisungen die Versorgung gerade kritischer Patienten mit zwei Helfern verlangt, ist für eine solche Materialanforderung häufig keine Zeit mehr vorhanden und es fehlt dann an notwendiger Ausrüstung.

»Letzten Sommer hatte ich so einen absurden Fall, wo wir gerade mit dem Notarzt einen Badeunfall aus einem Schwimmbad in der Notaufnahme des Krankenhauses abgeliefert haben – am Südrand unseres Kreises. Wir sind noch in der Notaufnahme und übergeben den Patienten, dann kommt die nächste Meldung schon rein und wir sollen zum nächsten Schwimmbad, nur eben dieses Mal am Nordrand unseres Einzugsgebietes, etwa 25 Kilometer entfernt. Als ich nachfragte, ob sich die Leitstelle sicher ist, wurde mir mitgeteilt, dass wir der einzige überhaupt verfügbare Notarzt wären, Hubschrauber und andere NEF wären bei anderen Einsätzen gebunden und dann kam eben die Frage, ob wir schon wieder fahren könnten. Konnten wir nicht, haben wir aber trotzdem gemacht, nur für den Patienten bedeutet so etwas natürlich eine entsprechende Wartezeit auf den Notarzt und das kann dann für das Ergebnis eher weniger gut sein.«

Zwar hat durch die Einführung des Berufsbildes des Notfallsanitäters bereits konzeptionell eine Entlastung der Notärzte stattgefunden, dennoch ist die Verteilung von Notärzten insgesamt nach wie vor problematisch und führt dazu, dass manche Standorte von kommerziellen Notarztanbietern besetzt werden müssen. Das Unternehmen »Notarztdienste« besetzt so beispielsweise in Bad Oldesloe im Auftrag von Asklepios die NEF ebenso wie in mehreren Standorten in Mecklenburg-Vorpommern, darunter auch Parchim und Bad Doberan.[8]

In Hamburg zeigte sich die fehlende Dichte auch daran, dass im Nordbereich der Hansestadt über Jahre die Stationierung eines NEF regelrecht versäumt wurde und ein Notarzt für etwa 250 000 Einwohner nicht existierte – dieser musste aus anderen Stadtteilen mit zum Teil Wartezeiten von 20 Minuten und länger herangeführt werden.[9] Die in der Eingangsbeschreibung des Buches gezeigte Reanimation mit der entsprechenden Wartezeit auf den Notarzt stellte also eine konzeptionelle Lücke dar, die politisch als »bedarfsgerecht« beschrieben wird. Dass der Bedarf dabei individuell auf Seiten der Patienten liegt, wird bei solchen Planungen allerdings gerne übersehen.

»Gerade im Sommer merkt man dann schon, dass das bei hohen Temperaturen recht extrem werden kann. Badeunfälle sind das eine, die Leute überschätzen ihre Fähigkeiten als Schwimmer und verstehen viel zu wenig davon, wie gefährlich das sein kann, bei hohen Temperaturen ›mal eben‹ ins kalte Wasser zu springen: Das kann zu einem reflexartigen Zusammenbruch des Kreislaufs führen, selbst bei Leistungssportlern. Und wenn dann noch Alkohol im Spiel ist und die erfrischenden Getränke aus dem Sechserträger Bier genommen werden, müssen eben wir kommen. Nur kommen wir eben vielleicht gerade nicht, weil wir mit Senioren beschäftigt sind, die zu wenig getrunken haben, weil das Durstgefühl sich schon altersbedingt verändert hat, und die dann entsprechende Probleme mit Kreislauf und Nieren entwickeln. Angehörige passen zu wenig darauf auf, die Betroffenen denken nicht daran, den Flüssigkeitsverlust ausreichend auszugleichen, und dann bedienen wir damit die Notaufnahmen als regelrechten Stoßzeitverkehr. Das ist wirklich so, dass wir solche Kunden in die Notaufnahme fahren und dort liegen dann entsprechend viele solcher Senioren schon auf den Fluren, weil schlicht kein Platz mehr vorhanden ist und die Krankenhäuser völlig überfordert sind. Man kann das sogar vorher am Wetterbericht sehen, wenn es besonders heiß wird, dass solche Schichten auf einen zukommen. Für uns ist das übrigens auch doof, in der Sonne am Badesee zu stehen, die schwere Ausrüstung durch den Sand dorthin zu schleppen und das ganze Spiel auch noch in der Uniform, die für so ziemlich alles geschaffen wurde, aber nicht für so was. Natürlich kommt dann die Standardfrage, die eigentlich immer kommt, wenn wir kommen: ›Wo bleibt ihr so lange?‹

Da beißt man sich dann auf die Zunge und schluckt den eigenen Ärger runter, weil es eben nicht immer nur an uns liegt, sondern die Leute sich vorher viel zu wenige Gedanken machen. Unbeleuchtete Hausnummern finden wir bei Dunkelheit nun mal ausgesprochen schwer, wenn dann noch komplizierte Wegbeschreibungen notwendig sind und wir zur Hausnummer 79 nur kommen, indem wir an Haus 32 an einem kleinen Trampelpfad zum Hinterhaus gehen müssen, tun wir uns ehrlich schwer, schnell zu helfen. Von den Mitmenschen ganz zu schweigen, die aus unerfindlichen Gründen am Straßenverkehr mit Autos teilnehmen dürfen und beim plötzlichen Auftauchen von Blaulicht und Signalhorn in regelrechte Panikattacken verfallen. Im Berufsverkehr und obendrauf noch eine Baustelle, da kommen wir mit unseren großen Rettungswagen auch nur mit wirklichen Schwierigkeiten durch die Straßen und müssen bei solchen Zeitgenossen durchaus mal nachdrücklich darauf hinweisen, dass die doch bitte an die Seite fahren sollten. Obwohl wir Vorfahrt haben, obwohl wir uns beeilen müssen, stehen wir also manchmal im Stau und müssen warten, dass uns der Weg freigemacht wird. Auf der Autobahn eine Rettungsgasse? Geht nur bis zu einem gewissen Grad, nach ein paar Hundert Metern hat man dann immer irgendwie einen Spezialisten vor sich, der das Prinzip noch immer nicht verstanden hat. Aber in der Stadt kann man das komplett vergessen, da machen nur wenige Platz und entsprechend länger dauert es eben, um zum Einsatzort zu gelangen. Und natürlich ist das dann auch noch immer so, dass der Fahrstuhl ausgerechnet an diesem Tag kaputt ist oder uns niemand die Tür aufmacht, wir erst lange Wege zurücklegen müssen oder das Gelände völlig unübersichtlich ist. Hilfsfristen werden da schon mal schnell zu rein theoretischen Werten und man versucht es so schnell, wie es einem gerade möglich ist.«

Während Rettungsgassen in der öffentlichen Diskussion als Hauptproblem dargestellt werden, wird die Verkehrslage in den Städten häufig bei solchen Überlegungen vernachlässigt. Es finden sich zwar Hinweise der Behörden und Handelskammern, die auf die erheblichen Belastungen für Unternehmen hinweisen, die Relevanz für die Notfallrettung wird dabei aber gegenwärtig kaum beachtet.[10] Der Anspruch, trotz jeder denkbaren Verkehrslage sachgerecht und zeitnah versorgt werden zu können, hängt jedoch entscheidend von den Planungen der Verkehrsführung ab:

Der RTW als Einsatzfahrzeug ist schlicht unpraktisch, es ist ein zumeist hoffnungslos untermotorisierter Klein-LKW, der sperrig und alles andere als wendig ist. Bereits die zunehmende Tendenz von Verkehrseinschränkungen und der Neuführung von Radwegen, die ideologisch Ziel der autofreien Innenstädte realisieren helfen sollen, schafft hier entsprechende Verkehrshindernisse, die auch für Rettungsmittel zu einem Problem werden. Dass sich hierdurch die Anfahrtszeiten verlängern und auch die Transportwege entsprechend länger dauern, ist bisher ungelöst, zumal es große Defizite in der Kommunikation zwischen Stadtplanung und den für die Notfallrettung zuständigen Stellen gibt:

Bei einem Herzinfarkt kommt es laut den Leitlinien entscheidend darauf an, dass der Patient innerhalb von 60 Minuten in ein Katheterlabor gebracht wird, um die Durchblutung der Arterien des Herzens wieder öffnen zu können.[11] Wohlgemerkt 60 Minuten vom Beginn des Ereignisse, in dieses Zeitfenster fallen die Anfahrt der Retter ebenso wie der Transport in die nächstgelegene geeignete Notfallaufnahme eines Krankenhauses. Transportzeiten von 30 Minuten reduzieren die Überlebenschancen des Patienten beträchtlich und können fatale Folgen zeitigen. Die entsprechenden Rettungswege regelrecht zuzubauen und die schnelle Versorgung zu behindern, erweist sich als ein Problem, das seine Dimensionen statistisch überhaupt erst noch zeigen wird.

Dabei muss man auch berücksichtigen, dass hier verschiedene Effekte zusammentreffen, wie die beschriebenen Senioren mit Flüssigkeitsmangel zeigen: Die gesundheitlichen Probleme treten temperaturabhängig überwiegend in den Sommermonaten auf, also genau dann, wenn gleichzeitig die Bedingungen für Baustellen geradezu optimal sind.[12] Das Zusammentreffen dieser völlig unterschiedlichen Probleme führt in der Konsequenz dazu, dass Versorgungslücken für die Bevölkerung künstlich geschaffen werden. Nur in wenigen Ausnahmefällen aber werden diese durch zusätzliche Rettungsmittel geschlossen, meist wird dabei auf den statistischen Jahresdurchschnitt verwiesen.

»Es gibt aber auch echte Highlights in diesem Job, wo man eben noch rechtzeitig kommt und wirklich etwas bewegen kann. Wenn man eben nicht zu einer der zahllosen Fehlalarmierungen fahren muss, wenn es nicht ›igitt‹ ist und wenn man dieses Idealbild, was man da von sich selbst im Kopf hat, ausnahmsweise mal verwirklichen kann und wirklich rettet.

Wir werden dabei als Sanitäter nur selten als qualifiziertes Fachpersonal wahrgenommen, das Technik und Medikamente ebenso beherrschen muss wie die medizinischen Grundlagen und eben notfalls auch mal den Notarzt ersetzen muss an der Einsatzstelle. Für die Öffentlichkeit sind wir häufig ›Krankenwagenfahrer‹, die also nur zum Transport gut sind, oder wir werden gleich für Ärzte gehalten. Zwischen diesen beiden Extremen scheint es bei Patienten und Angehörigen nicht so wirklich viel zu geben, aber das ist okay. Weniger okay ist, wenn wir auf solche Vorbehalte auf unserer Seite des Behandlungsbettes stoßen und bei der Übergabe von Patienten in der Notaufnahme von Pflegepersonal für blöde gehalten werden, denn dabei können durchaus wichtige Informationen zum Gesundheitszustand des Patienten verloren gehen.«

Das Image-Problem der »Krankenwagenfahrer« ist nicht nur für das Ego der im Rettungsdienst tätigen Personen relevant. Tatsächlich war dieses Bild über Jahrzehnte zutreffend und der Regelfall, hat sich jedoch nicht in dem Maße weiterentwickelt, wie sich das Berufsbild der Retter von reinen Fahrern weiterentwickelte zu medizinischen Experten, die im Notfall ärztliche Maßnahmen sicher beherrschen. Selbst heute ist es alltäglich, dass Notfallsanitäter in der medialen Darstellung kurzerhand als »Rettungssanitäter« bezeichnet werden und der Unterschied zwischen den Ausbildungen nicht geläufig ist.

Während dies betroffenen Patienten in aller Regel weitestgehend egal ist, solange sie gut versorgt werden und sich gut aufgehoben fühlen, ist dies im Umgang mit Ärzten und Krankenhäusern tatsächlich ein entscheidendes Problem und zeigt sich in der Praxis durch häufig auftretende Kommunikationsdefizite.

Die sind allerdings nicht selten systembedingt, wie folgendes Beispiel verdeutlicht:

Bei einem Massenanfall von Verletzten, etwa bei einem Unfall mit einem Reisebus, werden die Patienten in einer ersten Sichtung in Kategorien eingeteilt, um so die bestmögliche Behandlung gewährleisten zu können. Dies reicht von der Kategorie I, auch mit der Farbe Rot gekennzeichnet, für eine Sofortbehandlung durch akute vitale Bedrohung, über die Farbe Gelb für eine aufgeschobene Behandlungsbedürftigkeit, als Kategorie II bis zu der Kategorie III, die mit der Farbe Grün leicht Verletzte kennzeichnet. Letzte Kategorie, Blau oder IV, sind die Patienten, die als sterbend keine Überlebenschance haben und eine Betreuung und Sterbebegleitung erfahren.[13]

Ein eigentlich simples und zuverlässiges System. Kliniken nutzen in ihren Notaufnahmen ebenfalls ein solches Triage-System, um so die Behandlungsdringlichkeiten festzulegen – allerdings hat dies nicht vier, sondern fünf Kategorien und schiebt zwischen Rot und Gelb noch ein Orange für sehr dringliche Fälle.[14] Dass also die Systeme nicht wirklich kompatibel sind, wurde bislang schlicht übersehen oder einfach ignoriert.

»Wobei wir eben auch in die Pflege eingebunden sind, wir fahren ja nicht nur raus bei Notfällen oder schweren Unfällen, wir sind auch für Verlegungen von Pflegepatienten da. Das kann dann eben der Intensivtransport mit Arztbegleitung sein, damit ein lebensbedrohlich erkrankter Patient in ein spezielles Krankenhaus kommt, weil sich die Klinik auf das Krankheitsbild spezialisiert hat. Das sind dann auch Patienten, die künstlich beatmet werden und deren Zustand wirklich kritisch ist. Aber es gibt eben auch Verlegungen, wo wir Langzeitkranke oder Pflegefälle aus dem Heim zu einem Termin ins Krankenhaus fahren. Das ist okay so. Da gibt es dann auch Stammkunden und man baut ein persönliches Verhältnis auf, es gibt aber auch Fälle, da will man nicht eine Stunde hinten beim dementen Patienten sitzen und sich alle fünf Minuten die gleiche Geschichte anhören, die man nach dem vierten Mal ohnehin bereits auswendig kennt. Da dann lieb zu bleiben und Empathie zu zeigen, ist eine wirkliche Herausforderung. Wobei man sich da immer selber sagt, dass die Patienten da ja auch nichts dafürkönnen, das ist das Ergebnis von Krankheiten und dazu ist man eben da.«

Bisher eher unbeachtet sind solche Pflegetransporte zwischen den Kliniken, bei denen es häufig eher um finanzielle Aspekte geht denn um wirklich medizinische Notwendigkeit: Die Verlegung eines Patienten eröffnet Möglichkeiten einer Abrechnung über eine neue Fallpauschale (Diagnosis Related Groups, kurz: DRG) und findet so erkennbar häufig zwischen Kliniken des gleichen Betreibers statt, wobei dies eben nicht nur krankenhausintern erfolgt, sondern teilweise mit einem KTW oder RTW zwischen verschiedenen Krankenhäusern. Die unterschiedlichen Spezialisierungen der Kliniken der gleichen Betreibergruppe sorgen somit für die entsprechenden Verlegungsfahrten.

Ein ganz anderes Problem sind die »Stammkunden«, nicht selten auch als »GOMER« (Get Out of My Emergency Room – verschwinde aus meiner Notaufnahme) bezeichnet und das Phänomen der multimorbiden, meist älteren Patienten beschreibt, die aus Pflegeeinrichtungen in Notaufnahmen verbracht werden.[15] Patienten, deren Lebensqualität eher als bescheiden zu bezeichnen ist und deren gesundheitliche Probleme unter Einbindung eines Hausarztes oder Bereitschaftsdienstes ebenso zu lösen wären, die allerdings in einem regelrechten Pendelverkehr zwischen Pflegeheimen und Notaufnahmen ihr Dasein fristen. Die Behandlung stellt keine tatsächliche Gesundheit wieder her, sondern lediglich den Pflegezustand vor dem jeweiligen Notfallbild, um so alsbald wieder mit einem neuen Notfallbild imponieren zu können. Gewöhnlich erscheinen sie genau zu den Zeiten in den Notaufnahmen der Kliniken, wo diese Patienten bereits durch Überlastung am wenigsten Hilfe erfahren können, oder entwickeln sich zu sogenannten Dauerliegern auf den Stationen der Krankenhäuser. Statt hier den Grunderkrankungen ihren natürlichen Verlauf zu lassen, werden die Patienten künstlich am Leben gehalten, obwohl im Grunde keine Hoffnung mehr besteht.

Solche Patienten, die faktisch keinerlei Lebensqualität mehr besitzen und schwerem Siechtum in aller Regel hilflos ausgesetzt sind, sind dabei eben nicht nur für die Notaufnahmen eine emotionale Herausforderung, auch im Rettungsdienst ist es für das Personal seelisch belastend, nicht wirklich helfen zu können.

»Für andere Sachen sind wir auch da, die kleinen Dinge, an die man sonst nicht denkt. Haustiere etwa, deren Frauchen und Herrchen wir ins Krankenhaus bringen, müssen versorgt sein. Sonst kommt nachher die liebe Omi nach Hause und ihr Kater liegt mumifiziert im Wohnzimmer, so was geht natürlich nicht. Da geben wir dann schon die nötige Information weiter, manchmal im Krankenhaus, aber auch Nachbarn, bei denen wir direkt fragen. Das sind so die Soft Skills, an die man bei uns gar nicht so wirklich denkt, wenn es um Rettungsdienst geht, aber die alleinerziehende Mutter als Notfallpatientin bedeutet eben, dass sich jemand um ihre Kinder kümmern muss.

Gleichzeitig stumpft man eben mit der Zeit auch ab und resigniert ein Stück weit. Jetzt nach mehr als zehn Jahren auf dem Rettungswagen ist das halt auch Selbstschutz für die eigene Seele, wenn man zum hundertsten Mal zu Pflegeheimen gerufen wird und dort feststellt, dass man für den Schlaganfall eigentlich einen ganzen Tag zu spät kommt, um da wirklich noch helfen zu können. Klar kümmert man sich um solche Patienten, aber man lässt das nicht mehr so an sich ran und akzeptiert eben, dass es in der echten Welt ausgesprochen schlecht läuft und es nicht mehr so sonderlich viel zu retten gibt, wo man sich früher noch darüber aufgeregt hätte, wie dumm man eigentlich sein kann, so einen Schlaganfall so lange zu übersehen, wenn man doch eigentlich vom Fach sein sollte.«

Auch, wenn massive Personalprobleme im Bereich der Pflege bestehen, gibt es tatsächlich immer wieder Fälle, in denen nicht angemessen auf Notfallbilder reagiert wird. Hier handelt es sich also nicht um »Dummheit«, vielmehr beschreibt der Interview-

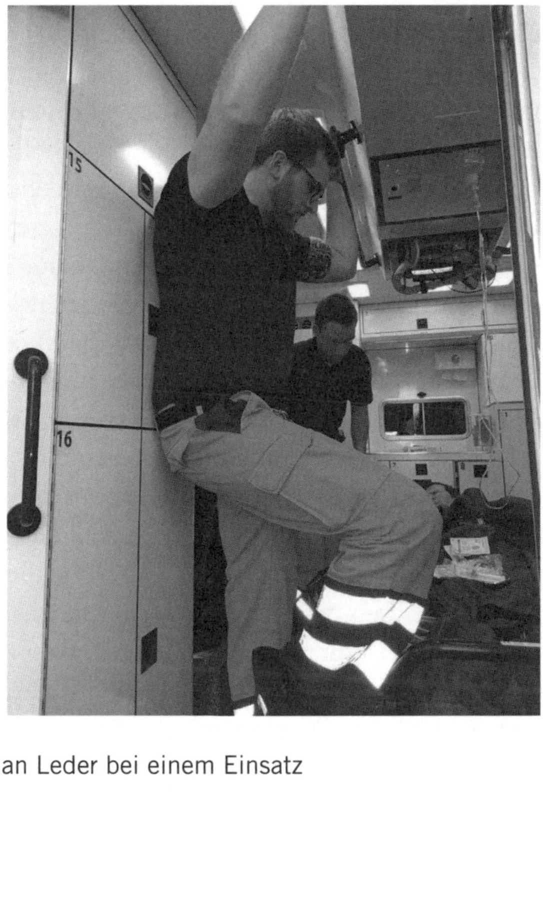

Christian Leder bei einem Einsatz

partner Probleme im Bereich der Ausbildung, die sich im Bereich der Pflege besonders bei Hilfspersonal zeigen. Dies wird weiter unten noch ausführlicher diskutiert.

Die Empathie als wesentlicher Faktor jedoch hat sich inzwischen als wertvolle Ressource bei den Rettungsdiensten herauskristallisiert. Arbeitgeber im Bereich der Notfallrettung warnen bereits ausdrücklich bei der Einstellung neuen Personals davor, diese wichtige Empathie nicht in Richtung einer Selbstaufgabe abgleiten zu lassen.[16] Gerade nicht nachzufragen zu der Entwicklung bei Notfallsituationen ist also nicht Ausdruck fehlender menschlicher Teilnahme, es ist banaler psychischer Selbstschutz der Helfer, auf den von Seiten der Arbeitgeber sogar ausdrücklich Wert gelegt wird.

Allerdings ist zu kritisieren, dass die Zusammenarbeit durch Regelungen des Datenschutzes dabei erschwert wird und nur in Ausnahmefällen Meldungen erfolgen, wenn Notfallbilder in der Pflege übersehen werden. Hier könnten Rettungsdienste bereits durch entsprechende Feststellungen in den Einsatzprotokollen eine systemische Aufsichtsfunktion wahrnehmen und die Krankenkassen auf entsprechende Probleme in Pflegeeinrichtungen aufmerksam machen. Einzig: Es interessiert die Verantwortlichen bislang nicht und Prüffälle durch den Medizinischen Dienst der Krankenkassen sind eine noch immer seltene Ausnahme.

»Diese Lebenswirklichkeit, wo man selber einfach nur noch mit den Augen rollt, ist etwas, was man akzeptieren muss, man kann schließlich nicht mit älteren Menschen schimpfen, die bei akuten Problemen bis morgens warten und die Nacht mit einem Herzinfarkt durchstehen, weil sie den Rettungsdienst ja nicht nachts stören wollen. Dafür sind wir schließlich da und ›stören‹ ist da auch relativ: Der Notruf erreicht uns ja grundsätzlich im unpassenden Augenblick. Da wird gerade die heiße Pizza geliefert oder man sitzt auf der Toilette und ist noch nicht fertig, dann geht eben der Pieper und man muss los. Wir sind es gewohnt, dann man, eben ›gestört‹ zu werden, das gehört bei dem Geschäft einfach dazu, dass man unvermittelt losfahren muss. Und dann eben nicht zu irgendwelchen Heldentaten, sondern für wirklichen Mist, etwa die Anforderung mit Notarzt zur Todesfeststellung, die auch der Hausarzt oder der Notdienst hätte vornehmen können.

Und dann hat man das genaue Gegenteil und es passiert überhaupt nichts, Langeweile pur, wo man Filme guckt oder auch mal ausruhen kann im Nachtdienst. Da ist wirklich Totentanz und man versucht sich zu beschäftigen oder nutzt die Ruhepause und erholt sich. Vorhersehbar ist das leider nur eingeschränkt, wobei man schon ahnen kann, dass an den Wochenenden oder bei Feiertagen wegen der ganzen Verrückten immer Hochkonjunktur herrscht, die über den Durst trinken, sich beim Autofahren auf dem Heimweg aus der Disco selbst überschätzen oder es zu Streitigkeiten und Suiziden kommt, wie etwa an Weihnachten.«

Die Vorhaltung von Rettungsmitteln in Deutschland ist letztlich ein Kompromiss aus Finanzierbarkeit, verfügbarem Personal und statistischer Einsatzhäufigkeit, die als Gaußsche Normalverteilung immer auch zu einem gewissen Anteil solche einsatzfreien Zeiten bedingt. Dabei muss man allerdings berücksichtigen, dass Bagatelleinsätze und Fehlalarme nicht vorhersehbar sind und das Personal erschöpfen. Es ist also nicht vorhersehbar, ob ein ausgeruhter Helfer an der Einsatzstelle eintreffen wird oder ein bereits völlig erschöpfter Notfallsanitäter, der durch den Schlafentzug bereits Ausfallerscheinungen wie bei Trunkenheit zeigt und somit auch entsprechende Fehler machen kann.

Zukünftige Vereinheitlichungen der Abfrage von Notrufen sind also wesentlich, um von solchen Bagatelleinsätzen zu entlasten und die erforderlichen Freiräume für das ohnehin schon viel zu knappe Personal zu realisieren, um somit letztlich auch geeignete Unfallverhütung betreiben zu können. Zudem ist es erkennbar zwingend notwendig, die Bevölkerung ausreichend über Möglichkeiten, aber auch Grenzen des Rettungsdienstes auf regionaler Ebene besser aufzuklären. Insbesondere in der Aufklärung bestehen offensichtlich Lücken. So finden sich bei der Bundeszentrale für gesundheitliche Aufklärung zwar in der Suchfunktion unter dem Begriff »Rettungsdienst« ganze sieben Hinweise zur Reanimation und unter dem Suchbegriff »Notarzt« immerhin zwei, wirklich nützliche Informationen sind im Onlineangebot der Behörde jedoch nicht zu finden.[17]

Ein behördliches Informationsprogramm, immerhin ist Rettungsdienst unabhängig der Ausgestaltung staatliche Aufgabe, sucht man somit weitestgehend vergeblich und es ist nachvollziehbar, dass die bestehenden Informationslücken in der Gesellschaft einen wesentlichen Anteil an den aktuellen Problemen von Überlastung und Fehlalarmierungen haben. Hierauf verweist auch Christian Leder ausdrücklich:

»Insgesamt glaube ich, dass weite Teile der Bevölkerung uns nach wie vor als reine Krankenwagenfahrer sehen und es an Würdigung fehlt. Da haben sich alte Bilder erhalten oder die Menschen werden aus Film und Fernsehen häufig völlig falsch informiert, wie es bei uns wirklich aussieht und was unsere Aufgaben sind.

Wobei ich eben auch sagen muss, dass jetzt knapp 50 Prozent der Einsätze auch nicht unbedingt das sind, was drei Jahre Berufsausbildung erfordert, und wir zum Teil mit Kleinkram überlastet werden. Man orientiert sich da schon so, dass man bei den kritischen Fällen als Profi sein Bestes geben will und kann und bereitet sich da auch intensiv vor – und dann geht es eben raus und man trifft auf Erkältung, Harnwegsinfekt oder jemand hat sich in den Finger geschnitten.«

Notfall oder »Notfall«?

Ein erheblicher Teil der Rettungs- und Notarzteinsätze in der Bundesrepublik sind Fehlalarmierungen. Nicht etwa fragwürdige Scherze unter einem Missbrauch der Notrufnummern, sondern tatsächliche Erkrankungen liegen den meisten dieser Fehleinsätze zugrunde, die jedoch unter der Rubrik »Husten, Schnupfen, Heiserkeit« wenig mit den Notfallbildern zu tun haben, für die der Rettungsdienst eigentlich da ist.[1]

Häufig treffen die Retter bei solchen Alarmierungen auf Patienten, die mit völligem Unverständnis auf die berechtigte Kritik reagieren: Die ohnehin zu knappen Ressourcen werden mit solchen Einsätzen gebunden und stehen während dieser Zeit nicht für wirklich bedrohliche Notfallsituationen zur Verfügung. Entsprechend müssen andere Mittel eingesetzt werden und der lebensrettende RTW braucht länger zum Patienten. Problematisch ist, dass die Patienten diese Sicht nicht teilen und sich durchaus häufig selbst für einen Notfall erachten, ohne eben ein solcher zu sein.

Was primär daran liegt, dass Rettungsmediziner einen noch recht jungen Berufszweig ausüben, der Sprachgebrauch bei »Notfall« jedoch deutlich älter ist und so für Verwirrung beim Laien sorgt. Notfall, das ist eben nicht nur der klassische Verkehrsunfall oder der Herzinfarkt im Büro, »Notfall« ist für eine

Vielzahl der Verbraucher auch alles, was außerhalb der regulären Sprechstunden des Hausarztes medizinischer Hilfe bedarf.[2] Und es ist berechtigt, dass der Patient mit einem akuten Magen-Darm-Infekt nicht über das verlängerte Wochenende warten muss, um endlich vom Hausarzt das begehrte Rezept oder eine dringend benötigte Krankschreibung erhalten zu können. Das kann und darf auch nicht als zumutbar diskutiert werden. Nur ist dies eben nichts, das eines mit Blaulicht und Martinshorn heraneilenden Notarztes bedarf.

Und doch ist dies eine Aufgabe für den Notarzt – den Notarzt klassischen Sprachgebrauchs in der Bevölkerung. Denn bevor es überhaupt die modernen Rettungsdienste und die Notrufnummer 112 gab, existierte bereits ein Notarztwesen. Zu Nachtzeiten oder an Feiertagen fuhren Ärzte zu Patienten, um diese mehr oder weniger angemessen zu versorgen und damit eine bestehende Versorgungslücke zu schließen. Die Rede ist hier von den Kassenärztlichen Notfalldiensten, die Hausbesuche klassischer Prägung vornehmen und dabei genau die Dienstleistungen vornehmen, die in den Kernbereich ärztlicher Versorgung fallen. Es ist, wenn man so will, der Hausarztbesuch als eine Art mobiler Notfallsprechstunde.[3]

Insbesondere ältere Mitbürger tendieren dazu, den Rettungsdienst und diesen »Notarzt« miteinander zu verwechseln. Das Ergebnis sind ebenfalls Fehlalarmierungen, aber in das andere Extrem: Statt bei drohender oder bestehender Lebensgefahr einen Notruf abzusetzen, werden die ärztlichen Notfalldienste verständigt und so mitunter mehrere Stunden Wartezeit produziert. Zeit, in der sich das Notfallbild weiter verschlechtern kann, und nicht selten stellen die Ärzte beim Eintreffen fest, dass dies ein Fall für den Rettungsdienst ist.[4] Häufig hat sich ein bei Anforderung noch durchaus kontrollierbares Krankheitsbild da schon zu einer persönlichen Katastrophe entwickelt und die

Hilfe kommt zu spät. Drei bis sechs Stunden hat der Patient mit einem akuten Schlaganfall, danach kann das Blutgerinnsel im Kopf kaum mehr medikamentös aufgelöst werden. Nachts oder am Wochenende kann es also fatal sein, entscheidet man sich für die falsche Notrufnummer.

Doch solche Art Fehlalarme wurden nicht diskutiert, als man 2017 damit begann, die neue Notrufnummer öffentlich forciert zu propagieren, unter der die Kassenärztlichen Vereinigungen ihre Dienste anboten. 116 117 als neue Notrufnummer neben der bekannten 112 schuf jedoch ein neues Problem, verlagerte es doch die Entscheidungskompetenz an Patienten und Angehörige regelrecht aus: Der medizinische Laie, so die Idee, sollte nunmehr eigenverantwortlich entscheiden, ob er ein Rettungsmittel in Anspruch nehmen möchte oder den ärztlichen Notfalldienst. Dass der Verbraucher damit faktisch überfordert ist und überhaupt nicht unterscheiden kann zwischen einer gewöhnlichen Bronchitis und einem lebensbedrohlichen Lungenödem aufgrund akuter Herzprobleme, geriet dabei entweder weitestgehend in Vergessenheit oder wurde sogar still und heimlich ignoriert. Und wie er die zur Verfügung stehenden Angebote beider Strukturen voneinander unterscheiden können soll, wird dabei ebenso nicht erklärt und kurzerhand dem Verbraucher überlassen. Er muss quasi selbst entscheiden, ob er gerade ob denkbarer Lebensgefahr einen Rettungswagen benötigt.

Dabei ist das Problem offensichtlich: Während die Retter über umfangreiche technische und medizinische Möglichkeiten verfügen und die zur Lebensrettung benötigte Infrastruktur bei jedem Einsatz mitbringen, verfügt der Notfalldienst lediglich über das bekannte lederne Arzttäschchen, dessen Inhalt zwar ausgezeichnet geeignet ist, um sich der klassischen Behandlung einer Erkältung bis hin zur Mittelohrentzündung und selbst akuter Schmerzen widmen zu können, bei der Abklärung gefährlicherer Krankheitsbilder jedoch an seine Grenzen stößt und bereits bei der sicheren Diagnose von Herzrhythmusstörungen muss der Kassenarzt passen.

Einen einheitlichen Standard hinsichtlich der Ausbildung und Ausrüstung im Bereich der Notfalldienste sucht man dabei bis heute vergeblich.[5] Faktisch beinhaltet das Studium der Medizin lediglich die Pflicht zu einer Ausbildung in Erster Hilfe, die auch jeder Busfahrer absolvieren muss.[6] Mehr ist nicht vorgeschrieben und weitergehende Kenntnisse hängen vor allem davon ab, welche fachlichen Richtungen der Arzt in seinem Werdegang wählt. Unter Umständen bekommt man also einen ehemaligen Notarzt mit profunder Rettungsdiensterfahrung, hat man aber Pech, erscheint zu diesem Notfallhausbesuch eben ein Mediziner ohne weitere Kenntnisse, der einen tatsächlichen Notfall möglicherweise aufgrund fehlender Erfahrung übersieht oder nicht angemessen reagiert. Denn für alle Teilnehmer im medizinischen Versorgungskarussell ist die Bedienung dieser Dienstleistungen als niedergelassene Ärzte verpflichtend.[7] Um diese gravierenden Qualitätsmängel völlig fehlender Normung auszugleichen, gibt es inzwischen regionale Ansätze, über die Fahrdienstleistungen eine Art Rettungsnetz zu spannen:

Während über Jahrzehnte zumeist Taxifahrer den Zubringer für die ärztlichen Notfalldienste wahrgenommen haben, wurde von verschiedenen Rettungsdienstanbietern auf Grundlage solcher Fahrten ein eigener Fahrzeugtyp entwickelt, der im Kofferraum über eine voll ausgestattete Notfallausrüstung verfügt, also einen Notarztrucksack, einen Defibrillator (AED) und mindestens Sauerstoff sowie natürlich entsprechende Notfallmedikamente. Das zum Gebrauch erforderliche Know-how wird hier dem Vertragsarzt einfach als Kraftfahrer in Gestalt eines Notfallsanitäters zur Verfügung gestellt. Im Falle einer umgekehrten Fehlalarmierung, also beim Vorliegen eines tatsächlich lebensbedrohlichen Notfallbildes, übernimmt dann der Fahrer die Versorgung des Patienten bis zum Eintreffen der weiteren Rettungsmittel, allerdings auf rettungsdienstlichem Niveau.

In Hamburg etwa bietet das Unternehmen GARD der Falck-Gruppe derartigen Fahrservice als Vertragspartner der Kassenärztlichen Vereinigungen an und hat gleich eine ganze Fahrzeugflotte mit einheitlichem Erscheinungsbild und Ausstattung in Dienst gestellt.[8] Und damit die Verwirrung auf Seiten der Patienten sogar noch verstärkt, denn mit den auf den Fahrzeugen aufgebrachten Werbeaufdrucken wie »ärztlicher Notfalldienst« oder »Notfallarzt« kann der Verbraucher nur wenig anfangen. Die Abgrenzung zum Notarzt ist dem Patienten als Laien nur schwerlich möglich. Dabei werben Unternehmen sogar auffallend direkt damit, Dienstleistungen als »Notärzte« für die Verbraucher anzubieten, und tragen somit zu der babylonischen Sprachverwirrung noch aktiv bei:[9]

Ein »Notarzt« mit eigener »Notrufnummer«

»Notfall« ist einerseits definiert als eine akute Erkrankung außerhalb der Sprechzeiten niedergelassener Ärzte, gleichzeitig aber eben auch als das klassische Einsatzbild der Rettungsdienste für Unfallopfer und kritisch Erkrankte. Da beides in völlig unterschiedlichen Gesetzen und Fachgebieten reguliert wird, existieren somit für die Verbraucher zwei parallele Welten. Was in Berlin etwa dazu führt, dass jährlich zuletzt 1,2 Millionen Patienten die Notaufnahmen der Kliniken aufsuchten, von diesen aber nach kurzer Behandlung knapp 700 000 wieder nach Hause gingen.[10]

Dieses Problem der überlaufenen Notaufnahmen soll inzwischen durch neue Konzepte einer Zusammenlegung von klassischer Notfallmedizinischer Versorgung und ambulanten Behandlungszentren gelöst werden, quasi ein Empfangsschalter, der dann in die jeweiligen Bahnen der notwendigen Versorgung führen soll. Zumindest in der Theorie, denn welche Probleme dies in der Praxis aufweisen kann, zeigt ein Fall aus Düsseldorf:

In den Räumen des Evangelischen Krankenhauses betreibt der Verein Notdienst Düsseldorfer Ärzte eine eigene Notfallpraxis. Jährlich zwischen 80 000 und 90 000 Patienten nehmen das Angebot einer Notfallsprechstunde wahr, wobei die räumliche Einbindung in das Klinikum eine akute Versorgung von bedrohlichen Notfällen gewährleisten soll und kann. Im Prinzip also genau das, was gefordert wird, der Patient wird über den Schalter den jeweiligen Arbeitsbereichen bei Ankunft zugewiesen. Und trotzdem wurde 2017 der sieben Jahre alte Elias Mohammad mit Schmerzmitteln fortgeschickt, als ihn seine Eltern dort zu Weihnachten mehrfach vorstellten. Erst am zweiten Weihnachtstag habe man, so beklagten die Eltern, die Sauerstoffsättigung des Blutes geprüft, nachdem sich die Haut des Kindes bereits gelb verfärbt hatte. Anschließend wurde der Junge sofort notoperiert und mit einer Blutvergiftung in die Universitätsklinik verlegt, wo er schließlich verstarb.[11]

Der tragische Fall zeigt, dass die Idee eines zentralen Schalters zur Vorsichtung und Zuordnung der Patienten zwar richtig ist, die Anforderungen zur Unterscheidung von scheinbar harmlosen und tatsächlich bedrohlichen Notfällen jedoch extrem hoch sind und bereits kleine Fehlleistungen in einem solchen Bereich für die Patienten katastrophale Konsequenzen haben können. Das Problem besteht darin, dass die Pflicht zu einer Teilnahme am Notdienst für alle niedergelassenen Ärzte besteht. Werktags von 19 Uhr bis acht Uhr morgens sowie an Wochenenden und natürlich auch an Feiertagen ganzgätig müssen sie alle zwei bis drei Wochen hierfür zur Verfügung stehen. Dabei wird kein Unterschied zwischen den einzelnen Fachrichtungen gemacht, Onkologen und Augenärzte gehören also ebenso dazu wie Gynäkologen oder Internisten. Auch dann, wenn die letzten notfallmedizinischen Erfahrungen vor 30 Jahren gesammelt wurden.[12]

Eine Befreiung von diesem Notdienst ist nur dann für die betroffenen Ärzte möglich, wenn sie schwerwiegende Gründe nachweisen können, etwa Behinderungen oder besondere private Pflichten. Ebenfalls können Ärzte alternativ auch an einem solchen Bereitschaftsdienst in Kliniken teilnehmen, so sie dies wünschen und die Möglichkeit in ihrem Bereich besteht. Bemerkenswert: Fortbildungspflichten bestehen dabei keine. Selbst wer also keinen blassen Schimmer mehr von den aktuellen Entwicklungen in der Notfallmedizin hat, muss über Wohl und Wehe von Notfallpatienten entscheiden. Glücklicherweise haben Ärzte dabei auch die Möglichkeit, sich für Summen zwischen 2000 und 5000 Euro jährlich von diesen Dienstpflichten freizukaufen und diese an freiwillige Ärzte zu übertragen.[13] Ein offensichtlich lukratives Geschäftsmodell, manche Ärzte nehmen die Arbeitspflichten gerne an und haben sich auf die Notdienste regelrecht spezialisiert.

Rettungsdienst ist in der Bundesrepublik grundsätzlich Aufgabe von Bund und Ländern, wobei dies häufig auf Ebene der Kreise und Gemeinden umgesetzt wird. Hier einfach so zu tun, als sei man nicht verantwortlich für die Auswahl geeigneter Hilfeleistung bedeutet im Umkehrschluss nichts anderes, als dass sich der Staat aus der Pflicht stiehlt: Verantwortlich ja, aber ausschließlich bei klaren und nur eindeutig erkennbaren Notfällen, bei allem anderen ist der Bürger selbst verantwortlich und muss halt irgendwie sehen, wie er klarkommt. Ist der Verbraucher unsicher, welche Ursache sein schwerer Husten nun haben könnte, ist dies keine Aufgabe der zuständigen Behörden.

Dabei wäre es zwingend erforderlich, dass der Gesetzgeber entsprechend eingreift und rechtlich verpflichtende Mindeststandards für die Versorgung der Bevölkerung etabliert. Es muss klar sein, dass eben nicht jeder Arzt fachlich geeignet sein kann für eine Tätigkeit bei Notfällen, gleichzeitig aber auch nicht das Erfordernis bestehen kann und darf, dass jeder zu Notfalldiensten verpflichtete Mediziner über die Kenntnisse und Fähigkeiten eines Notarztes verfügen können muss.

Ein entsprechendes Modell einheitlicher Notfallversorgung ist ebenso erforderlich, wenn es um die Verbindlichkeit von Notrufnummern geht. Die 116 117 ist keine Alternative zum Notarzt, wie auch der Notarzt nicht für harmlose Erkrankungen als »Notfall« zuständig sein darf. Vielmehr ist eine Zusammenführung der unterschiedlichen Notfalldienste erkennbar notwendig geworden, die unter einheitlicher Erreichbarkeit dem Patienten dabei helfen, zwischen akutem Notfallbild und Inanspruchnahme des Bereitschaftsdienstes unterscheiden zu können. Die Entgegennahme des Notrufes also ist das wesentliche Kriterium für die Auswahl der geeigneten Hilfe, nicht die unmaßgebliche Einschätzung von Laien, die Patienten meist sind.

An der fachlichen Einschätzung, was ein Notfall ist oder nicht, scheitern bei verbindlichen Empfehlungen sogar erfahrene Notärzte an dem Versuch, allgemeingültige Empfehlungen auszusprechen:

Dass diese Unterscheidung eben nicht so einfach ist, wie die Verantwortlichen in Behörden und Ministerien die Angelegenheit gerne sähen, zeigt eine Dokumentation des WDR unter dem Titel »Notfallrettung in der Krise«: Dort erklärte der Notarzt Dr. Martin Schiffarth die Unterschiede zwischen den Fällen, die für den Rettungsdienst vorbehalten seien, und solchen Fällen, für die es einer Inanspruchnahme der ärztlichen Bereitschaftsdienste bedürfe. Innerhalb weniger Minuten relativierte er seine Aussagen mehrfach und musste immer wieder darauf verweisen, dass es eben Ausnahmen für die jeweiligen Fälle gebe und die vermeintlich eindeutige Identifizierung für den Laien wohl doch nicht so einfach wäre, wie man es gerne hätte.[14] Denn das ist das Hauptproblem: Die zahlreichen unterschiedlichen Krankheitsbilder und Symptome eines Notfalls machen es Unkundigen nahezu unmöglich, hier eindeutige Entscheidungen treffen zu können.

Die Entscheidungskriterien für die Auswahl des geeigneten Anbieters können nicht einfach in ein Informationspaket einer Hochglanzwerbebroschüre verpackt werden, dafür ist Medizin, insbesondere die Notfallmedizin, schlicht zu komplex. Um hier zwischen manchmal versteckt auftretenden Akutsituationen als tatsächlicher Lebensgefahr und unangenehmen Erkrankungen des Alltages unterscheiden zu können, bedarf es eines entsprechenden Fachwissens, das dem Patienten nicht zugemutet werden kann und darf, sondern integrierte Leitstellen braucht, bei denen geschulte Experten eine geeignete Auswahl treffen können und somit jeden Einzelfall in die dafür optimalen Bahnen lenken.

Naturgemäß wird ein solcher Notruf länger dauern müssen als die heutige Abfrage in einem derartigen Telefonat, verschafft so letztlich aber nicht nur die angemessene Hilfeleistung, sondern entlastet Notärzte und Notfallretter von den Fehlalarmierungen und schafft so Kapazitäten für eine Versorgung tatsächlicher Notfälle.

Wie gefährlich eine Fehlentscheidung bei der Auswahl des geeigneten Notfallarztes sein kann, zeigt ein aktueller Fall aus Schwandorf: Ein Arbeiter fiel bei dem Versuch, die Heckklappe eines Muldenkippers zu schließen, vormittags gegen 11.30 Uhr aus etwa drei Metern Höhe rückwärts auf den Kopf. Seine Chefin, die Zeugin des Unglücks war, sammelte ihn kurzerhand auf und fuhr den Patienten in eine nahe gelegene Praxis eines Arztes. Der ließ sich einen solchen Betriebsunfall nicht entgehen und reagierte mit dem angemessenen Vollprogramm: Unter anderem wurde der Verletzte geröntgt, erhielt als Schmerzmedikation Ibuprofen 600 und seine verletzten Finger wurden versorgt. Schließlich wurde gegen 14.50 Uhr dann ein Rettungswagen für den Krankentransport in die Klinik gerufen.

Beim Eintreffen des RTW wurden entsprechende schriftliche Überweisungen übergeben, auf denen die Maßnahmen fein säuberlich dokumentiert worden waren. Unter anderem hatte man dabei ein Schädelhirntrauma mit Verdacht auf Schädelbruch dokumentiert. Derweil zeigte der Patient bereits einen großen Bluterguss am Auge, beidseitig erhebliche Sehstörungen und einen deutlich angestiegenen Blutdruck als Hinweise auf eine Beteiligung des Gehirns. Der eingesetzte NotSan hierzu: »Es war unverantwortlich, uns so spät gerufen zu haben, für diesen Patienten war eine akute Lebensgefahr nicht auszuschließen und dies hätte sofort notfallmedizinischer Versorgung bedurft.

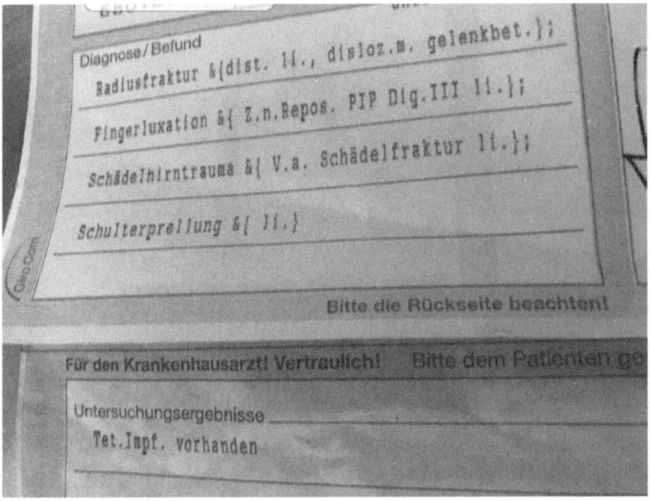
Diagnose/Befund
Radiusfraktur &{dist. li., disloz.m. gelenkbet.};
Fingerluxation &{ Z.n.Repos. PIP Dig.III li.};
Schädelhirntrauma &{ V.a. Schädelfraktur li.};
Schulterprellung &{ li.}
Bitte die Rückseite beachten!
Für den Krankenhausarzt! Vertraulich!
Untersuchungsergebnisse
Tet.Impf. vorhanden

Genau so sollte es nicht laufen

Dass hier ein Arzt über mehrere Stunden einen solchen Notfallpatienten wie eine gewöhnliche Sportverletzung behandelt hat, kann man nur noch als fahrlässig bezeichnen. Ich hoffe inständig, dass der Verletzte diesen Zwischenfall ohne Folgeschäden überstehen wird.« [15] Dabei ist die Sachlage im Grunde völlig klar: Spätestens bei Feststellung der Kopfverletzung hätte der Arzt sofort einen Notruf veranlassen müssen.

Schwarze Machenschaften

Es ist der 15. September 2017, als etwa 50 Beamte von Bundeskriminalamt und Polizei in die Graf-Zeppelin-Kaserne in Calw einmarschieren, um die Stuben zu durchsuchen und Soldaten zu vernehmen. Die Angelegenheit ist ausgesprochen delikat: Die Soldaten der Eliteeinheit der Bundeswehr, das Kommando Spezialkräfte (KSK), sollen befragt werden zu den Machenschaften eines umstrittenen Vereines und ihren Verbindungen zu Franco A.[1]

Der Oberleutnant des Jägerbataillons 291 aus dem französischen Illkirch befindet sich zu dieser Zeit in Untersuchungshaft, nachdem ihn Beamte der Grenzschutzgruppe (GSG9), der Spezialeinheit der Bundespolizei, im fränkischen Hammelburg während des Einzelkämpferlehrgangs an der Infanterieschule verhaftet haben. Tatvorwurf: Der junge Offizier soll Anschläge auf Vertreter von Politik und Medien vorbereitet haben. Aufgeflogen ist er, weil er versuchte, eine Pistole Unique, Modell 17 im Kaliber 7,65 mm aus Österreich zu schmuggeln, die er auf der Behindertentoilette am Wiener Flughafen Schwechat versteckt hatte.[2]

Unter dem Alias »David Benjamin« hatte er sich als syrischer Flüchtling registrieren lassen und so eine zweite Identität aufgebaut. Bis heute ist unklar, ob dies im Zusammenhang mit geplanten Attentaten erfolgen sollte, um die Spur auf Flüchtlinge zu lenken. Gleichzeitig berichteten Zeugen davon, dass er im Besitz eines Sturmgewehrs G3 und einer belgischen Pistole FN im Kaliber 7,65 mm gewesen sein soll. Die Waffen sind bis heute verschwunden, bei einem Freund aus Jugendtagen allerdings wurde ein Depot mit gestohlener Munition aus Bundeswehrbeständen gefunden.[3]

Franco A. bewegte sich im Umfeld des Vereins »Uniter«, was auf Latein so viel bedeuten soll wie »in eins verbunden«. Der eingetragene Verein, der sich offiziell als Netzwerk von aktiven und ehemaligen Sicherheitsangehörigen versteht, wird zu dieser Zeit unter anderem von André S. geleitet, einem Hauptfeldwebel des Kommando Spezialkräfte. Unter dem Decknamen »Hannibal« betreibt André S. gleichzeitig mehrere Chatgruppen in der Bundesrepublik, wie der Verein auch waren diese in mehrere Distrikte aufgeteilt, etwa SÜD oder WEST.[4] Es ist bis heute nicht klar nachvollziehbar, ob diese Chatgruppen identisch waren mit Uniter oder hiervon isoliert betrieben wurden. Allerdings gibt es erhebliche Schnittmengen und es wurde in den Chats auf Veranstaltungen des Vereins verwiesen, wie auch umgekehrt immer wieder der Verein Thema bei den Messenger-Diensten war.

In einer dieser Chatgruppen war auch Franco A. Mitglied, wie André S. gegenüber dem Bundeskriminalamt einräumen musste. Dort ging es etwa um das Schießen aus Hubschraubern für Scharfschützen, bei dem die Teilnehmer eigene Waffen und Munition mitbringen sollten, aber auch um die Errichtung von Waffen- und Munitionslagern, wenn sich die politische Lage wegen der Flüchtlinge verschärft hätte und in Deutschland Unruhen ausgebrochen wären.[5] Über eine dieser Chatgruppen wurden die Ermittler aufmerksam auf die Machenschaften der Gruppe in Mecklenburg-Vorpommern, die sich in Chats als »Nord« oder »Nordkreuz« bezeichneten.

Dort hatten mehrere Polizeibeamte, ein Rechtsanwalt sowie Reservisten der Bundeswehr Lager angelegt für den Krisenfall und Munition, Lebensmittel und Waffen gebunkert. Zudem hatte man auch Vorbereitungen getroffen, um in einem solchen Fall missliebige Politiker, Journalisten und andere Vertreter des öffentlichen Lebens in Lagerhallen zu sammeln und schlussendlich exekutieren zu wollen.[6]

Behördeninsider reagieren nervös, wenn sie auf Uniter und die Chatgruppen angesprochen werden. Nicht von ungefähr, denn dabei haben sich auch personelle Überschneidungen ergeben mit dem Umfeld der Terroristen des »Nationalsozialistischen Untergrunds« (NSU), die in einer bislang beispiellosen Mordserie Mitbürger mit Migrationshintergrund umgebracht haben.[7] So sind Polizeibeamte der Baden-Württemberger Beweissicherungs- und Festnahmeeinheit BFE 5.23, in der die am 25. April 2007 von den NSU-Terroristen ermordete Polizistin Michèle Kiesewetter tätig war, als Mitglieder von Uniter identifiziert worden.

Obwohl also seit 2017 der Generalbundesanwalt in Karlsruhe unter dem Aktenzeichen GBA 2 BJs 205/17-5a ein Ermittlungsverfahren führt, ist es für die Behörden in Hamburg unproblematisch, dass André S. mit Uniter in der Hansestadt ein großer Erfolg gelingen wird: Der erste Einsatz der »Medical Response Unit« (MRU), einer Spezialeinheit von Uniter zur Versorgung medizinischer Notfälle. In seiner Vernehmung durch Beamte des Bundeskriminalamts beschreibt der Kommandosoldat die Aktivitäten als fiktiv, als »Planspiele« ohne tatsächlich reale Grundlagen. Und doch zeigt der nur wenige Monate später stattfindende Einsatz, dass es sich eben nicht um reine Papiertiger handelt, sondern der Verein einsatzbereit ist und auch mit der Bewältigung realer Großlagen keine materiellen und personellen Probleme zu haben scheint:

Um das Public Viewing bei der Fußball-Weltmeisterschaft 2018 auf dem Heiligengeistfeld mit Tausenden Zuschauern ermöglichen und die Auflagen der Behörden zu einem Sanitätsdienst erfüllen zu können, wurde die MRU des Vereins eingesetzt.[8]

Die Kontakte von Uniter sind in Hamburg ebenso etabliert wie in anderen Teilen der Bundesrepublik. Private Sicherheitsdienste haben so etwa vereinsinterne Schulungen angeboten zu »Familien im Personenschutz«.[9] Auch eine Fachschule für »taktische Notfallmedizin« gehört offenkundig zu den Kontakten, denn der offizielle Auftrag für die Veranstaltung auf dem Heiligengeistfeld ging nicht etwa direkt an Uniter, sondern an das »Trainingszentrum für Erste Hilfe & Notfallmedizin« (TEN). Dieses betreibt eine eigene Schnelleinsatzgruppe für solche Sanitätsdienste (SEG). Folgt man den Referenzen auf der Website von TEN, dann gehören zu den Kunden unter anderem die Polizei Hamburg, die Polizei Bremen oder auch die Sicherheitsdienste der Hamburger U-Bahn.[10] Und für eben die Schnelleinsatzgruppe von TEN, die den Auftrag beim Public Viewing erhielt, wurde die MRU mobilisiert.

Bemerkenswert dabei ist, dass hier nicht etwa nur logistische Hilfe geleistet wurde, es wurden real Patienten mit Kreislaufproblemen und zu viel konsumiertem Alkohol versorgt, dabei erfolgten auch invasive Eingriffe, wie etwa das Legen venöser Zugänge. Der Verein präsentierte stolz auf seiner eigenen Website die stattgefundenen Einsätze in Hamburg und zeigte bei Facebook sogar Fotos der eigenen Kräfte – in Uniformen von Uniter, gekennzeichnet als MRU. Und obwohl es bei diesen Einsätzen zu einer Zusammenarbeit mit Polizei und Feuerwehr kam, interessierte sich offensichtlich niemand dafür, wer eigentlich diese MRU überhaupt war und wieso diese Patienten versorgte. Seltsam dabei: Die Feuerwehr Hamburg ist die genau dafür zuständige Aufsichtsbehörde und hätte hier spätestens bei Einsätzen von Rettungswagen nachfragen müssen. Wörtlich heißt es in der Pressemappe von Uniter hierzu: »Diese unterstützenden Fähigkeiten wurden insbesondere von den Polizeikräften vor Ort sehr geschätzt.«[11]

Dabei berichten Zeugen davon, dass die MRU eben gerade nicht für öffentliche Sanitätsdienstleistungen geschaffen wurde und die Konzeption zweifelsfrei militärisch ist: Die Planungen des Jahres 2018 sahen Weiterbildungen für die Sanitäter der

Auf Facebook zeigt sich die Zusammenarbeit von MRU und SEG Hamburg

MRU vor, mindestens 60 Teilnehmer sollten mehrmals im Jahr geschult werden. Doch während es im normalen Rettungsdienst eine Verteilung von 80:20 bei internistischen Notfällen zu Unfallopfern gibt, waren solche akuten Erkrankungen überhaupt kein Thema. »Es ging ausschließlich um Kriegsverletzungen, also Schusswunden oder Ansprengverletzungen bei diesen Konzepten«, berichtet ein Insider.[12] Die finanziellen Grundlagen seien dabei so gut gewesen, dass Geld keine Rolle gespielt habe, wie ihm versichert worden sei. Beatmungsgeräte, EKG-Defibrillatoren oder Notfallrucksäcke nach DIN wären für diese Ausbildungen von Uniter problemlos gestellt worden. Teilnehmen sollten Beamte der Polizeien von Bund und Ländern und Soldaten, alle aus Spezialeinheiten. Der Insider beschreibt seine Erfahrungen direkt: »Es wurde klar darauf verwiesen, dass hier für Kampfhandlungen Vorbereitungen getroffen werden sollten. Auf Nachfrage teilte man mir dann mit, dass es dabei um Einsätze im Ausland ginge und der Verein nur Fassade wäre.«[13]

Obwohl inzwischen über den Verein berichtet wird und obwohl inzwischen sogar der Bundestag einen Bericht vom Vorsitzenden des Parlamentarischen Kontrollgremiums der Geheimdienste zu Uniter angefordert hat, scheinen die Mühlen in Hamburg besonders langsam zu mahlen: Betroffene Patienten wurden bisher nicht informiert und auch in der Bürgerschaft hatten es bislang die verantwortlichen Behörden nicht nötig, über die Aktivitäten des umstrittenen Vereins in Hamburg zu informieren. Wer die Ärzte und die Sanitäter waren, die in Hamburg Notfälle versorgten, ist bis heute unbekannt. Wie sich hieraus Behandlungsverträge ergaben und die Betroffenen mögliche Ansprüche durchsetzen können sollen, erschließt sich bis heute nicht, denn ausweislich der Bilder hatte die MRU einen eigenen ärztlichen Leiter.

Nach wie vor betreibt der Generalbundesanwalt einen Prüfvorgang zu Uniter, wobei der Verein seinen Sitz inzwischen in die Schweiz zu verlegen beabsichtigt und André S. nicht mehr stellvertretender Vorsitzender ist. Dennoch ist fraglich, warum in Deutschland ein derart betriebener »Sanitätsdienst« ohne Genehmigungen von Aufsichtsbehörden und ohne behördliche Kontrolle einfach als Subunternehmer auf Veranstaltungen Patienten versorgen kann und ob in Zukunft damit zu rechnen sein muss, dass im Grunde jedermann derartige Dienstleistungen anbieten kann, wenn nur der Auftraggeber die erforderlichen Genehmigungen hierzu vorweist.

Wobei die dienstliche Tätigkeit auf Ebene der Spezialkräfte von Bund und Ländern selbst für Behördenbedienstete kein Problem darstellt und Kommandosoldaten oder Polizeibeamte in Spezialverwendung ihre Praktika als Notfallsanitäter regelkonform und vor allem unter strenger Aufsicht in regulären Rettungsdiensten absolvieren und dabei unter Einhaltung der gesetzlichen Vorgaben genauso an Patienten arbeiten wie Feuerwehrleute auch.[14]

Tatsächlich haben in Deutschland Soldaten des KSK und Beamte der GSG9 oder der SEKs (Spezialeinsatzkommandos) der Länder bislang Tausende Menschenleben auf diese Weise gerettet, still und leise, ohne hierfür jemals Dank der Öffentlichkeit erfahren zu haben. Die Tätigkeit erfolgt dabei getarnt als gewöhnliches Personal der Rettungsdienste und ohne Hinweis auf die eigentliche Herkunft in mehreren deutschen Großstädten und natürlich auch in Notaufnahmen und Intensivstationen ausgewählter Krankenhäuser. Wobei hier natürlich keine Patienten als Versuchskaninchen missbraucht werden, sondern die Praktika unter den gleichen Maßgaben und der Überwachung erfolgen wie bei allen anderen Schülern im Rettungsdienst auch. Der primäre Unterschied dabei ist, dass mit den gesammelten Erfahrungen später eben nicht Notfallbilder in Frankfurt oder Köln bedient werden, sondern Hilfe geleistet wird in Krisengebieten oder die Erstversorgung von Opfern bei Terroranschlägen übernommen wird. Was die Selbstdarstellungen der MRU bereits im Kern erschüttert, denn die Versorgung von Patienten in Deutschland bei Attentaten ist bereits recht gut gewährleistet.

Dr. Peer Knacke, ärztlicher Leiter im Rettungsdienst des Kreises Ostholstein, beschreibt es aus seiner beruflichen Praxis: »Hauptproblem bei solchen Lagen, ob nun ein Amoklauf oder ein Terroranschlag, ist unsere völlig fachfremde Orientierung im Rettungsdienst. Wir haben das auf zahlreichen Übungen und bei Weiterbildungen feststellen müssen. Wir sind nicht zum Kämpfen ausgebildet und haben da einfach andere Schwerpunkte, somit können wir auch nicht erkennen, ob wir uns gerade tatsächlich in Gefahr befinden oder nicht. Die sogenannte Rote Zone ist für uns nicht auf dem Fußboden gekennzeichnet, da kommt niemand und markiert das für uns mit Klebeband. Und wenn sich in dynamischen Lagen die Situation schnell verändert, erfahren wir eben auch nicht immer sofort, ob wir nun aus einer sicheren Situation in eine Gefahrenlage gerutscht sind. Inzwischen hat sich das durch Übungen und Ausbildungen bei der Polizei zwar deutlich gebessert, aber uns traf das Thema inhaltlich zunächst tatsächlich wie ein Blitzschlag aus heiterem Himmel.«

Das Thema der Terroranschläge hat seit dem Anschlag auf den Berliner Weihnachtsmarkt einen neuen Raum im Bewusstsein der Rettungsdienste eingenommen. War es noch bei den Attentaten von Paris und Brüssel nur wenige Monate zuvor noch ein theoretisches Problem, dem sich die zahlreichen Organisationen mit neuer Ausrüstung, wie etwa Material zur Blutstillung, anzupassen versuchten, wurde es über Nacht zu einem Thema, das zur rettungsdienstlichen Realität in der Bundesrepublik gehört wie Verkehrsunfälle oder der Herzinfarkt bei einer Familienfeier – ohne dass allerdings Konzepte oder gar Ausbildungen in den Schubladen gelegen hätten für einen solchen Fall. Diese mussten erst aufgrund der gemachten Erfahrungen entwickelt werden:

Auf den Bildern nach dem Berliner Anschlag konnte man deutlich sehen, dass die Feuerwehr einen »MANV«, einen »Massenanfall von Verletzten«, versorgte. Die Rettungswagen parkten nur wenige Meter entfernt von dem LKW, mit dem Anis Amri seine Terrortat begangen hatte. Etwa fünfzig Meter vom Fahrerhaus entfernt wurde ein Zelt aufgebaut, in dem die Verletzten gesichtet wurden und die erste Versorgung erfuhren. Zu dieser Zeit war der LKW jedoch noch ungesichert, eine Prüfung oder gar Durchsuchung des Fahrzeuges hatte so kurz nach dem Anschlag noch nicht stattgefunden. Ein beteiligter Polizeiführer räumte gegenüber den Autoren so auch ein: »Es gab nur Konzepte für die Fussball-WM 2006, mit einem solchen Szenario wie auf dem Weihnachtsmarkt hatten wir gar nicht gerechnet.«[15]

Dabei wird seit Jahren von Experten, auch an der Infanterieschule der Bundeswehr, vor dem Konzept der Doppelschläge gewarnt. Dabei nutzen Terroristen zielgerichtet die Hilfe für Opfer bei einem kleineren Anschlag aus, um so einen großen Folgeanschlag auf Rettungskräfte, Sicherheitsbehörden und Schaulustige auszuüben. Häufig werden dabei zuerst Attentate durch Einzeltäter verübt, und in der Folge explodieren weit größere Bomben, wie es etwa in der Silvesternacht 2016 in München geplant gewesen sein soll.[16] Wäre es in Berlin also zu einem derartigen Doppelschlag gekommen, wären Feuerwehr und Rettungskräfte hier nicht nur hilflos ausgeliefert gewesen, sie hätten das geradezu perfekte Ziel für ein solches Attentat geboten.

Wie tief sich der auf diese Tat folgende Paradigmenwechsel bei Sicherheitsbehörden und Rettungsdiensten eingebrannt hat, zeigt eine Großübung der Polizeien von Bund und Ländern 2018 in Hamburg: Mehrere Hundert Spezialkräfte der Polizeien waren in der Hansestadt zusammengekommen, um die Versorgung von Verletzten bei einem Terroranschlag zu üben. Die Opfer wurden hierbei von medizinisch speziell geschulten Beamten zunächst aus dem Gefahrenbereich gerettet, um sie anschließend von Rettern der Feuerwehren und Hilfsorganisationen versorgen und in Krankenhäuser bringen zu lassen.[17] So hatte es schon Ulrich K. Wegener, legendärer Gründer der Spezialeinheit GSG 9, Anfang der 70er-Jahre für seine Einheit postuliert: »Die Sanitäter müssen vorne sein, da, wo geschossen wird!«

Neu ist dieses Konzept also freilich nicht, auch wenn die Hamburger Innenbehörde gegenüber der Öffentlichkeit so tut, als hätte sie unlängst das Feuer erfunden: Bereits die Aufnahmen des Attentats am 22. März 2017 in London zeigen, dass die Erstversorgung durch notfallmedizinisch geschulte und ausgerüstete Polizeibeamte erfolgte.[18] Schon vor über 20 Jahren wurden diese Konzepte der »First Responder« bei Polizeibehörden im Ausland eingeführt. Wobei es dabei weniger um Terrorakte ging, die auch heute glücklicherweise eine Ausnahme darstellen. Weitaus wichtiger war und ist, dass bei Notfällen sofort medizinische Hilfe disponiert werden kann. Denn im Gegensatz zu Rettungsdiensten und Feuerwehren stehen die Fahrzeuge nicht in einer Garage und warten auf den Notruf, die Polizei fährt Streifendienste und verteilt ihre Fahrzeuge in ihrem Aufgabenbereich so, dass eine unmittelbare Hilfeleistung binnen weniger Minuten möglich ist. So ist es in Großbritannien und Teilen der USA beispielsweise eine Selbstverständlichkeit, dass zur Ausrüstung von Polizeiwagen nicht nur der Block für Strafmandate gehört, sondern im Fahrzeug ein AED-Gerät mitgeführt wird sowie eine kleine Notfalltasche mit Ausrüstung für die erweiterte Erste Hilfe.

Kommt es zu einer Alarmierung bei einem akuten Herz-Kreislauf-Stillstand, dann disponiert die Leitstelle nicht nur einen Rettungswagen, es werden kurzerhand alle verfügbaren Fahrzeuge und Kräfte zu diesem Einsatz geschickt, um die schnellstmögliche Versorgung gewährleisten zu können. Es sind regelrechte Großalarme, die für einzelne Patienten ausgelöst werden, und es ist keinesfalls selten, dass an einem Patienten drei oder mehr Defibrillatoren liegen, obwohl nur ein Gerät gebraucht wird.

Der amerikanische Hersteller Physio Control brachte um die Jahrhundertwende mit dem AED Lifepak 500 sogar eigens eine Serie für Polizeibehörden heraus, die sich vom Zivilprodukt durch eine tiefschwarze Farbgebung und vereinfachte Bedienung unterschied, so groß stellte sich der Markt für »taktische Produkte« bei Polizei und Militär dar.[19] Dennoch konnte sich dieses Konzept in der Bundesrepublik bislang nicht durchsetzen, obwohl inzwischen immer mehr Polizeibehörden in ihren Revieren AED-Geräte öffentlich zugänglich platzieren. Dabei wäre eine Ausstattung von Einsatzfahrzeugen der Polizei mehr als empfehlenswert:

1994 rüstete die Polizei von Sunnyvale im amerikanischen Kalifornien alle Streifenwagen mit Defibrillatoren aus. Insgesamt 101 Geräte wurden beschafft und Polizisten sowie Vertreter der Behörden in der Kleinstadt mit knapp 149 000 Einwohnern geschult. Seitdem retteten die Geräte bisher 63 Menschen vor dem sicheren Tod. Jedes Jahr findet in der Kleinstadt eine große Feier statt, wo die polizeilichen Retter geehrt werden und die Patienten ihr Überleben auch nach 15 und 20 Jahren gemeinsam begehen.[20]

Dass es in Deutschland bisher keine behördlichen Vorgaben zum Mitführen von Defibrillatoren auf Streifenwagen gibt, ist dabei in erster Linie unserer Behördenstruktur in den Ländern geschuldet, die zwar in den Bundesländern teure Produkte von Mercedes, BMW oder Heckler & Koch für den Polizeidienst realisierbar macht, einige wenige Hundert Euro für die Lebensrettung jedoch bis heute völlig ignoriert. Dabei ist es eigentlich ein doch naheliegender Gedanke, die Versorgung bei einem Kreislaufstillstand in der Bundesrepublik ganz entscheidend verbessern zu können angesichts von inzwischen real existierenden Hilfsfristen von 20 Minuten und länger.

Tatsächlich könnte eine Einbindung von Behörden mit Ordnungsaufgaben in bereits bestehende Rettungssysteme und Leitstellen nicht nur in ländlichen Bereichen entscheidende Zeitvorteile für Notfallpatienten bieten, um das therapiefreie Intervall zu verkürzen. Auch in Städten wären angesichts der zunehmend problematischen Verkehrslage hier eine suffizientere Erstversorgung möglich.

Ein leitender Kriminalbeamter berichtet aus seiner beruflichen Praxis entsprechend: »Ich habe bei vielen Obduktionen teilgenommen, weiß, wie die Organe dann aussehen und kann die auch farblich, an der Größe, und so weiter unterscheiden, aber auf der anderen Seite bin ich dann bei der Hilfeleistung auf der Straße fachlich überfordert und kann nur Erste Hilfe leisten. Dabei hatte ich Fälle, wo ich das hätte brauchen können und mir ein Mensch unter den Händen gestorben ist. Der Widerspruch zwischen diesen beiden Extremen ist schon auffällig und natürlich versucht man dann, die bestehenden Lücken so gut es geht zu schließen. Nur ist es traurige Tatsache, dass die Polizei häufig zuerst an der Einsatzstelle ist und die bestehenden Probleme nicht bewältigen kann.«[21]

Was im Prinzip absurd erscheint: Gerade einmal 160 Stunden erfordert es, einen Rettungshelfer auszubilden. Ganze zehn Tage sind es, die für den Lehrgang als Feuerwehrsanitäter notwendig sind – und diese fahren dann bei Freiwilligen Feuerwehren regulär Dienst als »First Responder«. 80 Unterrichtseinheiten auf eine Berufsausbildung von drei Jahren gerechnet, um Verkehrsunfallopfer auf Autobahnen schneller erstversorgen zu können, sollten keine zu erhebende Forderung, sondern bereits eine inhaltliche Selbstverständlichkeit in der Bundesrepublik sein.

Welche lebensrettenden Effekte dies hätte, zeigt ein Fall aus dem Jahr 2016 in Kiel: Eine 25-jährige Polizistin ist mit ihrem Kollegen in der Preetzer Straße unterwegs zu einer Verkehrskontrolle, als sie auf dem Gehsteig eine Traube Menschen sieht, die um ein Kleinkind herumstehen. Das Mädchen ist bereits im Gesicht blau angelaufen, befindet sich in akuter Lebensgefahr. Einen Notruf haben die Angehörigen und Passanten noch nicht abgesetzt. Instinktiv beginnt die junge Beamtin mit Wiederbelebungsmaßnahmen, ihr Kollege alarmiert derweil den Rettungsdienst. Bis zum Eintreffen des Notarztes übernimmt die Polizistin die Herzdruckmassage und die Beatmung – mit Erfolg, Puls und Spontanatmung setzen bei dem Kind wieder ein und es kommt anschließend zur Beobachtung ins Krankenhaus.[22]

Dass die Polizeibehörden bereits ohnehin in die Rettung eingebunden und hier sogar fest etabliert sind, zeigen die Zubringerdienste, die tagtäglich für Notärzte wahrgenommen werden: Zunehmende Verdichtung in den Städten und schwer gangbares Gelände führen dazu, dass Rettungshubschrauber häufig keine unmittelbare Landemöglichkeit an einer Einsatzstelle haben. Entsprechend werden die Einsatzfahrzeuge der Polizei disponiert, um den Notarzt mitsamt Material nach der Landung aufzunehmen und in Sondersignalfahrt zügig zum Patienten zu bringen.

Sicherlich mag dies eine wünschenswerte Umstrukturierung sein, eine Verbesserung der bestehenden Situation. Und man kann bereits jetzt die Innenminister von Bund und Ländern lamentieren hören, dass angesichts knapper Kassen solche Maßnahmen undenkbar seien und die bestehende Versorgung der Bevölkerung schließlich gewährleistet sei. Doch tatsächlich sind Beamte der Polizeibehörden häufig nicht in der Lage, medizinische Notfälle als solche auch erkennen und angemessen handeln zu können. Natürlich, wenn eine Person blutet oder nicht ansprechbar ist, ist es einfach, ein Problem zu identifizieren und den Rettungsdienst zu verständigen, doch gerade bei den gefährlichen leisen Tönen kommt es zu Missverständnissen, die für Betroffene tragische Folgen haben können, wie etwa am 23. Juni 2017 in Kassel:

Die 70 Jahre alte Monika Harmes-Lipera wurde von Polizisten verwirrt in der Stadt angetroffen und mit auf die Wache genommen, wo sie stundenlang wartete. Die Frau konnte sich nicht verständlich artikulieren, hatte motorische Störungen und hatte ihre Papiere neben anderen Habseligkeiten in der Tram liegenlassen, als ihr zwei Passanten am Rathaus beim Aussteigen halfen. Dort begann ihre Odyssee, als sie zunächst von Helfern zur Bundespolizei und von dort zum Polizeirevier nach Baunatal gebracht wurde. Nach mehreren Stunden ging es dann zurück nach Kassel, wo sie unterwegs mit Handzeichen zu verstehen gab, dass sie den Weg kannte und zu ihrer Tochter gebracht werden wollte. Zuhause angekommen, erkannte die Tochter sofort den Notfall und verständigte den Notarzt, doch es war zu spät: Durch das stundenlange Warten war die Patientin außerhalb des Zeitfensters für eine wirklich erfolgreiche Therapie, mit schweren Schädigungen des Sprachzentrums und eingeschränkt in ihren Bewegungen ist die Patientin heute ein Pflegefall und muss mühsam wieder das Sprechen lernen.[23] Ein Schlaganfall, der bei angemessener notfallmedizinischer Schulung der Polizisten besser ausgegangen wäre.

Ohnehin besteht in der Gesellschaft eine Tendenz zu einer massiven Diffusion von Verantwortung und einer geradezu absurden Institutionalisierung, als könne man sich der eigenen Probleme bequem entledigen, weil ja schließlich andere dafür bezahlt werden. So kommt es, dass die einst vorbildliche Rettungskette gerade bei den so wichtigen Gliedern zunehmend schwächer wird und die Maßnahmen der Ersthelfer aus dem Fokus geraten. Die eigene Pflicht zur Hilfeleistung wird dabei verdrängt. So gesehen ist es ein wichtiges Urteil gewesen, das der Bundesgerichtshof im April 2019 fällte, als es um die Amtspflichten eines Lehrers ging:

Acht Minuten musste ein 18-jähriger Schüler aus Hessen mit Kreislaufstillstand auf das Eintreffen der Rettungskräfte warten, nachdem er zuvor beim Sportunterricht zusammengebrochen war. Die anwesenden Lehrkräfte hatten zwar einen Notruf abgesetzt, waren dann jedoch nicht den Anweisungen gefolgt und hatten die Erste Hilfe in der irrigen Annahme, dass der Junge noch über einen Kreislauf verfügte, unterlassen.

Nachdem der dadurch schwerbehinderte Kläger zuvor in zwei Instanzen abgewiesen wurde, stellten die Bundesrichter klar, dass es unzweifelhaft zu den Amtspflichten von Aufsichtspersonen wie Lehrer gehört, über die notwendigen Kenntnisse in Erster Hilfe zu verfügen und diese auch anwenden zu müssen.[24] Somit wurde im Prinzip nunmehr gerichtlich das verankert, was ohnehin bereits hätte offensichtlich sein müssen: Wem Menschen anvertraut sind, der muss sich bei Notfällen als Garant auch in medizinischen Notlagen um diese kümmern. Die stattfindende Auslagerung der Verantwortung an Rettungsdienste funktioniert nun also insbesondere dort nicht mehr, wo der Staat die Verantwortung trägt – neben Schulen also auch bei der Polizei oder im Justizvollzug. Oder dem Militär, das quasi nebenbei einen bemerkenswerten Anteil an der Notfallrettung hat:

Die Bundeswehr leistet nicht nur bei der Rettung mit eigenen Einsatzfahrzeugen einen Beitrag, vielmehr stützen sich Teile der Notfallrettung nahezu ausschließlich auf die Streitkräfte. In der Seenotrettung etwa sind es die Hubschrauber der Bundeswehr, die die Luftkomponente stellen und in Zusammenarbeit mit den Seenotrettern der DGzRS (Deutsche Gesellschaft zur Rettung Schiffbrüchiger) zahllosen Menschen bereits aus Notlagen geholfen haben.[25]

Die militärische Komponente des »Search and Rescue« (SAR; dt. Suchen und Retten) wurde schlussendlich durch die Beteiligung an der Luftrettung in mehreren deutschen Großstädten (z.B. Ulm, Hamburg, Koblenz) berühmt und war über Jahrzehnte durch das charakteristische »Flapp-Flapp-Flapp« der Rotoren der Hubschrauber vom Typ Bell UH-1D als Markenzeichen der »Rettungsflieger« schon von Weitem zu hören. Das ZDF widmete dem Hamburger Hubschrauber sogar eine eigene Fernsehserie, die von 1997 bis 2007 ausgestrahlt wurde.

Burkhard Dirks, der als Notarzt in Ulm auf dem SAR 75 flog, erinnert sich: »Im Vergleich zu heutigen Hubschraubern waren die Bell der Bundeswehr regelrechte Tanzsäle, so viel Platz hatten wir an Bord. Die heutigen Modelle EC 135 oder die EC 145 zieht man eher mit dem Schuhlöffel an. Wobei die Bell eine deutlich bessere Versorgung für Patienten bot, weil man eben überall herankam. Der Platz war dabei so gut, dass ich problemlos während des Fluges intubieren konnte, heute muss man da schon vorher überlegen, wie man den Patienten in den Hubschrauber lagert und setzt dann nicht selten lieber auf den Bodentransport.«[26]

Inzwischen hatte sich die Bundeswehr mehr oder weniger aus der Luftrettung zurückgezogen, zumindest auf Ebene des fliegerischen Dienstes, denn auch weiterhin betreibt das Verteidigungsministerium Rettungszentren mit eigenen Notärzten und Rettungswagen. Doch die Hubschrauber wurden durch EC 135 des Bundesinnenministeriums ersetzt und die Piloten werden nun von der Bundespolizei gestellt. Übrig geblieben sind nur einige wenige Standorte, wie etwa der SAR 41 in Nörvenich. Nach einem aktuellen Beschluss des Bundestags-Haushaltsausschusses Ende November 2018 jedoch wird es nun mit sieben bestellten H145-Hubschrauber für die Luftretter der Bundeswehr wieder losgehen, ab 2020 sollen die neuen Modelle die alte Bell UH1-D vollständig ablösen.[27]

Ganz anders als die staatlichen Akteure sind die Demo-Sanitäter, auch als Action-Medics oder Riot-Medics bezeichnet, die bei gewalttätigen Demonstrationen die Versorgung von Verletzten übernehmen. Hierbei handelt es sich um Freiwillige, die nicht im öffentlichen Rettungsdienst tätig sind, sondern Teilnehmer der Demonstrationen betreuen, wenn diese durch den Einsatz der Polizei verletzt werden. Entstanden sind diese Helfer aus der amerikanischen Bürgerrechtsbewegung, bei denen sich frühzeitig zeigte, dass es Schwächen in der Hilfeleistung bei verletzten Demonstranten gab, weil Rettungsdienste sich in den meisten Fällen nicht den Gefahren direkt in Krawallen aussetzen konnten und können. Die in der Regel auf Spenden angewiesenen Helfer setzen sich dabei – teilweise durchaus berechtigt – der Kritik aus, zu den aktiven Teilnehmern der Veranstaltungen zu gehören. Dennoch haben sie nach Urteil des Berliner Landgerichtes – auch dies berechtigt – besonderen Schutz erhalten, indem ein angeklagter Sanitäter in zweiter Instanz wegen Verstoß gegen das Schutzwaffenverbot auf Demonstrationen freigesprochen wurde. Obwohl das Gesetz klar ein Mitführen von Gegenständen wie die vom Sanitäter genutzte Schutzmaske und Helm verbietet, gewährte ihm das Gericht am 14. September 2018 eine Sonderstellung, der sich auch die Staatsanwaltschaft schließlich anschloss.[28]

Wobei leider auch Hochstapler als Sanitäter unterwegs sind, wie ein recht aktueller Fall aus Berlin zeigt: Dort flog ein Fälscher auf, der mit manipulierten Urkunden als Rettungsassistent oder Notfallsanitäter gegen private Gebühr über Internetauktionen auch unqualifizierten Personen den Einstieg in den Rettungsdienst ermöglichte.[29]

Ein solcher Aufschneider war auch in Schleswig-Holstein jahrelang als Notarzt unterwegs. Der gelernte Rettungssanitäter hatte sich mit gefälschten Urkunden bei einem Rettungsdienst beworben und eine Anstellung als Notfallmediziner erhalten. Als solcher war er auch tätig, bis er Ende 2017 nach Hinweisen aus seinem privaten Umfeld aufgeflogen ist.[30] Ein echter Notarzt, der nicht erkannt werden möchte, hat mit ihm zusammengearbeitet. Er erzählt: »Da war nichts, was mir besonders aufgefallen wäre, im Gegenteil, er war ausgesprochen kompetent und hat bei den Einsätzen, bei denen ich ihm begegnet bin, eine wirklich gute Versorgung der Patienten geleistet. Hätte ich später nicht erfahren, dass er ein Hochstapler war, hätte ich ehrlich keinerlei Zweifel daran gehabt, dass er Notarzt gewesen wäre.«[31]

Dubiose Machenschaften betreiben aber auch die Rettungsdienste und Aufsichtsbehörden mit dem Datenschutz. Es ist im Grunde unvorstellbar, dass Patientendaten im Fernsehen ausgestrahlt würden, doch wie auch beim Fernsehen braucht es zum Empfang der Daten lediglich eine Antenne und einen Decoder, schon kann man bei etwa 30 Prozent der Rettungsdienste in der Bundesrepublik die Meldungen bei Notfällen mitlesen. Die digitalen Meldeempfänger übertragen häufig noch unverschlüsselt neben Informationen zu alarmierten Fahrzeugen und Kräften natürlich auch die Namen und Adressen der Patienten sowie einige kurze Informationen zum jeweiligen Notfallbild, wie dieses Beispiel zeigt:

»26.1.2015 13:49:17 RTW 23 F (RW xxxxxxxxx)

13.49 NOTF – xxxxxxxxxxxxx xxxxxxx Wäscherei // Penisverletzung muß genäht werden W <EOT><Nul>«

Diese Einsatzmeldung entstammt einer Sammlung von knapp über zwei Jahren, die ein ehrenamtlicher Helfer der Malteser Hamburg online gestellt hatte, inklusive aller »besonders geschützten« Daten. Obwohl die Staatsanwaltschaft Anklage erhob und der Verantwortliche verurteilt wurde, hat es bis heute niemand für nötig erachtet, die Betroffenen oder ihre Hinterbliebenen über dieses Problem zu informieren.[32]

Hier geht es vor allem um die Fragestellung, warum entgegen der datenschutzrechtlichen Bestimmungen noch immer nicht bundesweit flächendeckender Verschlüsselung für alle Rettungsdienste verpflichtend eingeführt wurde. Und obwohl hier die Landesregierungen und Landkreise in der Pflicht stehen, die sensiblen Patienteninformationen zu schützen, wird über dieses Thema schamvoll geschwiegen, weil es schlicht am Geld mangelt, die inzwischen längst überfällige Umrüstung zeitnah vollziehen zu können.

Pflegen und Hegen

Inzwischen hat sich im öffentlichen Bewusstsein die Feststellung durchgesetzt, dass in der Bundesrepublik ein eklatanter Mangel an Pflegepersonal besteht. Bundesweit fehlt es an etwa 40 000 Menschen, die sich um Alte und Kranke kümmern.[1]

Die rettungsdienstliche Wirklichkeit jedoch setzt da an, wo bereits heute hilfe- und pflegebedürftige Menschen zum Opfer einer falsch verstandenen Gesundheitspolitik werden. Denn allein aus der Tatsache, dass jemand gepflegt wird, ergibt sich eben noch lange nicht, dass diese Pflege qualitativ hochwertig erfolgt oder gar den Mindestansprüchen einer Versorgung älterer Mitbürger genügen kann.

Um es deutlich zu formulieren: Schlechte Pflege ist mit einer der Hauptgründe für eine Alarmierung des Rettungsdienstes in Deutschland und nicht selten geht es dabei um die Lösung von Problemen, die es ohne zunehmendes Lohndumping in der Pflege überhaupt nicht geben würde. Die Retter werden so zu einem regelrechten Auffangnetz für die Versäumnisse der Pflegepolitik.

Weite Teile des Pflegesystems in Deutschland werden über Hilfskräfte bedient, die vor allem in der mobilen Pflege eingesetzt werden. Die Ausbildung dabei besteht in der Regel aus Theorieunterricht zwischen vier bis acht Wochen und einem kurzen Praktikum, meist kaum länger als einen Monat, bei dem die Aspiranten dann bereits an Menschen arbeiten dürfen. Abschluss der Ausbildung ist ein Zertifikat, das die Teilnahme an dem Kurs bestätigt. Aus der puren Not heraus, die der gravierende Personalmangel und der Druck der Bundesregierung haben entstehen lassen, finanzieren die Jobcenter hierbei die entsprechenden Ausbildungen mit Budgets von bis 5 000 Euro und mehr pro Teilnehmer.[2] Politisch erwünscht, um der Bevölkerung vorzugaukeln, dass etwas gegen den Pflegenotstand unternommen würde. Bei Klassenstärken von 20 Teilnehmern und mehr kann man sich vorstellen, wie sich dieser Markt lohnt. Und auch für die Unternehmen, die Praktika anbieten, ist dies ein gutes Geschäft, erhalten sie doch im Gegenzug kostenlose Mitarbeiter, die nicht selten bereits vollständig in die Pflege eingebunden werden, statt unter Anleitung noch lernen zu dürfen.

Wer halbwegs gesund ist und laufen kann, wird aufgrund der gescheiterten Arbeitsmarktpolitik regelrecht in die Pflege gedrängt, teilweise unter Androhung drakonischer Sanktionen, ohne dass zuvor überhaupt ausreichend geprüft wird, ob es sich hierbei um geeignetes Personal handelt, dem man kranke Menschen anvertrauen kann. Mit der entsprechenden Motivation hapert es dann bei solchen Pflegekräften, wie nicht selten auch mit den erforderlichen Sprachkenntnissen.

Die Mitarbeiter der Jobcenter bezeichnen ihre Klientel selbst als »lernentwöhnt« und sehen es durchaus kritisch, hier einen Dumpingmarkt für die Pflege zu erschaffen, bei dem Löhne von 10,00 Euro brutto pro Arbeitsstunde durchaus keine Seltenheit sind und die sozialen Fähigkeiten nicht dem anspruchsvollem Umgang mit Alten und Gebrechlichen entsprechen. Dabei wird durchaus auch mal in die Trickkiste gegriffen, um neues Personal für den Pflegemarkt zu gewinnen, und eine solche Ausbildung dann mit einem kostenlosen Führerschein verlockender gemacht.[3]

»Ich hab das nur wegen dem Führerschein gemacht«, berichtet eine Teilnehmerin. »Pflege interessiert mich nicht und ich hab auch keine Lust, in der Pflege zu arbeiten, das ist körperlich viel zu heftig. Aber das Jobcenter hat mir gesagt, dass ich bei dieser Ausbildung nebenbei den Führerschein bekomme, und dieses Angebot habe ich dann angenommen, weil das sonst 2000 Euro kostet.«[4]

Wie wenig man von Behördenseite darauf achtet, wen man eigentlich in die Pflege stopft, zeigt ein Beispiel aus Hamburg: Hi. stammt aus Pakistan und lebt erst seit wenigen Jahren in Deutschland. Ursprünglich studierte sie in ihrer Heimat Medizin und Pharmakologie, promovierte und arbeitete anschließend auf der kardiologischen Intensivstation eines Krankenhauses. Dort legte sie unter anderem zentrale Venenzugänge, war für die Beatmung der Intensivpatienten zuständig und betreute eigenverantwortlich die Apotheke. Als sie nach Deutschland kam, ließ sie sich als Erstes ihre Zeugnisse von den Behörden anerkennen und begab sich anschließend auf Jobsuche. Wobei dem Jobcenter nichts Besseres einfiel, als sie, weil ja offensichtlich ein Bezug zur Medizin bestand, in einen Kurs zur Pflegehelferin zu schicken. Dass dabei die fachliche Kompetenz der Teilnehmerin weitaus höher war als die der sie unterrichtenden Dozenten, spielte dabei offensichtlich keine Rolle:

»Ich hätte mir Sprachkurse gewünscht, weil es für mich doch noch schwierig ist mit Deutsch. Im Alltag komme ich zwar problemlos auf Englisch klar, aber so ein Kurs wäre deutlich sinnvoller gewesen, als die Zeit mit Kenntnissen der Anatomie zu verschwenden, die ich längst im Studium gewonnen hatte. Als ich beim Jobcenter nachfragte, warum dieser Kurs in Pflege notwendig wäre, sagte man mir direkt, dass ich teilnehmen müsse oder ich bekäme Strafen, also habe ich teilgenommen. Verstanden habe ich das aber nicht.«[5]

Entsprechend reicht die Bandbreite in diesem Feld der Pflegehilfe von ausgewiesenem Fachpersonal bis eben zu völligen Laien, motivierten Helfern bis zu völlig lustlosen Lückenfüllern. Wenn bereits im Praktikum die ersten Todesfälle bewusst wahrgenommen werden, ist dies für die Schüler umso härter, als dass dies nicht freiwillig erfolgt und schwerste psychische Schäden verursachen kann: »Ich wollte ja nicht pflegen und landete dann wegen des Führerscheins plötzlich in einem Pflegeheim. Gleich in den ersten Tagen war dort der erste Todesfall und ich musste mithelfen. Das hat mich wirklich mitgenommen, ich konnte nächtelang nicht schlafen, habe nichts gegessen und viel darüber nachdenken müssen. Wirklich hart war dann aber ein netter alter Mann, den wir über die Wochen betreut haben, der war immer lustig und wirklich lieb zu uns und in den letzten Tagen des Praktikums kamen wir dann rein und er lag tot im Bett. Ich kannte ihn ja im Grunde kaum, aber das hat mich ehrlich fertiggemacht, ihn dort vor mir zu sehen, das konnte ich nicht verkraften und bin dann auch direkt nach Hause. Jetzt, noch Wochen danach, muss ich immer daran denken, das war wirklich furchtbar.«[6]

Ein ganz anderes Extrem erlebte eine Teilnehmerin bei einem wirklichen Notfall mit einer älteren Patientin. Drastisch zeigt dieses Beispiel die gravierenden Schwächen auf, die das System bietet: »Ich bin noch in der Ausbildung zur Examinierten (gemeint ist Altenpflegerin; die Autoren) und dabei haben wir immer zwischendurch verschiedene Stellen im Praktikum, um Theorie und Praxis möglichst intensiv lernen zu können. Dabei passierte es, dass wir eine Dame zuhause zu versorgen hatten und feststellten, dass ein schwerer Notfall eingetreten war. Uns wurde klar mitgegeben, dass wir bei solchen Problemen dann sofort Notarzt und Rettungsdienst verständigen sollten, also schickte ich den Kollegen zum Telefon, während ich mich um die Patientin kümmerte. Nach etwa 15 Minuten habe ich mich gewundert, dass keine Hilfe kam und der Kollege sich auch nicht mehr blicken ließ, und habe nachgeschaut, wo die Retter bleiben.

Schließlich habe ich dann selbst den Rettungsdienst verständigt, der Kollege war verschwunden, wie vom Erdboden verschluckt. Später habe ich erfahren, dass er einfach nach Hause gefahren ist und sich dort ins Bett gelegt hat, der hat den Anblick psychisch nicht verkraftet und sich dann auch danach krankschreiben lassen. Inzwischen ist er nicht mehr bei uns und hat die Pflege vollständig verlassen.«[7]

Viele in der Pflege tun tagtäglich ihr Bestes, um die Situation ihrer Patienten angemessen verbessern zu können, und opfern sich regelrecht gesundheitlich und menschlich auf, um die hohen Anforderungen des Berufes erfüllen zu können. Doch in der Realität bleiben kaum Möglichkeiten dazu. Die Pflegedienste bieten nur wenige zeitliche Gelegenheit, zu eng getaktet sind die Patienten. Zeit ist Geld und häufig stehen nur wenige Minuten für einen Patienten zur Verfügung, in denen diese gewaschen und rasiert werden müssen, teilweise auch gelagert, ihr Essen erhalten und man sich um Medikamente kümmert. Zeit für Gespräche bleibt da kaum übrig und die dafür vorgesehene Zeit, nicht selten weniger als eine Stunde pro Woche, wird häufig als Puffer genutzt, um bei aufgetretenen Problemen überhaupt noch handeln zu können.

Nachts steht auf Stationen mit 20 oder 30 Patienten nicht selten nur eine einzelne Pflegekraft zur Verfügung. Doch auch während des Tages sieht es kaum besser aus. Thomas Eckert berichtet aus seinen eigenen Erfahrungen im Krankentransport Ende der 90er-Jahre:

»Wir brachten am späten Abend im Rahmen eines Krankentransports einen Patienten vom Krankenhaus zurück in sein Pflegeheim. Nachdem wir diesen Patienten in sein Zimmer gebracht hatten, schoben mein Kollege und ich die leere Rolltrage in Richtung Fahrstuhl.

Auf dem Weg über den Flur der Station wunderte ich mich über ein lautes Piepen aus einem Bewohnerzimmer. Ich sah durch die offen stehende Tür und entdeckte, dass offenbar die Pumpe einer Magensonde irgendeinen Defekt hatte. Die Patientin lag mit erhöhtem Oberkörper in ihrem Bett und die Pumpe arbeitete unaufhörlich, pumpte immer mehr von dem Nahrungsbrei in die Patientin hinein. Sie war bereits bewusstlos und röchelte, offensichtlich hatte sie sich bereits übergeben müssen und es wurde weiter und weiter mehr Brei nachgepumpt.

Ich riss sofort den Schlauch der Magensonde von der Pumpe und rief meinen Kollegen hinzu. In Sekunden hoben wir die Patientin aus ihrem Bett, legten sie seitlich auf den Boden und versuchten, ihren Mund-Rachen-Raum vom Nahrungsbrei zu befreien. Die Situation hat mich erschüttert, die Pflegerinnen der Station müssen über lange Zeit das Warnsignal der Pumpe völlig ignoriert haben.

Das Gesicht der Patientin war bereits blau durch den schweren Sauerstoffmangel. Puls konnte ich keinen ertasten, also begann ich sofort mit einer Herzdruckmassage. Dabei kam immer mehr von dem stinkenden Nahrungsbrei hoch.

Kurze Zeit später kam mein Kollege mit unserer Ausrüstung aus dem Rettungswagen zurück. Er hatte über die Rettungsleitstelle einen Notarzt angefordert und übernahm nun die Herzdruckmassage. Zunächst versuchte ich, die Patientin zu intubieren, um sie zielgerichtet beatmen zu können. Doch ich konnte vor Brei nichts sehen, griff zu unserer akkubetriebenen Absaugpumpe, um den hochquellenden Nahrungsbrei zu beseitigen.

Gefühlt kam der Brei regelrecht literweise raus, das muss anfangs wirklich ein kompletter Beutel gewesen sein, den die Pumpe in die Patientin befördert hatte und der durch das Erbrechen offenbar auch in die Lunge der Patientin gelaufen war. Am Ende war der Behälter der Absaugpumpe komplett voll mit diesem zähflüssigen Nahrungsbrei.

Trotz unserer Bemühungen war es aber zu spät, auch der einige Zeit später eintreffende Notarzt konnte nichts mehr tun. Die Frau ist regelrecht an ihrer Nahrung in meinen Armen ertrunken, da hatten wir keine Chance mehr, ihr Leben zu retten. Und das war vollkommen überflüssig, es wäre überhaupt kein gesundheitliches Problem gewesen, wenn man nur rechtzeitig auf den Alarm der Pumpe reagiert hätte.«

Schlechte Versorgung ist in erster Linie Ergebnis einer gravierenden Personalnot, die nicht selten zu Versuchen führt, Dritte einzubeziehen. Die Auslagerung von medizinischen Problemen an den Rettungsdienst ist dabei mit eine der Stützen im bundesdeutschen Pflegemarkt. Eine einzelne Pflegehelferin, weiblich, 55 Kilo und 1,68 Meter groß, kann selbst bei höchster Anstrengung den 300-Pfund-Patienten, der aus dem Bett gefallen ist, nachts nicht einfach zurück an seinen Schlafplatz befördern – es ist nicht nur nicht zumutbar, es ist schlicht technisch unmöglich. Dieses personelle Problem wird einfach über die 112 gelöst und nach wenigen Minuten muss dann die Rettungswagenbesatzung fehlendes Personal in einem Pflegeheim ersetzen, schließlich kommt die Krankenkasse anschließend ja für diesen »Notfalleinsatz« anstandslos auf.

Die häufigen Fahrten von Rettungsfahrzeugen zu Pflegeheimen, die man im Stadtbild vieler Orte in Deutschland heutzutage als normal betrachten kann, sind also mehr oder weniger ein Geschäftsmodell der Betreiber, das ausgezeichnete Gewinnspannen abwirft und die öffentliche Daseinsvorsorge regelrecht missbraucht, um Kosten zu sparen, wo dies nur möglich ist.

Typisches Notfallbild dabei sind ältere Patienten, die exsikkiert sind, also unter Flüssigkeitsverlusten leiden und hierauf unter anderem mit Störungen der Nierenfunktion und des Kreislaufs reagieren. Es ist nicht nachvollziehbar, dass bei sich über Tage entwickelnden Notfallbildern eine Inanspruchnahme des Rettungsdienstes erfolgen muss, obwohl problemlos eine Versorgung durch Hausärzte oder ärztliche Notfalldienste möglich wäre. Doch sind diese eben mit hohen Kosten verbunden und binden die wenigen zur Verfügung stehenden Pflegekräfte. Die 700 Euro und mehr für einen Einsatz von Notarzt und RTW sind kein Kostenfaktor für die Heime, während die Inanspruchnahme eines Mediziners im eigenen Hause einen Aufwand von knapp 100 Euro bedeutet.

»Es sind häufig völlig überflüssige Einsätze, die wir in Pflegesituationen erleben, und die sind dann eben gerade nicht, wie man es erwarten würde, bei der Heimpflege durch überforderte Angehörige. Die sind sogar recht pfiffig und rufen beim kleinsten Verdacht eines Problems sofort den Hausarzt. Nein, es sind gerade die Pflegeheime, die uns immer wieder Kummer bereiten und wo wir zu Einsätzen kommen, die man problemlos hätte verhindern können, hätte man sich nur etwas mehr Mühe gegeben«, berichtet Dr. Peer Knacke aus seiner beruflichen Praxis.

Fehlende Mühe war es auch, die am 9. April 2012 dazu führte, dass ein schwerkranker Patient bei einem akuten Notfallgeschehen in Berlin erhebliche Schäden an seiner Gesundheit erleiden musste. Mit der damaligen Pflegestufe 2 lebte der Mann in einer Einzelwohnung in einem Seniorenheim und verfügte für den Fall der Fälle über ein eigenes Notrufsystem. Aufgrund der zahlreichen Vorerkrankungen und einem dadurch erheblich höheren Risiko eines Schlaganfalles hatte sich die Familie entschieden, einen solchen Dienstleister zu beauftragen, damit bei Notfällen eine schnelle Hilfeleistung auch dann möglich ist, wenn ein normaler Notruf schon nicht mehr abgesetzt werden kann. Das Prinzip ist simpel: Über einen Notrufknopf, meist am Handgelenk oder um den Hals getragen, kann schnelle Hilfe angefordert werden und die so alarmierte Zentrale kann dann entscheiden, ob Pflegepersonal geschickt werden soll oder direkt der Einsatz eines Rettungsdienstes erforderlich ist. Eigentlich also eine gute Sache – hätte der Betreiber nicht hierzu einen Subunternehmer eingesetzt, der mit Pflege und Rettung so ziemlich gar nichts am Hut hat und sonst mit Dienstleistungen der Sicherheitsbranche beschäftigt ist.[8]

So kam es, dass der Patient den Notruf betätigte und die Mitarbeiter der Zentrale nur noch ein Röcheln wahrnehmen konnten. Mehrere Versuche, den Patienten telefonisch zu erreichen, scheiterten und es wurde entschieden, einen Revierfahrer des Sicherheitsdienstes, der sonst für Alarmanlagen zuständig ist, zum Einsatzort zu bestellen. Dort traf er auch kurze Zeit später ein und fand den Patienten auf dem Boden liegend vor. Weil es nicht gelang, den übergewichtigen Mann alleine aufzurichten, wurde ein zweiter Revierfahrer des Sicherheitsdienstes bestellt. Gemeinsam wurde der Notfallpatient auf das Sofa gesetzt, dann fuhren die Helfer wieder los und überließen den Senior sich selbst.

Zwei Tage später fand der betreuende Pflegedienst den Patienten mit Halbseitenlähmung vor und veranlasste sofort einen Einsatz des Rettungsdienstes. Im Krankenhaus wurde später festgestellt, dass das Opfer einen Schlaganfall erlitten hatte, der etwa ein bis drei Tage zurücklag. Eine Wiederherstellung der Gesundheit war wegen der verlorenen Zeit nicht mehr möglich. Der Bundesgerichtshof entschied nach jahrelangem Rechtsstreit schließlich 2017, dass das Verhalten der Betreiber des Hausnotrufs eine grobe Verletzung besonderer Schutzpflichten gewesen sei und das Vorliegen eines medizinischen Notfalls offensichtlich gewesen wäre.[9]

Dennoch wird nach wie vor häufig für solche Alarmfahrten Personal eingesetzt, das Notfälle nicht erkennen kann und deren besondere Schulungen sich nicht selten auf einfache Kurse in Erster Hilfe beschränken.

Ein erhebliches Problem der Pflege besteht in einer faktisch nicht stattfindenden Ausbildung für den Bereich der Notfallmedizin, obwohl gerade die Bewältigung solcher Lebenssituationen von Angehörigen und Patienten als Aufgabenbereich der Pflege wahrgenommen wird. Die geradezu selbstverständliche Erwartungshaltung von Laien, in akuten Notsituationen fachlich gut beraten zu sein, entpuppt sich jedoch bei näherer Betrachtung als Chimäre:

Ob nun sogenannte Dreimonatswunder oder examiniertes Personal mit einer Berufsausbildung von drei Jahren, sobald man in der mobilen Pflege einen Blick in die mitgeführte Ausstattung wirft, erkennt man schnell, dass hier der Schwerpunkt auf täglicher Routine liegt, die Möglichkeiten einer direkten Hilfeleistung allerdings ausgesprochen begrenzt sind und kaum über das Niveau einer Ersten Hilfe hinausgehen.

Eine examinierte Pflegekraft erzählt aus ihrem Alltag drastisch: »Wir sind für Notsituationen nicht ausreichend ausgebildet und angehalten, in solchen Fällen sofort den Rettungsdienst zu verständigen. Entsprechend haben wir auch nichts dabei, womit wir dabei eingreifen könnten, wenn es zu akuten Atemstörungen oder Kreislaufproblemen kommt.

Natürlich können wir durchaus aufgrund unserer Ausbildung erkennen, was sich als Notsituation darstellt und was nicht, das ist keine Frage, aber mehr als den Patienten lagern und auf den Rettungsdienst warten, können wir eben nicht machen und das sind dann die gleichen Abläufe, die bei Angehörigen auch passieren.

Ich selber habe da schon in der Schule bei der Ausbildung feststellen müssen, dass wir da teilweise extreme Lücken haben und fühle mich damit selbst auch nicht wohl, aber wenn ich nachgefragt habe, wurde ich immer darauf verwiesen, dass ich ja einen Krankenwagen rufen könnte und es damit also kein Problem wäre für die Patienten oder mich. Trotzdem erlebe ich immer wieder, dass es eben doch ein Problem ist.«[10]

Lücken, wie sie im Mai 2019 zum Tod eines Patienten und zur fristlosen Kündigung einer examinierten Pflegekraft in Hamburg führten. Ein älterer Patient, halbseitig gelähmt auf Pflege angewiesen, erbrach in den Nachtstunden mehrfach Kot. Statt das Geschehen aber als akuten Notfall zu begreifen, unterstützte sie ihn beim Erbrechen und deckte ihn anschließend zu. Als am nächsten Morgen beim Personalwechsel die Notsituation schließlich erkannt wurde, war es für den Betroffenen bereits zu spät: Mit akutem Darmverschluss wurde er ins Krankenhaus eingeliefert, wo er trotz intensivmedizinischer Versorgung knapp eine Woche später verstarb.[11]

Weil der Tod des Patienten bei sachgerechter Reaktion zu verhindern gewesen wäre, entschloss sich der Arbeitgeber zur Strafanzeige. Dass die Fachkraft jedoch für 36 Patienten nachts alleine verantwortlich gewesen ist und mit der Situation offensichtlich vollkommen überfordert war, ist auch ein Versäumnis des Heimbetreibers selbst.

Ein Ausbilder für Pflegepersonal erklärt: »Wichtig ist, dass Angehörige sich einen eigenen Eindruck davon verschaffen können, wie mit Patienten bei einem Notfall umgegangen wird. Dazu gehört, dass man sich auf den Stationen die Notfallausrüstung zeigen lässt und schaut, ob man dort überhaupt ausreichend auf schwierige Situationen vorbereitet ist, also über eine Notfalltasche und ein AED-Gerät verfügt. Bei guten Pflegeheimen hängt Letzteres sogar griffbereit auf dem Flur.

Auch gehört dazu, dass man sich vor Ort bei der Auswahl einer geeigneten Pflegeeinrichtung mit anderen Patienten unterhält und ruhig einmal mehr nachfragt, ob es in letzter Zeit zu Notfallereignissen gekommen ist und wie diese verlaufen sind, wie es den Betroffenen danach erging, aber eben auch, wie häufig überhaupt der Rettungsdienst kommt.

Viele Notfallsituationen und überwiegend solche mit schlechtem Outcome, also Ergebnis, sind schon Warnzeichen dafür, dass in der betreffenden Einrichtung nicht ausreichende Vorbereitung für Notfälle betrieben wird, und man sollte dann auch tunlichst die Finger von solchen Heimen lassen. Kann das Personal keine Ausstattung für Notfälle vorweisen, sollte man sich direkt nach einem anderen Anbieter umsehen und seine Angehörigen nicht hilflos ausliefern.

Gleiches gilt für die mobile Pflege, auch hier kann man problemlos verlangen, dass die Notfallausrüstung gezeigt wird und ruhig mal mit Fragen nachfassen, wie denn mit Notfallsituationen umgegangen wird. Zumindest eine kleine Notfalltasche mit Beatmungsbeutel oder wenigstens eine Beatmungshilfe, Blutdruckmessgerät, Stethoskop und erweiterter diagnostischer Ausstattung sollte sich im Kofferraum der Fahrzeuge finden lassen. Der Blick auf das Verfallsdatum der Produkte zeigt dann auch sehr schnell, ob das Material nur dem schönen Schein dient oder hier wirklich die Sorgfaltspflichten der Betreiber erfüllt werden.

Wenn das Personal das Material auch noch erklären kann und klare Abläufe für Notfälle bestehen, ist man beim richtigen Betreiber gelandet. Ansonsten sollte man die Finger davon lassen und besser weitersuchen nach qualifizierten Anbietern. Das ist zwar etwas teurer, allerdings sind die Patienten dann auch sicher.«[12]

Tarnen und Täuschen

Ruft man einen Rettungswagen, ist dies nicht wie bei der Bestellung einer Pizza: Ordert man eine mit extra Salami, kommt in aller Regel auch eine ebensolche, schließlich will der Anbieter seine Kunden nicht verprellen. Ganz anders aber scheinen so manche Rettungsdienste es sich erlauben zu können, ihrer Kundschaft ein X für ein U vorzumachen, ohne dabei ernsthafte Konsequenzen befürchten zu müssen. Anders ist es nicht zu erklären, dass mancherorts zu Einsätzen »Rettungswagen« fahren, die keine Rettungswagen sind.

Der Rettungswagen ist über die DIN-Norm EN 1789 genormt, im EU-Raum als »MICU« bezeichnet, beschreibt dieser Begriff seine Aufgabe bereits recht genau: Mobile Intensive Care Unit – Mobile Intensivstation, auch als Typ C bezeichnet. Dabei geht es nicht nur um die Abmessungen des Fahrzeuges selbst, die eine umfassende Versorgung des liegenden Patienten gewährleisten sollen, es geht vor allem um die Beladung des Rettungsmittels mit der notwendigen medizinischen Ausstattung, mit der die größtmögliche Bandbreite der denkbaren Notfallbilder abgedeckt werden soll.[1]

Ganz anders die Krankenwagen, die für Verlegungen von Patienten eingesetzt werden, etwa aus dem Krankenhaus in eine Reha-Klinik oder für ältere Menschen, die aus dem Pflegeheim einem Facharzt vorgestellt werden müssen. In der Regel sind solche Fahrzeuge deutlich kleiner und mit weitaus weniger Material bestückt. Die geringeren Ansprüche bilden sich auch beim Personal ab, das in der Regel auf Rettungssanitäter beschränkt wird. Statt umfassender diagnostischer und therapeutischer Geräte sind solche Wagen meist mit einem einfachen AED-Gerät bestückt und einer Druckgasflasche mit Sauerstoff. Dazu kommt noch eine kleine medizinische Notfallausstattung. Um bei einem Notfall die ersten Minuten überbrücken zu können, reicht dies auch völlig aus. Diese Fahrzeuge werden nach der DIN als Krankenwagen vom Typ A beschrieben.[2]

Dazwischen befinden sich die Krankenwagen vom Typ B, auch als Notfallkrankenwagen bezeichnet. Sie sind eine Art Kompromisslösung und dürfen im Rettungsdienst als Mehrzweckfahrzeuge verwendet werden. Zumeist sind sie nicht so umfangreich ausgestattet wie Rettungswagen und bieten deutlich weniger Platz für die Versorgung von Patienten. Als Provisorium sind sie nur begrenzt für einen Einsatz im Rettungsdienst empfehlenswert, können aber bei Großschadensereignissen zum Einsatz kommen, um die Zahl der Rettungswagen zu ergänzen. Auch für kleine Organisationen kann sich die Nutzung des Typ B durchaus anbieten, wenn nur ein ausgesprochen geringes Aufkommen an Einsätzen hier quasi eine Reserve vor Ort notwendig erscheinen lässt.

Vergleicht man die Ausstattung direkt, dann zeigt sich, dass auf Notfallkrankenwagen beispielsweise Herzschrittmacher fehlen, die auf Rettungswagen vorhanden sein müssen, es sind weniger Medikamente enthalten und Sets, um im Notfall bei Lungenverletzungen einen Herzstillstand zu verhindern, sucht man vergebens. Natürlich kann der jeweilige Träger des Rettungsdienstes beim Typ B auch über die Mindestanforderungen hinausgehen und seine Fahrzeuge mit einem Mehr an Material bestücken, er muss es aber eben nicht.

Was er allerdings immer machen sollte, ist gegenüber Patienten und Angehörigen ehrlich sein und klar kommunizieren, was nun in den Einsatz geht und was nicht, damit hier die Patientenrechte gewahrt bleiben. Doch genau dies ist in Deutschland nicht immer gewährleistet:

Gleich in drei Großstädten fahren »Rettungswagen« der Feuerwehr, die in Wirklichkeit nur Mehrzweckfahrzeuge sind. Das hindert die verantwortlichen Behörden jedoch nicht daran, diese Fahrzeuge als Rettungswagen zu bezeichnen und bei den Krankenkassen als ebensolche abzurechnen. Auch hindert es nicht daran, den Patienten vorzugaukeln, dass sie umfassend versorgt wären mit solchen Fahrzeugen.

In Berlin fuhr die Feuerwehr spätestens seit 2005 mit ihren Rettungswagen in die Einsätze, deren Ausstattung in anderen Bundesländern nur milde belächelt wurde: Ein AED-Gerät vom Typ Zoll Pro, wie es sonst in Hausarztpraxen verwendet wird, bot immerhin die Möglichkeit einer Defibrillation und einen kurzen Blick auf die elektrische Aktivität des Herzens mit einem Ein-Kanal-EKG. Zu dieser Ausstattung vertraute die Behördenleitung ihrem eigenen Personal dann noch eine Sauerstoffflasche an und Infusionslösungen, um notfalls den Kreislauf mit etwas Salzwasser stützen zu können. Und das war es auch schon mit der lebensrettenden Ausstattung.[3] Während bereits in benachbarten Landkreisen in Brandenburg voll ausgestattete RTW die Landrettung fuhren und mit modernen 12-Kanal-EKG Herzprobleme sicher diagnostizieren konnten, im Notfall über Schrittmacher verfügten und selbstverständlich Beatmungsgeräte einsetzten bei schwer verunfallten Patienten, schaute man in Berlin in die sprichwörtliche Röhre und bewegte sich auf einem Niveau, das weit unterhalb der »Schnellen Medizinischen

Hilfe« in der ehemaligen DDR lag. Vor 1990 war es in Ost-Berlin medizinischer Standard, dass auf den Einsatzmitteln weitaus leistungsfähigere 6-Kanal-EKG vorhanden waren, es gab Beatmungsgeräte und selbstverständlich auch Medikamente. Unvorstellbar für Laien, doch tatsächlich war die Versorgung bei Notfällen im Palast der Republik 1988 deutlich besser als bei vergleichbaren Fällen 2010 am Bahnhof Zoo.[4]

Dass ein derart ausgeprägtes Behördenversagen vor allem für die betroffenen Patienten mit erheblichen Nachteilen verbunden sein musste, lag auf der Hand. Dennoch wurde es von den Verantwortlichen in Verwaltung und Politik nicht nur geflissentlich ignoriert, man erhob es vielmehr zu einem genormten Standard in Berlin, den man willkürlich zu einer adäquaten Versorgung erklärte. Die Erwartungshaltung der Bevölkerung wurde dabei ebenso ausgenutzt wie die Retter für solche Machenschaften missbraucht wurden. Die juristische Begründung: Weil kein Behandlungsvertrag zustande käme und das Angebot der Notfallrettung schlussendlich hoheitliche Aufgabe der Feuerwehr wäre, seien die strengen Maßstäbe von medizinischen Leitlinien und dem Stand der medizinischen Wissenschaften schlicht nicht an die Behörde anzulegen.[5] Auf diesem Wege gelang es in der Folge, die Entwicklungen moderner Notfallmedizin über mehr als ein Jahrzehnt nahezu vollständig zu ignorieren.

Dass sich die Leitlinien beständig weiterentwickelten und etwa das European Resuscitation Council (dt.: Europäischer Rat für Wiederbelebung) alle fünf Jahre überarbeitete Versionen präsentiert, um die Chancen auf ein Überleben bei Reanimationen zu verbessern, interessierte faktisch nicht: Medikamentengabe, eine umfassende Diagnostik, die Möglichkeiten der Atemwegsicherung, all dies zeigte bundesweit regelrechte Quantensprünge in dieser Zeit und entwickelte sich. Doch in Berlin war die Anwendung für Rettungsassistenten und Rettungssanitäter nicht möglich. Seltsam dabei erscheint jedoch, dass der markante Wechsel bei der Reanimation vollzogen wurde: Wurde ursprünglich um die Jahrtausendwende gelehrt, 15 Mal auf den Brustkorb zu drücken und zwei Mal zu beatmen, wurden – wie überall sonst – auch bei der Feuerwehr Berlin 2005 die obligaten 30 Herzdruckmassagen als geradezu selbstverständlich eingeführt.[6] Somit war also in Berlin durchaus bekannt, dass es einen Stand der Wissenschaften gab, der für die Feuerwehr verbindlich war. Und trotzdem wurden die Besatzungen der Rettungswagen daran gehindert, diesen umzusetzen.

Wie gefährlich diese Haltung für Patienten war, beschreibt ein Rettungsassistent, der für die Feuerwehr mehrere Jahre im Einsatz war: »Ich fuhr als Fahrer für das NEF den Notarzt am Stadtrand in Köpenick. Schon bei den normalen Verkehrsverhältnissen war es schwierig, wenn wir nachgefordert wurden, in unserem eigenen Bezirk schnell zu unseren Patienten zu gelangen. Eine Viertelstunde mit Sondersignal war im Grunde normal, in Stoßzeiten wurde das auch länger.

Man kommt eben auch mit Blaulicht und Signalhorn nicht einfach an einem Stau vorbei, der durch eine Baustelle ausgelöst wird, und gerade die ständig kreuzenden Straßenbahnen zwingen dann nicht selten zu einem überflüssigen Warten, weil die Kreuzungen so faktisch blockiert sind.

Nur waren wir eben nicht nur in unserem Bezirk unterwegs, es war nicht selten, dass wir gerufen wurden, um in den anderen Bezirken zu unterstützen, wenn die dortigen Notärzte bereits durch Einsätze gebunden waren. Da gingen die Fahrten dann halt auch rüber nach Neukölln und dafür waren wir dann auch schon mal 30 Minuten und länger unterwegs. Natürlich war uns allen klar, dass der RTW in dieser Zeit nicht wirklich viel tun kann, und wir mussten mehrfach erleben, dass wir dann zu spät kamen und Patienten in dieser Zeit verstorben waren oder schwere Folgeschäden erlitten hatten.

Uns als Nichtärzte hat das getroffen, weil wir ja schließlich eine Ausbildung hatten. Viele haben sogar die volle Ausbildung von zwei Jahren gemacht und gelernt, welche Medikamente in welcher Dosierung hätten gegeben werden müssen, dazu haben wir ja die staatliche Prüfung abgelegt. Und entsprechend war dann auch immer die Stimmung, dass es verboten war und dann solche Ergebnisse dabei herauskamen.«[7]

Seltsam bei diesem »Berliner Modell« erscheint, dass es als eigene Alleinlösung völlig vorbeiging an den schon 1992 und 2004 herausgegebenen Empfehlungen der Bundesärztekammer (BÄK), die mit klaren Stellungnahmen zur Notkompetenz von Rettungsdienstpersonal ein deutliches Mehr an notwendiger Hilfeleistung definierte und dabei sogar den rechtfertigenden Notstand des § 34 StGB als zu nutzende Rechtsgrundlage ausdrücklich empfahl. Mit anderen Worten: Hätte man es in Berlin tatsächlich gewollt, die gleichen Standards wie in Hannover oder Kiel einzuführen, wäre dies weder juristisch noch fachlich ein Problem gewesen.[8]

Tatsächlich bemerkenswert daran ist, dass genau diese Empfehlungen der BÄK dann schlussendlich 2016 von der Berliner Feuerwehr 1:1 umgesetzt wurden und die verbliebenen Rettungsassistenten genau die Freigabe erhielten, die ihnen zuvor knapp 15 Jahre untersagt war. Wohlgemerkt Rettungsassistenten, die nicht oder bisher nicht die Qualifikation zum neuen Berufsbild des Notfallsanitäters erhalten haben. Mit diesem Wandel bestätigte die Behörde somit faktisch, dass es in all den Jahren problemlos möglich gewesen wäre, den Standard in der Hilfeleistung zu verbessern, wenn man es denn gewollt hätte. So wurde es also nun möglich, im Rahmen von Reanimationen dringend benötigte Medikamente wie Suprarenin zu applizieren, aber auch bei schwersten allergischen Reaktionen darf seitdem dieses Medikament zur Lebensrettung eingesetzt werden. Eine ganze Bandbreite von Notfallmedikamenten wurde in der Folge für das nichtärztliche Personal freigegeben, die sogar deutlich über die Empfehlungen der BÄK hinausgeht. Ein regelrechter Paradigmenwechsel war somit erfolgt.[9]

Vorbei an Medien, Öffentlichkeit und vor allem dem Parlament hatte die Behörde diesen Paradigmenwechsel jedoch nicht freiwillig vollzogen, er war Ergebnis eines Rechtsstreits mit einem betroffenen Patienten, bei dem die Feuerwehr schlussendlich am 19. Mai 2016 vom Berliner Kammergericht verurteilt worden war:

Bei einem Einsatz wegen schwerer Atembeschwerden und Brustschmerzen hatte die Besatzung eines RTW mit dem dienstlich gelieferten EKG des Zoll AED einen Notfallpatienten untersucht. Das Gerät kann dabei lediglich eine Ableitung zeigen, quasi eine einzelne Blickrichtung auf die elektrische Aktivität des Herzens. Wirklich aufschlussreich ist dies in einem Notfall nicht. Obwohl die Leitlinien in solchen Fällen von unklaren Brustschmerzen einen Blick aus zwölf Richtungen, ein 12-Kanal-EKG als Mindeststandard dabei vorgeben, schloss das eingesetzte Personal einen Herzinfarkt aus und verwies den Patienten an den Hausarzt. Dort wurde später ein akuter Infarkt diagnostiziert und sofort ein Transport ins Krankenhaus veranlasst, wo später noch ein Schlaganfall auftrat. Der Betroffene wurde aufgrund der damit verursachten Schadensfolgen zu einem Pflegefall.

Im Urteil des Kammergerichts wurde nicht allein das Verhalten der eingesetzten Rettungskräfte massiv kritisiert, auch die schlechte Ausstattung der Rettungsfahrzeuge selbst wurde in der gerichtlichen Aufarbeitung zu einem Thema, da hierdurch schlussendlich eine Beurteilung des Gesundheitszustandes nicht so umfassend möglich war, wie es geboten gewesen wäre. Doch das Kammergericht ging sogar noch weiter: Die Darlegung der Behörde, dass kein Behandlungsvertrag zustande käme und somit die Rechte der Patienten nicht entsprechend gewahrt werden müssten, wurde von den Vorsitzenden Richtern regelrecht zerschlagen und das juristische Hilfskonstrukt zurückgewiesen. Die damit gestärkten Rechte der Patienten in Berlin und der Rechtsanspruch auf eine dem Stand der Wissenschaften entsprechende Versorgung auch in Notfallsituationen wurden auf Grundlage dieses Urteils in Berlin zu einem neuen Fundament der Rettungskette.[10]

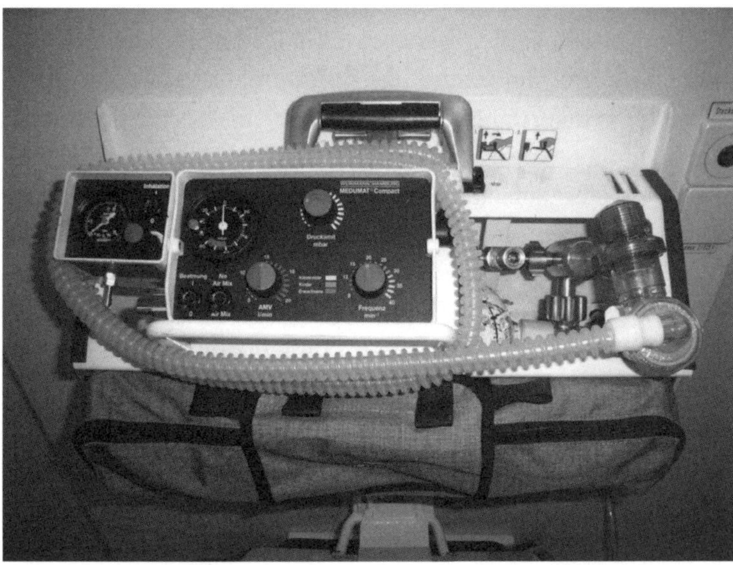

Beatmungsgeräte suchte man auf RTW der Feuerwehr Berlin bis vor kurzer Zeit vergeblich

In genau diese Zeit hinein fiel ein weiterer Paradigmenwechsel durch die Einführung des Gesetzes über Notfallsanitäter. Was also lag näher für die Berliner Feuerwehr, als hier den nun zementierten Wechsel der eigenen Arbeitsweise unter dieser Marke zu verkaufen?

Die weitreichenden Änderungen in der Ausstattung der Rettungsmittel und die erweiterten Kompetenzen wurden somit als ausschließlich dem neuen Gesetz geschuldet vorgestellt und man feierte sich selbst für den eingetretenen Wandel. Über die gravierenden Missstände in all den Jahren zuvor jedoch verlor man kein einziges Wort, es wurde regelrecht unter den Teppich gekehrt, dass es über beinahe 15 Jahre keine leitlinienkonforme Versorgung gegeben hatte und Patientenrechte mit Füßen getreten worden waren.

Dabei ist die Rechnung simpel: In einer Großstadt wie Berlin kommt es jährlich zu schätzungsweise 1500 Reanimationen im Rettungsdienst.[11] Geht man von den kleinsten nur denkbaren Zahlen aus bei Erfolgsquoten zwischen ein bis sieben Prozent für eine solche Wiederbelebung, dann bedeutet dies für den Zeitraum seit Einführung der Leitlinien im Jahr 2000 mindestens 15000 erfolglose Reanimationen in dieser Zeit. Fälle, in denen nun durch das Urteil des Kammergerichts eine Schuldlastumkehr zu gelten hat: Werden nicht die im Rahmen der Leitlinien empfohlenen Maßnahmen der Medikamentengabe vorgenommen, gilt dies im Sinne des §630h BGB als schwerer Kunstfehler und es wird angenommen, dass dieser den Eintritt eines Schadens herbeigeführt hat – in diesem Falle also den Tod durch die erfolglosen Maßnahmen.

Jan Gregor Steenberg ist Fachanwalt für Medizinrecht aus Pforzheim und selbst seit Jahrzehnten im Rettungsdienst aktiv, unter anderem in Deutschland und der Schweiz. Seine Einschätzung birgt für die Berliner Behörde Sprengstoff:

»Wenn wissentlich gegen die Leitlinien gearbeitet wurde und man somit vorsätzlich die Überlebenschancen der Patienten verschlechterte, dann ist dies nicht allein eine Frage der Haftung für die verantwortliche Behörde.

Es ist geradezu ein Klassiker aus der Juristerei: Der Ehemann fällt zu Boden, fasst sich an sein Herz und verlangt nach seinen Herzpillen, die erbende Ehefrau aber verweigert die Hilfeleistung und der Ehemann stirbt.

Wenn also die Feuerwehr hier Notfallmedikamente in Notfällen wissentlich nicht zur Verfügung stellte und ihr eigenes Personal systematisch außerstande setzte, dieses bei Notsituationen geben zu können, dann ist fraglos durch die Staatsanwaltschaft zu untersuchen, ob hier Patienten zu Tode gekommen sind. Denn der Verdacht einer Straftat steht dabei ausgesprochen stark im Raume.«[12]

Bisher jedoch wurden vom Berliner Innensenat keine Schritte unternommen, die betroffenen Patienten und ihre Angehörigen oder Hinterbliebenen über die stattgefundenen Versäumnisse zu informieren. Auch das Parlament wurde bis heute nicht in Kenntnis gesetzt, dass es durch diese Versäumnisse Todesfälle gegeben hat und es einer unabhängigen Untersuchung durch die Staatsanwaltschaft bedarf, hier Aufklärung zu schaffen.

Steenberg geht sogar noch weiter: »Es geht hierbei ja nicht allein um die Frage von Reanimationen, die nicht erfolgreich waren. Es geht um akute allergische Reaktionen, um Asthmaanfälle, um Herzinfarkte, im Grunde geht es um die ganze Bandbreite der medizinischen Notfälle, bei denen nicht leitlinienkonform gearbeitet wurde und die Patienten in der Folge schwere Folgeschäden zu verzeichnen hatten oder verstarben.

Man muss sich dabei auch die gravierenden Folgen vergegenwärtigen, die ein solches Verhalten haben kann: Hohe Kosten für einen Beatmungsplatz in einem Pflegeheim, den Verlust des Arbeitsplatzes für Angehörige, die nun pflegen müssen oder den Verlust der Arbeitsfähigkeit für Betroffene, die dann arbeitsunfähig werden und in Frührente müssen mit den entsprechenden finanziellen Einbußen. Für all dies ist dann, je nach Bundesland, der Träger des Rettungsdienstes, also die jeweilige Kommune oder auch der jeweilige Leistungserbringer (Hilfsorganisation) verantwortlich und kann auch entsprechend in die Haftung genommen werden für solche Versäumnisse.[13]

Haftungsansprüche, die sich durchaus auch heute noch durchsetzen lassen würden:

»Erst mit der Kenntnis oder dem grob fahrlässigen nicht Erkennen eines Behandlungsfehlers beginnen die entsprechenden Verjährungsfristen im Zivilrecht«, erklärt Steenberg weiter. »Das bedeutet, dass es egal ist, ob dieser 2005 erfolgte oder 2014, die Ansprüche von Patienten und Hinterbliebenen sind damit also nicht verjährt und können geltend gemacht werden. Es gilt jedoch eine Höchstfrist von 30 Jahren nach dem Ereignis. Dann können Ansprüche nicht mehr geltend gemacht werden. «[14]

Wie Hohn wirkt da bereits die Eigendarstellung der Berliner Feuerwehr, die ihre Rettungsfahrzeuge der Öffentlichkeit und dem Parlament als »RTW Typ B« und »RTW Typ C« präsentiert und damit zu kaschieren versucht, dass die Notfallrettung in Berlin noch immer Krankenwagen einsetzt, die nicht über die genormte Ausstattung verfügen – sie sehen für die unbedarften Verbraucher lediglich so aus, als wären sie Rettungswagen. Immerhin: Auf Nachfrage räumte die Feuerwehr Berlin 2017 ein, dass eine bessere Ausstattung auch der alten »Rettungswagen« beabsichtigt ist.[15]

Einen ganz ähnlichen Schmu mit Rettungswagen betrieb auch die Berufsfeuerwehr in Hamburg jahrelang und präsentierte der Stadtbevölkerung ihre Rettungswagen, denen es doch erheblich an Ausstattung gefehlt hat.

Dabei ging man in der Hansestadt sogar noch weiter und beschaffte nicht nur weniger geeignete AED-Geräte, man ließ sich eigens für die Hamburger »RTW« vom Hersteller GS entwickeln:

Der auf den Einsatzfahrzeugen in Hamburg vorgehaltene »Corpuls C1« hat ungefähr die Größe einer Handtasche (er wird spöttisch auch so bezeichnet) und wiegt nur 2,2 Kilo. Das kleine Gerät ist ausgesprochen praktisch – zumindest dann, wenn man nicht die Vorgaben der DIN EN 1789 einhalten möchte, denn es bietet lediglich sechs EKG-Ableitungen und verfügt nicht über die vorgeschriebenen Herzschrittmacher. Und auch einen Drucker bietet der AED nicht, es gibt somit also keine Möglichkeit, festgestellte Probleme des Herzens schnell zu dokumentieren und der Notaufnahme dann bei Übergabe des Patienten zur Verfügung zu stellen.[16]

Entsprechend stellte der Hersteller selbst 2017 im Interview mit dem NDR fest, dass der C1 nicht für den Einsatz im Rettungsdienst bestimmt sei und die gesetzlichen Normen nicht erfülle, er sei vielmehr für den Krankentransport im KTW gedacht, während für RTW der größere Corpuls C3 angeboten würde, der über alle notwendigen Features verfüge. Dieses Gerät fand man über Jahre problemlos auf den NEF der Hamburger Feuerwehr, aber auch im Umland auf Rettungswagen.

Konfrontiert mit der Ausstattung ihrer Rettungswagen behauptete dann eine Pressesprecherin der Hamburger Innenbehörde 2018, dass die Leitlinien nicht verbindlich seien und man in Hamburg »eigene Leitlinien« habe. Eine DIN-konforme Ausstattung der RTW sei allerdings nicht erforderlich, da der Notarzt alles erforderliche Material ja mit zum Einsatz brächte und für betroffene Patienten somit kein Schaden entstünde.[17]

Um diese absurden Behauptungen schriftlich zu untermauern, übersandte die Innenbehörde den Autoren dieses Buches sogar die Erläuterungen zum Hamburgischen Rettungsdienstgesetz von 1992. Offenkundig jedoch, ohne diese zuvor überhaupt selbst gelesen zu haben, denn bei Prüfung dieser Erläuterungen stellte sich heraus, dass schon damals die Bürgerschaft ausdrücklich auf die DIN EN 1789 als Standard für die Ausstattung von Rettungswagen verwiesen hatte.[18]

Trotz dieser eindeutigen Sachlage wollte die Feuerwehr auch weiterhin ihre Mehrzweckfahrzeuge als Rettungswagen abrechnen – und stieß damit auf den massiven Widerstand der Krankenkassen, die sich schlussendlich weigerten, die Gebühren für die Notfalleinsätze noch zu zahlen, sofern die Feuerwehr in Hamburg nicht endlich die Ausstattung ihrer Rettungsmittel verbesserte. Es kam, wie es kommen musste: Die Verantwortlichen in den Behörden knickten ob des bevorstehenden Rechtsstreits um die Gebühren ein und die Innenbehörde in Hamburg verkündete weitreichende Änderungen, unter anderem die Einführung eines neuen EKG-Defibrillators Corpuls C3.[19]

Seltsam an diesem Versprechen erscheint, dass bis heute keine Ausschreibung der Feuerwehr gefunden werden konnte, weder für die größeren Geräte noch für den bisher genutzten Corpuls C1. Und trotzdem soll dieser Tage, im August 2019, ein offizieller Wechsel auf das neue Gerät stattfinden. Insider berichten, dass es sich hierbei um »Ersatzbeschaffungen« handeln soll, wodurch aus Sicht der zuständigen Behörde Ausschreibungen entbehrlich seien.

Und obwohl der massive Widerstand der Behörde jahrelang verhinderte, dass die eigenen Rettungsmittel der Feuerwehr eine DIN-genormte Ausstattung aufwiesen, mussten andere Anbieter der Feuerwehr Hamburg als zuständiger Genehmigungsbehörde genau diese Ausstattung nachweisen, wenn sie im Rettungsdienst fahren wollten. Hier wurden plötzlich 12-Kanal-EKG, hochwertige Beatmungsgeräte und umfassende Ausstattung vorausgesetzt.[20]

Die Feuerwehr Hamburg ist sowohl die zuständige Genehmigungsbehörde für den Rettungsdienst als auch gesetzlich zuständiger Anbieter. In einem solchen Monopolmarkt ist das ungefähr so, als machte man nicht nur eine kleine Regionalbank zur Aufsichtsbehörde über sich selbst, sondern gleichzeitig auch noch über alle anderen Banken des Landkreises. Entsprechend schwierig gestaltete sich die Situation auch für Mitbewerber in diesem Umfeld. Beispiel Falck: Die Unternehmensgruppe Falck ist einer der ältesten Anbieter weltweit für den Bereich von Rettungsdienstleistungen und erwarb in Hamburg 2013 das Unternehmen GARD. Das 1985 gegründete Unternehmen verfügte als einziges privates Unternehmen über eine Lizenz der Feuerwehr Hamburg zur Notfallrettung – allerdings beschränkt auf einige wenige Fahrzeuge. Weil keine neue Lizenz erteilt worden wäre, fahren die RTW und KTW der Unternehmensgruppe somit auch weiterhin unter ihrem alten Namen, wobei sich ein inzwischen riesiger Fahrzeugpark die Lizenzen teilen muss und somit nur eine begrenzte Zahl gleichzeitig die Sondersignalanlage einschalten darf.[21]

Absurd? Noch absurder ist, dass die Einsatzfahrzeuge des Anbieters erst 2019 in einzelnen Bereichen Hamburgs die Erlaubnis erhielten, Notfallrettung zu fahren, und entsprechend von den Leitstellen beauftragt wurden, nachdem mehrere Zeitungen und der NDR massiv Kritik an der Vergabeweise der Hamburger Feuerwehr übten und die Versicherungen regelrecht zu einer solchen Erlaubnis zwangen. Über Jahre hinweg standen die vollständig ausgestatteten Fahrzeuge an den Rettungswachen des Anbieters und durften lediglich zum Krankentransport genutzt werden.[22]

Es ist also keineswegs so, dass eine Personalunion von Erlaubnisbehörde und Dienstleistungsanbieter für die Verbraucher unproblematisch wäre. Es ist eine zweifelsfrei rechtswidrige Monopolstellung. Noch problematischer allerdings stellt sich die Praxis dar, andere Anbieter überhaupt nicht auf dem Markt zu dulden und von vornherein keine Genehmigungen zu erteilen. Ein Unternehmer aus Schleswig-Holstein wurde so bei seinem Anliegen sogar bereits bei Antragstellung zurückgewiesen mit der freundlichen Begründung, dass überhaupt keine Erlaubnisse erteilt würden.[23]

Der Grund ist verhältnismäßig leicht zu durchschauen: Im Jahr 2017 hatte die Feuerwehr Hamburg 288514 Alarmierungen. Davon waren 253801 bezogen auf den Rettungsdienst. Dieses Volumen macht etwa 88 Prozent der Gesamteinsatzzahlen aus, demgegenüber stehen technische Hilfeleistungen und die Brandbekämpfung mit einem Anteil von 12 Prozent deutlich im Hintergrund. Bei einer Abrechnung von 463 Euro pro Rettungswagenbeförderung kein schlechter Schnitt – und in der gleichen Gebührenordnung findet sich dann auch der Verwaltungsakt einer Zulassung von Rettungsdiensten mit 910 Euro. Das ist dann also ungefähr so, als überträgt man einer Fluggesellschaft die Aufgaben des Luftfahrtbundesamtes und wunderte sich im Anschluss, warum niemand anders mehr fliegen darf.[24]

Wie gefährlich sich dies für Patienten dann darstellt, zeigt ein Fall aus dem November 2017, zu dem es in einem Hamburger Tennisverein gekommen ist. An diesem Samstag, dem 25. November findet in den Räumen des Vereins gerade die Weihnachtsfeier

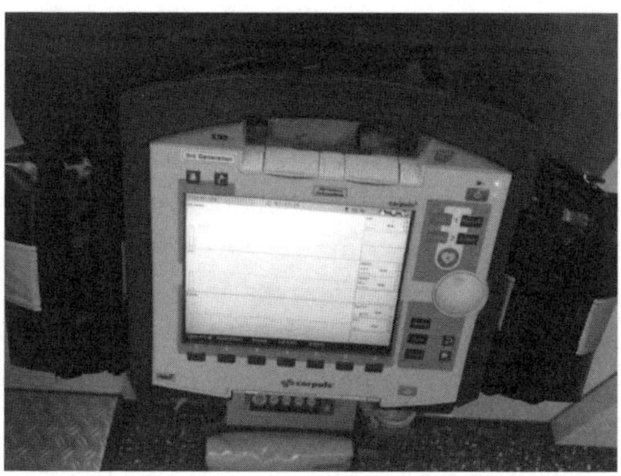

Die Feuerwehr Hamburg plant nach kritischen Berichterstattungen die Ausrüstung ihrer Fahrzeuge mit dem Corpuls C3

statt, als ein Mitglied auf dem Tennisplatz zu seinem Aufschlag ausholt und unvermittelt dabei zusammenbricht. Die anwesenden Sportler erkennen sofort, dass es sich um einen Notfall handelt und reagieren: Ohne Verzögerungen leiten sie die Wiederbelebungsmaßnahmen ein, holen einen auf dem Flur aufgehängten AED und versuchen, das Leben des Mannes zu retten.

Als der Notruf abgesetzt wird, teilt der Disponent der Hamburger Leitstelle mit, dass gerade kein Rettungswagen verfügbar sei. Sichtlich verzweifelt und von diesem Ereignis emotional mitgenommen, weist er die weitere Hilfeleistung an, lässt Eis holen, um das Gehirn des Patienten zu kühlen, und müht sich nach Kräften, den Einsatz doch noch zu einem glücklichen Ende zu bringen.

Später sagen die befragten Mitglieder des Vereins übereinstimmend aus, dass es länger als 20 Minuten gedauert habe, bis endlich der RTW an der Einsatzstelle in einem Gewerbegebiet im Norden Hamburgs eingetroffen sei. Auf Nachfrage behauptet später die Feuerwehr, dass zwischen Alarmierung und Eintreffen des ersten Rettungsmittels elf Minuten gelegen haben sollen.[25]

Doch selbst dann, wenn man die offiziellen Zahlen der Feuerwehr zugrunde legt, ist nur schwer nachvollziehbar, warum auf einen Einsatz von zwei Mitbewerbern trotz der akuten Lebensgefahr verzichtet wurde: Unter normalen Verkehrsverhältnissen, ohne Sonderrechte und an Ampeln durch Wartezeiten aufgehalten, dauert es für die Strecke von der Wache des KBA (Krankentransporte, Behinderten- und Altenhilfe e.V.) in Norderstedt lediglich etwa drei Minuten bis zum Vereinsheim. Und von der Rettungswache von GARD beim nahe gelegenen Krankenhaus sind es sogar bei Überprüfung nur zwei Minuten gewesen, um den Tennisplatz zu erreichen. Doch beide Unternehmen, obwohl zweifelsfrei verfügbar zu diesem Zeitpunkt, erhielten keine Alarmierung von der Feuerwehr Hamburg. Noch erschreckender:

An der Wache des KBA wäre sogar ein NEF inklusive Notarzt in nur wenigen Minuten verfügbar gewesen und hätte zu diesem Einsatz disponiert werden können, doch stattdessen schickte die Feuerwehr den Zeugen zufolge lieber den Notarzt der Bundeswehr aus dem Rettungszentrum des Bundeswehrkrankenhauses in Wandsbek, knapp 25 bis 30 Minuten entfernt, den Zeugen an den markant gelben Fahrzeugen erkannt haben wollen.[26]

Doch auch nach Eintreffen des RTW zeigen sich Defizite. So setzen die Sanitäter der Feuerwehr zwar die Maßnahmen der Reanimation weiter fort, verweisen aber während ihrer eigenen Defibrillationen darauf, dass sie keine Medikamente geben dürften und dies nur durch den Arzt erlaubt sei. Die Gäste der Weihnachtsfeier bestätigen später ausdrücklich dieses Vorgehen der Feuerwehrleute und entrüsten sich ob der dadurch entstehenden Verzögerungen bei der Hilfeleistung. [27]

Der Patient kann schließlich erst nach Medikamentengabe durch den Notarzt gerettet werden und kommt für etwa eine Woche auf die Intensivstation. Trotz der eingetretenen Pannen und Friktionen übersteht er den Zwischenfall an der Grenze des Todes ohne neurologische Folgeschäden und kann einige Wochen später in die Reha entlassen werden.

Tatsächlich zeigt sich aus diesem Vorfall jedoch eindrucksvoll, dass die Feuerwehr Hamburg ihre eigenen Fahrzeuge zweifelsfrei bei Notfalleinsätzen bevorzugt behandelt hat und die Hilfeleistung für Patienten nicht den Vorrang hatte, den diese bei objektiver Würdigung hätte haben sollen. Dabei wurde dort, wo das Einsatzaufkommen scheinbar nicht die teure Vorhaltung von Rettungswagen gerechtfertigt erscheinen lässt, sogar ein Kunstgriff angewendet, um auch ja das Markenzeichen »Feuerwehr« bei den Abrechnungen nutzen zu können:

Mehrere Freiwillige Feuerwehren in der Hansestadt wurden zu »First Responder Wehren« gemacht, indem ausgewählte Mitglieder die zehntägige Ausbildung zum Feuerwehrsanitäter erhalten. Da zudem hier noch Notfallsanitäter und Rettungssanitäter der Berufsfeuerwehr ehrenamtliche Mitglieder sind, wurde die Ausstattung der Löschfahrzeuge um eine entsprechende notfallmedizinische Ausrüstung ergänzt, sodass nun bei medizinischen Notfällen die Freiwillige Feuerwehr ausrückt und die erste Versorgung der Patienten bis zum Eintreffen des Rettungswagens übernimmt. Etwa ein bis zwei Einsätze pro Woche nehmen die Freiwilligen Feuerwehren dabei als solche Voraushelfer wahr und versorgen Unfallopfer, Herzinfarkte oder Schlaganfälle in wenig besiedelten Randgebieten der Hansestadt.[28]

Die immer wiederkehrende Behauptung, dass durch ein Weniger an Material auf Rettungswagen Patienten nicht geschädigt würden, ist dabei in das Reich der Märchen und Legenden zu verweisen: »Mangelt es an Ausrüstung oder Medikamenten und können so leitliniengerechte Maßnahmen nicht ergriffen werden, so bedeutet dies immer automatisch eine weniger suffiziente Hilfeleistung bei Notfällen«, erläutert Dr. Peer Knacke, Ärztlicher Leiter Rettungsdienst im Kreis Ostholstein.

Als gutes Beispiel dient das Medikament Amiodaron: Obwohl seit 2010 in den Leitlinien für eine Wiederbelebung ausdrücklich empfohlen, war das Medikament bis 2018 auf RTW der Feuerwehr Hamburg nicht aufzufinden. Erst ein Notarzt brachte das Mittel zum Patienten an die Einsatzstelle. Musste also medikamentös reanimiert werden, war bereits nach wenigen Minuten das Pulver der Rettungsassistenten und Notfallsanitäter sprichwörtlich verschossen und erst nach dem Eintreffen des Notarztes konnte suffizient geholfen werden.

In der Folge kritischer Nachfragen wurde eingeräumt, dass das Medikament nicht vorhanden sei, die Pressesprecherin der zuständigen Innenbehörde erläuterte jedoch dabei, dass es bei einem Schlaganfall ja schlussendlich auf den schnellen

Transport ins Krankenhaus ankäme.[29] Dass dies miteinander so ziemlich gar nichts zu tun hatte, erschloss sich der Mitarbeiterin auch nach mehrmaliger Erläuterung nicht. Irgendwas allerdings muss an den kritischen Nachfragen dran gewesen sein, nur wenige Wochen später wurde das Medikament nachgerüstet und ist nun auf den Fahrzeugen zu finden.[30] Auch hier wurden Betroffene und Hinterbliebene nicht von der Behörde informiert.

Dabei hatte die Feuerwehr Hamburg bereits 2010 an einer wissenschaftlichen Studie teilgenommen, in der die Erfolge bei Reanimationen ausgewertet wurden.[31] Insgesamt 299 Wiederbelebungen wurden dabei ausgewertet. In 273 dieser Fälle wurden die Leitlinien nicht korrekt eingehalten, die primäre Überlebensrate dabei lag bei 38,8 Prozent. In den Fällen aber, wo die Leitlinien eingehalten wurden, lag diese Rate bei erstaunlichen 73,1 Prozent, also beinahe dem Doppelten. Die Autoren der Studie stellten hierzu fest: »Das Einhalten der CPR-Leitlinien sollte unbedingt angestrebt werden, da hierdurch die Sterberate um 71,9 Prozent reduziert werden kann.«

Man war also umfassend informiert darüber, welchen hohen Stellenwert die Einhaltung der Leitlinien bei der Reanimation hat, verzichtete aber dennoch darauf, die Rettungsmittel hierfür konform auszustatten und diese Leitlinien somit umfassend umsetzen zu können. Eine »Hamburgensie« zum Nachteil der Patienten.

Ähnlich skurril betreibt man bei der Feuerwehr in Frankfurt am Main den Rettungsdienst. Interessanterweise begründet man die eigenen Versäumnisse ausgerechnet damit, dass man den Autoren des Buches Ungenauigkeiten in einem Fernsehbeitrag öffentlich vorwirft:

So behauptet die Feuerwehr auf Nachfrage der Stadtverordneten Jessica Purkhardt (GRÜNE) am 16. November 2017, dass alle Fahrzeuge selbstverständlich der DIN EN 1789 entsprechen würden, Herzschrittmacher aber noch nie zur Ausstattung von RTW gehört hätten, da dies ärztliche Aufgabe sei.[32] Ein Blick in die DIN wirkt erhellend: Dort sind transkutane Schrittmacher für RTW des Typ C verpflichtend vorgeschrieben.[33]

Die ebenso vorgeschriebene Ausstattung mit zentralen Venenkathetern und Thoraxdrainagen wird gleichfalls als allein dem Notarzt vorbehalten beschrieben und somit ebenfalls ignoriert, dass dies in der DIN gefordert ist.[34] Mit allerlei Begründungen versucht man sich hier ganz offenkundig seiner eigenen Verantwortung zu entledigen. Einzig: Die Erklärungen der Behörde vermögen nicht zu überzeugen, schließlich ist weniger die Frage, wer eine Thoraxdrainage legen darf, als vielmehr, wie viele man hiervon bereithalten sollte, um in Notfällen helfen zu können. Das Material soll also auf dem RTW sein, damit der Notarzt auch dann damit arbeiten kann, wenn das eigene Material auf dem NEF bereits verbraucht ist. Was bringt es schließlich, drei Patienten nach einem schweren Verkehrsunfall in einer entsprechenden Zahl von Rettungswagen zu versorgen, aber nur über genügend Material für zwei von ihnen zu verfügen?

Dr. Peer Knacke: »Die Überlegung ist ja auch, dass der Arzt zusteigen können muss und dann alles für seine Arbeit erforderliche Material genormt im Rettungsfahrzeug vorfindet. Denn der kommt eben nicht immer nur von der Leitstelle disponiert, häufig steigen Ärzte auch ohne Alarmierung zu, die zufällig an der Einsatzstelle vorbeikommen, im Hausarztdienst unterwegs sind oder auch einfach Dienstfahrten ohne entsprechende Ausstattung vornehmen.

Denken wir etwa an einen Notfall in einer kardiologischen Arztpraxis, da ist dann bereits ein Profi vor Ort, der den Patienten kennt und dann beim Transport in die Notaufnahme begleiten kann. Wenn dann Material auf dem RTW fehlt, kann es eben kritisch werden für den Patienten.«

Sowohl in Hamburg als auch Berlin fehlte es auf Rettungswagen der Feuerwehr jahrelang an lebensrettenden Medikamenten

Hier waren die Schöpfer der DIN-Norm offenkundig bereits weiter als die Behördenleitung in Frankfurt. Und auch in der Mainmetropole flammt die gebetsmühlenartig vorgetragene Behauptung auf, dass Leitlinien nicht gesetzlich bindend geregelt seien und somit nur Empfehlungscharakter hätten.

Tatsächlich jedoch haben Leitlinien eine deutlich stärkere Bindungswirkung, wie sich aus § 630a Abs. 2 BGB ergibt: Die Behandlung hat danach nach den allgemein anerkannten fachlichen Standards zu erfolgen, soweit nichts anders vereinbart wurde. Diese Standards werden in den Leitlinien klar definiert und bedürfen im Falle von Abweichungen eben gerade nicht einer wie auch immer gearteten Begründung der Obrigkeit, sie bedürfen ausdrücklich einer Vereinbarung mit den betroffenen Patienten.

Jan Gregor Steenberg: »Eine Abweichung von Leitlinien ist insoweit immer problematisch, als dass Gerichte, beziehungsweise die von den jeweiligen Gerichten beauftragten medizinischen Sachverständige, eben diese zur Bestimmung der Standards und möglicher Abweichungen hiervon hinzuziehen. Somit legen Abweichungen, denen Patienten oder Bevollmächtigte nicht zustimmen, im Grunde bereits einen Behandlungsfehler nahe. Zumindest wird es für die Behandlerseite sehr schwierig, die Abweichung mit glaubhaften Argumenten zu unterfüttern. Stellt der Sachverständige fest, dass die Abweichung aus objektiver Sicht nicht mehr verständlich ist und schlechterdings in der Medizin nicht stattfinden dürfte, dann spricht man von einem groben Behandlungsfehler, welcher die Beweislast umkehrt, sodass es für den Behandler kaum mehr möglich ist, für eingetretene Schäden nicht zu haften.. Einfach aus Bequemlichkeit ohne weitere Informationen von diesen Standards abzuweichen, ist zu Lasten der Patienten zumindest fahrlässig und in keinem Falle zu befürworten.«[35]

Dass das Problem in Frankfurt tatsächlich ein Inselphänomen zu sein scheint, zeigt das Umland drastisch auf: Während das Hessische Ministerium für Soziales und Integration zum Beispiel die klare Lehrmeinung veröffentlichte, wonach Notfallsanitäter bei eindeutiger Indikation Morphin als Betäubungsmittel geben können sollen, etwa um bei einem Herzinfarkt schwere Folgeschäden vermeiden zu helfen, ist dies bei gleicher Qualifikation in der Metropole streng verboten.

Inhaltlich begründen lässt sich diese Vorgehensweise natürlich sowohl in die eine als auch in die andere Richtung und alles liefe auf einen Expertenstreit hinaus, doch bleibt dabei zweifelsfrei zu konstatieren, dass die Versorgung im Bundesland eine andere ist als in der Stadt, die darin liegt.

Ganz offensichtlich verfolgt man in Frankfurt die gleiche Politik wie in Hamburg, Rettungswagen mit Versicherungen abzurechnen, die nicht den Anforderungen an Rettungswagen entsprechen und vielmehr Mehrzweckfahrzeuge sind, ohne hierbei aber bislang in Konflikte mit den Versicherungen ob dieser Abrechnungspraktiken geraten zu sein. Und die Kompetenzen des eingesetzten Personals werden sogar über die Anforderungen der Landesregierung beschnitten.

Ein ganz anderes Geschäftsmodell verfolgen Hilfsorganisationen mit der Abrechnung von Dienstleistungen, die nicht immer allen gegenüber als solche ausgewiesen werden. In Berlin firmierte so unter der gleichen Adresse wie die Malteser die Aventino Soziale Dienste GmbH, eine Leiharbeitsfirma, die zu 100 Prozent im Besitz der Malteser war. Zweck des Unternehmens: Die Löhne der im Rettungsdienst und Krankentransport tätigen Mitarbeiter um bis zu knapp 30 Prozent drücken zu können. Für den Anbieter ein einträgliches Geschäft, wie die Malteser selbst im Jahresbericht 2011 formulierten: »Der Rettungsdienst hat den höchsten Ertrag und den höchsten Deckungsbeitrag der Malteser Hilfsdienst gGmbH erwirtschaftet.« Nach eigenem Bekunden erwirtschafte die gGmbH in diesem Geschäftsjahr einen Überschuss von stolzen 4,4 Millionen Euro. Inzwischen wurde nach massiver Kritik die Tochterfirma der Malteser aufgelöst.[36]

Gleich zwei Mal durchsuchten Zoll und Staatsanwaltschaft in München die Büros des Arbeiter-Samariter-Bundes (ASB), nachdem es Strafanzeigen gegeben hatte. Praktikanten beschwerten sich darüber, mit monatlich 125 Euro bei voller Tätigkeit abgespeist worden zu sein. Der Kunstgriff: Das damals geltende Rettungsassistentengesetz verlangte zwölfmonatige Praktika der Auszubildenden – und wie diese bezahlt wurden, war nicht geregelt. Dass dafür eine nahezu vollwertige Tätigkeit in der Notfallrettung notwendig gewesen ist, ging zu Lasten der motivierten Schüler. Bemerkenswert: Der damals amtierende Vorsitzende des ASB in Bayern war ausgerechnet Hans-Ulrich Pfaffmann, der gleichzeitig als Abgeordneter sozialpolitischer Sprecher der SPD-Landtagsfraktion war.[37]

Ganz anders das Modell, unmittelbar von staatlichen Förderungen zu profitieren: Ein wesentlicher Bestandteil im Rettungssystem der Bundesrepublik ist der Katastrophenschutz, der über finanzielle Mittel des Bundes betrieben wird. Hilfsorganisationen erhalten bundesweit aus den dafür vorgesehenen Finanzmitteln so beispielsweise Fahrzeuge, um im Katastrophenfall Patienten versorgen zu können, technische Mittel und natürlich auch Mehrzweckfahrzeuge, die wahlweise als Krankenwagen oder Rettungswagen eingesetzt werden können.

Im Prinzip muss man sich das als schlüsselfertige Übergabe vorstellen, die Wagen landen auf dem Hof und werden natürlich nicht nur für den Fall eines Hochwassers oder einer Schneekatastrophe eingesetzt, auch für Übungen stehen die Fahrzeuge uneingeschränkt zur Verfügung. Und selbstverständlich auch für alle anderen Tätigkeiten der jeweiligen Hilfsorganisationen, wie Sportveranstaltungen, Messen oder Musikfestivals. Ausdrücklich dürfen die Organisationen die zur Verfügung gestellten Fahrzeuge auch für eigene Zwecke verwenden.[38]

Nur werden die eingesetzten Katastrophenschutzfahrzeuge dann als eigene mit den Veranstaltern abgerechnet, also quasi Kosten für Anschaffungen behauptet, wo gar keine Kosten sind. Auf diesem Wege haben sich 2015/2016 bundesweit zahlreiche Hilfsorganisationen regelrecht gesundgestoßen und die vollen Lager ihrer Altbestände an hilfesuchende Flüchtlinge verteilt – um selbst Ansprüche stellen zu können. Ein Insider der Malteser berichtet:

»Wir hatten ein großes Lager mit Feldbetten, Decken, aber auch sanitären Mitteln und natürlich auch allem, was wir für die Versorgung von Patienten in einem Katastrophenfall brauchten. Also Lebensmittelvorräte, medizinische Ausstattung und so weiter. Plötzlich kam die Anweisung, dieses Material aus den Depots zu holen und für Flüchtlinge zu verwenden.

Wir haben natürlich davor gewarnt, dass wir das ja einerseits mussten und das richtig war, andererseits aber dann in einem wirklichen Katastrophenfall selber hilflos wären und die Bevölkerung unversorgt bleiben müsste. Das war also tatsächlich ein regelrechtes Glücksspiel, dass nichts passieren würde. Uns wurde dann gesagt, dass wir das alte Material besser so entsorgen sollten, denn dann könnten wir problemlos neues Material rechtfertigen.

Und das kam dann auch. Wo wir zuvor jahrelang warten mussten, um alte Sauerstoffgeräte ersetzen zu können und im Papierkrieg erstickten, wurde nun geliefert, geliefert, geliefert. Das war unvorstellbar, neue Beatmungsgeräte, neue EKG, Notfallrucksäcke, das war wie Weihnachten. Wir mussten nur sagen, was wir haben wollten, und kriegten das dann umgehend, teilweise hatten die Lieferanten erhebliche Schwierigkeiten, den zahllosen Bestellungen nachkommen zu können.

Das war so eine »Alles muss raus«-Mentalität und es kam uns wirklich so vor, dass das Geld nur so sprudelte. Wir sind da technisch aus den 90er-Jahren quasi über Nacht in die Moderne geworfen worden, wo das manchmal nicht einmal wirklichen Sinn machte, was wir da alles bestellen konnten. Inzwischen sind die Lager voll mit modernstem Material.«[39]

Binnen weniger Wochen leerten hierfür auch zahlreiche Hilfsorganisationen ihre Bestände künstlich und verramschten ihr altes Material regelrecht bei Internetauktionen zum Taschengeldpreis. Was dann seinerseits dankbar aufgegriffen wurde und zu einer einzigartigen Exportflut von Medizinprodukten in Krisengebiete führte, allen voran in die Ukraine und den Mittleren Osten, wo der Bedarf zu dieser Zeit ausgesprochen groß war. Kurz: Es herrschte Goldgräberstimmung ob der Flut an Hilfesuchenden, die über die Grenzen kamen.

Ein Unternehmer, der hier die Produkte lieferte, berichtet: »Es war der völlige Wahnsinn, damals wurde alles gekauft und wir kamen vor Terminen und Kundenanfragen schon gar nicht mehr zurecht, ein solches Arbeitspensum hatte ich vorher noch nicht erlebt. Im Prinzip wurde alles gekauft, was man sich nur vorstellen kann, aber in erster Linie waren es Zelte, Betten und hygienische Ausstattung, mit der wir damals Umsätze machten. Also die klassischen Katastrophenschutzgeschichten, die vorher nie so wirklich interessierten. Dazu kamen dann aber auch Beatmungsgeräte und EKG-Defibrillatoren, wo wir uns die Frage stellten, was das dann überhaupt noch mit Flüchtlingen zu tun hatte. Also eher Rettungsdienstmaterial und dabei hatte man durchaus den Eindruck, dass mit den Flüchtlingen einfach abgezockt wurde und sich die Organisationen und Anbieter eine lange gewünschte Vollausstattung beschafften, die sie nun ja endlich auch abrechnen konnten.

Vier oder fünf solche Geräte zum Beispiel, Lifepak 15 mit einem Preis von um die 25 000 Euro, je nach Ausführung, da war dann schon eindeutig klar, dass man die nicht für die Versorgung von Flüchtlingen in den Unterkünften würde gebrauchen können, aber es wurde eben bestellt und anschließend abgerechnet, der Kunde zahlte halt. Ich denke, dass hier in vielen Fällen die Länder und der Bund dann auch wirklich gnadenlos beschissen wurden und man das entstandene Chaos einfach auch rücksichtslos für eigene Interessen ausgenutzt hat.«[40]

Tatsächlich fanden sich zu dieser Zeit bei einschlägigen Internetauktionen dann auch massenweise die Altbestände an Sanitätsmaterial des Katastrophenschutzes von Beatmungsgeräten über Defibrillatoren und Notfalltaschen zu Dumpingpreisen. Altgeräte vom Typ Lifepak 10 oder Corpuls 300 wurden zu Preisen von 100 bis 200 Euro angeboten, teilweise noch mit den Aufklebern der jeweiligen Hilfsorganisationen versehen, die sich hier kurzerhand neu ausgestattet hatten. Aufgearbeitet wurde diese Ausrüstungskampagne bis heute nicht.

So geht es nicht mehr weiter

Dr. Peer Knacke ist Ärztlicher Leiter im Rettungsdienst Ostholstein und Oberarzt im Sana Klinikum Eutin.

»Ich bin seit 1986 Notarzt, also fast ein ganzes Berufsleben. Seit 1989 fliege ich zusätzlich als Notarzt auf dem Rettungshubschrauber Christoph 12 in Schleswig-Holstein. Wesentliche Entwicklungen habe ich in dieser Zeit also nicht nur miterlebt, sondern auch damit arbeiten müssen, diese Entwicklungen in die Versorgung von Notfallpatienten einzuarbeiten und mit Leben zu erfüllen. Das beinhaltet sowohl die Aus- und Weiterbildung des ärztlichen und nichtärztlichen Personals in meinem Arbeitsbereich, aber eben auch die Ausstattung der Rettungsmittel selbst.

Aus dieser Arbeit heraus muss ich klar sagen, dass es nicht mehr so weitergehen kann wie bisher. Ich habe mich bewusst entschieden, über die Mitarbeit in Verbänden etwas gegen die herrschenden Zustände zu unternehmen und die bestehenden Probleme aktiv anzugehen, aber es ist im Grunde immer ein langer Kampf gegen Windmühlen und für mich ist auch nicht wirklich nachvollziehbar, warum die Politik den Rettungsdienst nicht angemessen unterstützt und sich der Missstände nicht im gebotenen Maße annimmt. Es sind jahrelange Diskussionen, die geführt werden müssen, wo doch im Grunde allen Beteiligten die Probleme vollkommen klar sind und es lediglich der Entschlossenheit bei den Verantwortlichen bedürfte, um diese kurzfristig abstellen zu können.«

Peer Knacke beschreibt hier ein typisches Problem für den Bereich der Notfallversorgung: Politische Prozesse für Veränderungen brauchen in der Bundesrepublik schlicht zu lange, bis festgestellte Probleme gelöst werden können. Bereits 1989 bei Schaffung des Rettungsassistentengesetzes wurde massive Kritik daran geäußert, dass die Kompetenzen des Rettungspersonals nicht ausreichend geregelt worden waren, doch es dauerte tatsächlich 25 Jahre der politischen Diskussionen, bis schließlich eine solche Regelung mit dem Notfallsanitätergesetz zumindest bezogen auf die Ausbildung und die Qualifikation geregelt werden konnte.

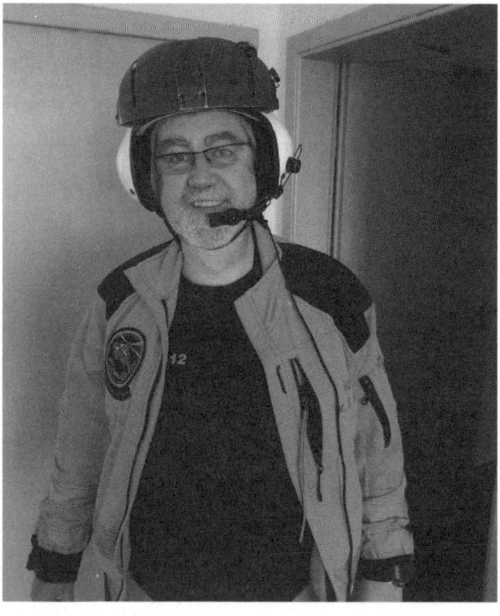

Dr. Peer Knacke, seit 1986 Notarzt

Dabei muss berücksichtigt werden, dass in diesen 25 Jahren eben nicht nur die Rettungsassistenten von diesem Problem betroffen waren, sondern in erster Linie deren Patienten, die bei akuten Notfallbildern hier durch Einschränkungen in der Notkompetenz weit weniger Versorgung erfahren mussten, als dies dem Rettungsdienstpersonal vielerorts möglich gewesen wäre.

Seit Schaffung des neuen Gesetzes 2014 haben sich aber bereits neue Problemfelder für den Bereich der Notfallmedizin ergeben, wie etwa uneinheitlich geregelte Prüfungen für das Personal, was inzwischen in Baden-Württemberg Klagen hinsichtlich der Prüfungsordnung zur Folge hat.[1] Oder dass etwa in Hamburg trotz Prüfungen die Kompetenzen massiv beschnitten werden. Es ist ob dieser neu entstandenen Problemstellungen erkennbar notwendig, dass hier die politischen Entscheidungswege nicht nur auf das für die Patienten erforderliche Maß gekürzt werden, vielmehr sollte eine dringend notwendige Flexibilität im Rahmen von Verwaltungsvorschriften durchgesetzt werden, deren Anpassung etwa über das Bundesministerium für Gesundheit mit Zustimmung des Bundesrates möglich wäre. So könnte erreicht werden, dass es nicht einer ständigen Überarbeitung der Gesetze bedarf, sondern flexibel auf bestehenden Bedarf reagiert werden würde.

»Wir haben beispielsweise auf unseren Rettungswagen alle Medikamente des sogenannten Pyramidenprozesses vorrätig. Das bedeutet, dass alles das, was der Notfallsanitäter im Rahmen seiner dreijährigen Ausbildung erlernt, ihm dann auch für die Versorgung von Patienten in Notfällen zur Verfügung steht. Das wird überprüft durch strenge Dokumentation, mir müssen also alle Notfallsanitäter nicht nur die Medikamentengabe nachweisen, sondern zusätzlich auch aufzeigen, dass die Patienten über mögliche Risiken und Nebenwirkungen aufgeklärt wurden, wenn dies in der jeweiligen Situation möglich ist – klar, der Bewusstlose kann nicht zustimmen, da müssen wir die Zustimmung dann unterstellen, um ihm helfen zu können. Aber die Indikation, die Dosierung und die getroffenen Maßnahmen, alles das muss schriftlich mit den entsprechenden Befunden vorgelegt werden. Einerseits natürlich zur Dokumentation, auch um einen Überblick über die Erfahrungen der einzelnen Rettungskräfte zu gewinnen, aber andererseits auch, damit wir juristisch abgesichert sind. Und gerade da besteht ein gravierendes Problem mit Opiaten, die als Betäubungsmittel gelten und somit dem Betäubungsmittelgesetz unterfallen.

Es ist schwer zu verstehen, aber das darin ausgebildete und geprüfte Personal darf keine Betäubungsmittel verabreichen, weil das Betäubungsmittelgesetz dies unter Strafe stellt. Zum Nachteil der Patienten, die darauf angewiesen wären. Und so muss ich seit Jahren einen politischen Eiertanz miterleben, der sich um eine tatsächlich kleine Gesetzesänderung dreht und unter dem Patienten leiden müssen.«

Tatsächlich hat es bereits Fälle gegeben, in denen die Hilfeleistung von Notfallsanitätern so zu Ermittlungsverfahren von Staatsanwaltschaften wegen Verstößen gegen das Betäubungsmittelgesetz (BtmG) geführt hat. Wie der von Bernhard Mezger, der zu einem Patienten mit akuter Atemnot gerufen wurde. Der Einsatzort war in einem ländlichen Bereich, die im Kreis stationierten Notärzte alle durch Einsätze gebunden. Mezger entschied, dem Patienten wegen seiner Todesangst und der Atemnot das Betäubungsmittel Morphin zu verabreichen. Nach dem Einsatz wurde er von seinem Vorgesetzten damit konfrontiert, mit seinem Handeln gegen das Betäubungsmittelgesetz verstoßen zu haben, es drohte ihm eine Freiheitsstrafe bis zu fünf Jahren.

Der Notfallsanitäter beriet sich mit seinem Rechtsanwalt und erstattete schließlich Selbstanzeige. Die Staatsanwaltschaft stellte dabei ausdrücklich fest, dass Mezger objektiv den Tatbestand erfüllt hatte, in diesem Einzelfall wurde das Verfahren aber eingestellt, weil ob der akuten Notlage ein Rechtfertigungsgrund für sein Handeln vorgelegen habe.

Mezger stellt hierzu fest: »Ich bin auf der einen Seite Notfallsanitäter und muss die Medikamente beherrschen, insbesondere die Opiate wie Morphin; auf der anderen Seite wäre ich verurteilt worden und wäre zum Beispiel mit einem Drogendealer gleichgesetzt worden.«[2]

Tatsächlich hatte bereits auf dem Wege zur Neuregelung durch das Notfallsanitätergesetz die Linksfraktion im Bundestag ausdrücklich auf die bestehende Regelungslücke zu Betäubungsmitteln aufmerksam gemacht und entsprechende Änderungen verlangt.[3] Die aber wurden niemals realisiert. Auf konkrete Nachfrage wollte das Bundesministerium für Gesundheit sogar ausdrücklich kein Problem erkennen können und lehnte eine Gesetzesänderung ab.[4] Dabei sind sich Ärzte und Rettungsdienstpersonal weitestgehend einig, dass die Lücke einer dringenden Schließung bedarf und eine Änderung des BtmG zum Wohle der Patienten zwingend erforderlich, ja bereits seit fünf Jahren überfällig ist.

Die strukturellen Probleme, die Bernhard Mezger bei seiner Morphingabe in einer ländlichen Gegend erlebte, bestätigt auch Dr. Peer Knacke ausdrücklich:

»Dabei sind unsere Anforderungen in der Landrettung eben andere als in einer Großstadt, hier arbeitet der RTW durchaus längere Zeit auf sich selbst gestellt an einem Notfallpatienten, bis der Notarzt durch die weiteren Anfahrtswege eintreffen kann. Schlechtes Wetter verhindert ebenso einen Einsatz des Hubschraubers und gerade in den Nachtstunden kann es also durchaus zu längeren Wartezeiten für einen bodengebundenen Arzt kommen, sodass hier dann die Notfallsanitäter zunächst alleine tätig werden müssen.

Was im Übrigen auch ein wesentlicher Vorteil der NotSan ist, dass mit der Gesetzesänderung eben nicht mehr zu jedem Notfall ein Arzt hinzugezogen werden muss und diese als gut und gezielt ausgebildetes Personal deutlich selbstständiger handeln dürfen und können. Bei bestimmten Notfallbildern können diese also inzwischen alleine Patienten versorgen und da sehe ich auch einen Trend in der Entwicklung, dass zunehmend bei Einsätzen auf den Notarzt verzichtet werden kann. Entsprechend entwickeln wir auch aktuell die Kriterien bei der Notrufabfrage weiter, um hier differenzierter im Vorfeld entscheiden zu können, ob ein Notarzt überhaupt erforderlich ist für den jeweiligen Patienten. Die damit einhergehende Entlastung des Notarztes ist dabei ein ganz wesentlicher Faktor, um zukünftig den Notarzt damit für die schwerwiegenden Fälle vorzuhalten. Lange Zeit war es so, dass der Notarzt im Prinzip gebunden war durch Einsätze, die weniger der Notsituation des Patienten geschuldet waren als vielmehr den Regularien und gesetzlichen Bestimmungen, und so für andere Notfälle schlicht nicht zur Verfügung stand. Diese Entwicklung ist also ausgesprochen positiv.«

Trotz dieser positiven Erfahrungen mit dem neuen Berufsbild haben einzelne Kreise und Städte die Kompetenzen ihrer Notfallsanitäter massiv beschnitten und setzen darauf, dass der Notarzt auch zukünftig zu Fällen hinzugezogen werden muss, die normalerweise durch diese Regelung als Einsatz für den Notarzt entfallen sollten.[5]

Es ist nur schwer nachvollziehbar, dass so bestimmte Notfallmedikamente in Hamburg oder Frankfurt am Main nicht zur Ausstattung der Rettungswagen gehören und eine Anforderung des Notarztes für solche zusätzlich belastenden Einsätze erforderlich werden muss. Dabei allerdings muss auch berücksichtigt werden, dass die Entscheidung zu einer derartigen

Kompetenzminderung stets einen finanziellen Anspruch an die Krankenversicherungen bedeutet und die Mehrkosten für den so notwendigen zusätzlichen Einsatz eines Rettungsmittels die Beitragszahler zu tragen haben. In Hamburg verlangt die Gebührenordnung so für eine normalerweise problemlos vermeidbare Nachforderung des Notarztes zusätzliche Gebühren in Höhe von 375 Euro.[6] Wohlgemerkt für Maßnahmen, die bereits durch die Abrechnung eines Rettungswagens abgedeckt sein sollten und dies im Hamburger Umland auch anstandslos sind.

»Dabei haben wir allerdings ein erhebliches Problem durch die Strukturen im Rettungsdienst festgestellt, weil die Abfrage des Notrufes durch die Leitstellen sich regional doch deutlich unterscheidet. Schon von Landkreis zu Landkreis kann das also bedeuten, dass ein NEF oder ein Hubschrauber in einem Fall angefordert wird, wo nebenan lediglich ein Rettungswagen geschickt würde«, so Peer Knacke.

»Einheitliche Standards existieren nicht und dabei stellt sich der Föderalismus als eine tatsächliche Wurzel des Übels heraus. Fliege ich etwa zu einem Notfall nach Mecklenburg-Vorpommern, was immer wieder vorkommt durch die regionale Nähe, dann kann ich vor Ort nicht den Tod eines Patienten wie gewünscht dokumentieren, weil dort andere Formblätter verwendet werden. Ich muss dann also gegebenenfalls einen Arzt vor Ort nachfordern, um eine Maßnahme durchzuführen, die mir wegen der jeweiligen Landesgesetze nicht möglich ist.

Es gibt aber nicht einmal einheitliche Standards für die NotSan selbst. Trotz der Einführung des neuen Berufsbildes und einer gesetzlichen Regelung sind die Befugnisse der RTW-Besatzungen von Bundesland zu Bundesland und von Landkreis zu Landkreis unterschiedlich geregelt. Nur: Beschneide ich die Kompetenzen von Notfallsanitätern und stelle nicht die erforderliche Ausstattung zur Verfügung, brauchen die auch weder die

Ausbildung noch die Prüfung, dann ändert sich faktisch ja gar nichts gegenüber den alten Berufsbildern der Rettungsassistenten. Hier erlebe ich tatsächlich, dass man mancherorts auf halbem Wege stehengeblieben ist, weil es eben keine einheitlichen Regelungen dazu gibt. Das Fehlen solcher Standards durch eine bundesweite Grundlage macht sich also durchaus bemerkbar, wie in einer nahen Großstadt, wo man den Notfallsanitätern auf ihren Fahrzeugen nach wie vor nur eine begrenzte Auswahl an Medikamenten zur Verfügung stellt. Dass dort ein Patient mit schweren Schmerzen etwa Ketanest bekommen könnte, ist bei uns Alltag und etwas völlig Normales, wenige Kilometer entfernt ist dies vollkommen undenkbar. Natürlich müssen die Notfallsanitäter vor einer Anwendung solcher Maßnahmen in einem Notfall durch den Ärztlichen Leiter Rettungsdienst geprüft werden.«

Unterschiedliche Ausgestaltungen der Notfallversorgung in den Ländern und Landkreisen werden dabei häufig begründet durch die unterschiedlichen Erfordernisse in der besonderen regionalen Situation. Inhaltlich können solche Diskussionen allerdings nicht überzeugen, denn rein medizinisch unterscheidet sich ein Herzinfarkt in Berlin nicht von einem Herzinfarkt in Köln oder Stuttgart. Und auch die Verletzungen bei Verkehrsunfällen sind in Baden-Württemberg nicht wesentlich andere als etwa in Kiel oder Schwerin.

Vielmehr ist dies der Tatsache geschuldet, dass die Durchführung der Notfallversorgung als Ländersache faktisch völligen Freiraum dabei lässt, wie dies in der Praxis erfolgen soll und dabei neben dem Patientenwohl auch Bedenken zu Haftungsrisiken und schlussendlich den Kosten einen wesentlichen Anteil an der Gestaltung haben.

Dass allerdings keine einheitlichen Standards existieren, ist sowohl für den Notruf selbst als auch die daraus resultierende Notfallversorgung von Patienten nicht akzeptabel, denn inzwi-

Der Arbeitsplatz von Dr. Peer Knacke:
der Rettungshubschrauber Christoph 12 in Siblin

schen wurde hinreichend von Gerichten festgestellt, dass solche organisatorischen Defizite als schwere Behandlungsfehler zu bewerten sind und entsprechende Pflichten zu Schadenersatz und Schmerzensgeld begründen können.[7] Im Prinzip also würden bundeseinheitlich zu etablierende Standards nicht nur Rechtssicherheit für die Verbraucher bedeuten, sondern auch im Interesse der Träger und Betreiber der Rettungsdienste liegen, die so ihr Personal juristisch absichern könnten. Hier ist erkennbar, dass auf Ebene des Bundes zügig nachgebessert werden muss, um etwa eine Normausstattung für Rettungsmittel verpflichtend zu definieren und solche Risiken für Patienten damit beseitigen zu helfen. Die DIN EN 1789 reicht als Anhalt dabei nicht aus, da ein Verstoß gegen einen solchen Mindeststandard bis heute nicht einmal sanktioniert werden kann.

Die Ausgestaltung des beruflichen Alltags als Notarzt ist dabei vor allem ein erkennbarer Konflikt zwischen der tatsächlichen Tätigkeit und der gesellschaftlichen Akzeptanz, wie Peer Knacke eindrucksvoll aufzeigt:

»Wir erleben bei unserer Arbeit Dinge, die sich nur schwerlich rein auf Verwaltungsebene beurteilen lassen und eben mehr sind als bürokratische Sachbearbeitung. Kindesmisshandlung wäre so ein Thema, wenn wir miterleben, wie ›Strafe‹ sich durch schwere Verbrennungen ausgestaltet und Eltern die Handflächen ihrer Kinder auf die heißen Herdplatten gepresst haben oder die Beinchen in Kochtöpfe gestellt wurden. So etwas sieht man ausgesprochen deutlich, etwa bei der Wundfläche der Hände, wo jeder Mensch instinktiv die Hand wegziehen würde und nur kleine Verbrennungen sind, finden wir bei Misshandlungen dann großflächige Verletzungen vor. Erfreulicherweise sind solche Ereignisse relativ selten, aber damit muss man dann auch für sich selbst erst mal entsprechend umgehen können und trotzdem wird dies eben dann nicht Behandlungsleistung des eingesetzten Personals, sondern wird als reine Transportleistung nach Sozialgesetzbuch gesehen. Dass dies eben deutlich mehr ist als nur der Transport in ein Krankenhaus, wird also zwar von der Bevölkerung gewürdigt, aber in der Abrechnung und damit politisch als reine Transportleistung gewertet und die Helfer werden eventuell sogar alleingelassen.«

In vielen Bundesländern gibt es tatsächlich nur dann Geld, wenn auch ein Transport durch den Rettungsdienst erfolgt – ein klassischer Fehlanreiz. Besser ist es, wie etwa in Bayern, wenn Vorhaltestunden für Rettungsmittel abgerechnet würden. So wäre es im Prinzip egal, wie viele Einsätze oder Transporte ein RTW durchführte. Das Problem: Eine solche Abrechnung ist in der Regel nicht vorgesehen.

»Es gibt immer Einsätze, an denen man zu knabbern hat, die einen beschäftigen. Wir hatten vor langer Zeit einen Fall mit einer jungen Mutter und zwei Säuglingen, die sie im Kinderwagen über den Fußweg schob. Ein Betrunkener kam mit seinem Auto von der Straße ab und erwischte die drei. Zeugen hatten die beiden schwerstverletzten Kinder in einen Hauseingang gelegt und da war im Grunde unmittelbar klar, dass sie das möglicherweise nicht überleben würden. So etwas nimmt man schon mal mit nach Hause und spricht mit seiner Familie darüber. Meistens bleiben solche Erfahrungen aber im Team und man löst das, indem man intern darüber spricht oder die Hilfe von externen Notfallseelsorgern in Anspruch nimmt.«

Hier bestätigen sich die bereits von Christian Leder dargestellten Probleme mit Fällen von Kindesmisshandlung als im Rettungsdienst auftretende Belastung für das eingesetzte Personal. Ebenfalls zeigt sich, dass die Eindrücke bei Notfällen nicht spurlos an den Notfallrettern vorbeigehen und auch noch nach Jahren eine Belastung sein können.

Dieser Aspekt wird vielfach vernachlässigt, wenn es um die Betrachtung des Personalnachwuchses im Rettungsdienst geht: Nicht alle Notfallsanitäter sind überhaupt in der Lage, gesund den Eintritt des Rentenalters zu erleben, und erfahren durch ihre Tätigkeit ähnliche Traumatisierungen wie Soldaten in Auslandseinsätzen. Während jedoch dies als Erkrankung bei der Bundeswehr inzwischen anerkannt ist und eine entsprechende Fürsorge erfährt, wurde das Problem für Rettungskräfte über lange Zeit fast völlig vernachlässigt. Erst in jüngster Zeit haben sich Studien mit dieser Fragestellung beschäftigt und dabei musste festgestellt werden, dass die Folgen belastender Einsätze ähnlich gravierend ausfallen können wie bei militärischen Konflikten.

Typisches Symptom einer Posttraumatischen Belastungsstörung (PTBS) ist das ungewünschte und plötzliche Durchleben der belastenden Ereignisse oder Teilen von diesen in der Psyche des Betroffenen. Die Reaktion dabei, insbesondere der körperliche Stress, entsprechen denen beim ursprünglichen Erleben des auslösenden Ereignisses, etwa einer Katastrophe oder außergewöhnlicher Belastungen. Bilder und Gefühle der jeweiligen Notsituation treten erneut auf und lassen den Betroffenen dies als real empfinden. Es entstehen in der Folge starke Gefühle von Angst, Scham, Ärger, aber auch Schuldgefühle treten dabei ebenso auf wie massive Schlafstörungen und das ständige Nachdenken über den auslösenden Zwischenfall. Es kommt auch zu einer erhöhten Reizbarkeit.

Als Reaktion auf diese Probleme versuchen Betroffene häufig, auslösende Reize zu vermeiden, wodurch es zu einer zunehmenden sozialen Isolation kommen kann. Zusätzlich versuchen einige der betroffenen Patienten eine Flucht in den Missbrauch von Alkohol und Betäubungsmitteln, um so den sie plagenden Gedanken und Gefühlen aus dem Wege gehen zu können. Suchterkrankungen können also eine unmittelbare Folge solcher belastenden Ereignisse werden.

Eine erste Studie zu diesem Problem erfolgte 2003 bei den Helfern des Erdbebens in der türkischen Stadt Bingöl. Damals starben etwa 170 Menschen, über 500 wurden bei dem Beben der Stärke 6,6 verletzt. Insgesamt waren 55 Rettungskräfte der Diyarbakir Civil Defense, Search and Rescue Association (dt.: Bürgerliche Schutz-, Such- und Rettungsvereinigung) im Einsatz, von denen 44 zwei Monate im Anschluss in Interviews befragt wurden.[8]

Bei 11 von ihnen, also 25 Prozent, wurde aufgrund der Ergebnisse eine PTBS diagnostiziert. Diese Stichprobe ist also ein deutlicher Hinweis darauf, dass belastende Einsätze gesundheitliche Gefahren für die eingesetzten Rettungskräfte bedeuten und diesen Risiken entsprechend begegnet werden muss. Dazu gehört auch, dass entsprechende Möglichkeiten der Fürsorge und Therapie eingeplant werden sollten, um die erforderliche soziale Sicherheit für Betroffene zu bieten. Ebenfalls aber muss dies gerade für die ehrenamtlichen Helfer zu der gesellschaftlichen Erkenntnis führen, dass Freiwillige Feuerwehren und Rettungsdienste in Deutschland nicht die Unterstützung erfahren, die sie nach solchen Einsätzen benötigen. Wie drastisch diese Eindrücke wirken, erläutert Peer Knacke:

»Der Tod gehört dazu, das ist einfach Teil des Berufes, ob jetzt für Notärzte oder Rettungspersonal, ist egal, es sind ja die gleichen Bilder, die gleichen Eindrücke und mit der Zeit habe ich für mich festgestellt, dass ich da auch nicht mehr sonderlich über Todesfälle nachdenke. Man kann leider nicht jeden retten und konzentriert sich auch emotional auf die, die man retten konnte. Das ist auch ein Stück weit menschliche Lebensrealität, dass man sich das nicht zu Herzen nehmen darf, denn sonst kann man einfach nicht mehr helfen. Und trotzdem gibt es eben immer Fälle, die einem nahegehen und über die man auch später noch nachdenkt.

Mich persönlich hat der Fall eines Mannes intensiv beschäftigt, der vermutlich einen Herzinfarkt hatte. Wir hatten den Transport in die nächste geeignete Klinik schon vorbereitet, ich ging kurz in den Nebenraum, um die Papiere vorzubereiten, da wurde ich gerufen. Der Mann war synkopiert, also bewusstlos geworden, im EKG zeigte sich eine Asystolie, also keinerlei Herzaktion mehr. Wir haben etwa 45 Minuten lang versucht, ihn zu reanimieren, leider vergeblich. Obwohl er die besten Chancen hatte, quasi unter den Augen der Helfer, gelang es uns trotz aller Bemühungen nicht mehr, ihn zu retten. Diese Situation des ›talk and die‹, dass also jemand verstirbt, mit dem man gerade eben noch geredet hat und nicht weiß, woran es nun gelegen hat, darüber denkt man nach. Hat man einen Fehler gemacht, hat man irgendwas übersehen? Solche Fragen beschäftigten dann. Und auch, wenn man für sich selber feststellt, dass man alles richtig gemacht hat, denkt man immer noch später darüber nach, was die Ursache dieser plötzlichen Zustandsverschlechterung gewesen sein kann, und diskutiert das mit Kollegen.

Fehler passieren im Rettungsdienst, ganz klar, niemand ist perfekt und weder Notärzte noch Sanitäter sind davon völlig frei. Wir sind da durchaus selbstkritisch und arbeiten das auch auf, wenn Fehler auftreten. Über das CIRS (Critical Incident Reporting System, also eine Art Meldestelle für Zwischenfälle, die Autoren) wird das auch entsprechend aufgegriffen, wenn es etwa um Probleme der Organisation geht. Das ist in erster Linie für uns selbst, um daraus zu lernen und mögliche Schwachstellen zu beseitigen. Wo dann eben festgestellt wird, wenn jemand vergessen hat, neue Akkus in die Geräte einzulegen oder so was. Behandlungsfehler selbst sind ausgesprochen selten, können aber durchaus auch vorkommen. Auf Nachfrage stehen wir dabei auch uneingeschränkt zur Verfügung, hängen das aber natürlich nicht an die große Glocke, zumal das eben auch nicht unsere Aufgabe ist. Für uns ist ja weitaus wichtiger, als einen Schuldigen zu suchen, dass wir in Zukunft mögliche erneute Fehler vermeiden wollen.«

Das hier bemerkenswert ehrlich angesprochene Problem von Behandlungsfehlern im Rettungsdienst zeugt dabei von einer selbstkritischen Auseinandersetzung mit der Problematik, die noch lange nicht bundesweit etabliert ist. Im Gegenteil, tatsächlich verschweigen nicht nur zahlreiche Rettungsdienstbereiche derartige Fehler, es wurden sogar auf solchen Fehlern und organisatorischen Mängeln aufbauende Strukturen etabliert, wie es die mangelhafte Ausstattung von Rettungsmitteln ebenso aufzeigt wie die teilweise erheblichen Abweichungen von den Eintreffzeiten bei Notrufen als Überschreitung der Hilfsfristen.

So zu tun, als bestünden in einem Rettungsdienstbereich keine Probleme und es kämen keine Fehler vor, wie zahlreiche

Behörden dies gegenwärtig bei kritischen Nachfragen tun, muss also als direkter Hinweis gesehen werden, dass an fehlerhaften Strukturen festgehalten werden soll. Bereits seit mehreren Jahren diskutieren Feuerwehr und Hilfsorganisationen darüber, dass Rettungswagen nicht ausreichend mit Personal besetzt werden können, die denklogische Konsequenz aber, nötigenfalls Unternehmen der Privatwirtschaft diese Aufgabe zu übertragen, wurde daraus bis heute nicht abgeleitet.

Individuell auftretende Fehler des eingesetzten Personals sind dabei als Randerscheinung zu beurteilen. Der klare Verweis aber darauf, dass solche Fehler durchaus auftreten, sollte im Hinblick auf die Rechte betroffener Patienten zum Anlass genommen werden, das »Dienstleistungsangebot Rettungsdienst« zumindest dann kritisch zu hinterfragen, wenn im späteren Verlauf der Erkrankung ernst zu nehmende Hinweise auf einen Behandlungsfehler auftreten. Dabei können bereits Ärzte im Krankenhaus behilflich sein und Auskunft darüber geben, ob die ein oder andere Vorgehensweise eher nützlich oder doch schädlich gewesen sein kann. Klassisches Beispiel hierfür ist die Unsitte, einen Patienten zu Fuß zum Rettungswagen gehen zu lassen, wenn entsprechende Krankheitsbilder, etwa Herzprobleme, dies als Risikofaktor per se verbieten und erkennbar ist, dass derartige Belastungen mit hohen gesundheitlichen Beeinträchtigungen verbunden sein können. Die hierbei zusätzlich geschaffenen Belastungen für Kreislauf und Atmung des Patienten sind in vielen Fällen ausgesprochen kontraproduktiv und können akute Krankheitsbilder entscheidend verschlechtern. Die Frage danach, ob der Patient noch gehen kann, ist für das eingesetzte Rettungsdienstpersonal natürlich ausgesprochen bequem, sollte für den Patienten oder seine Angehörigen aber ein Alarmsignal sein und lässt unmittelbare Rückschlüsse auf mangelnde Qualität der Hilfeleistung zu – sieht man dabei von gewissen Bagatellverletzungen oder -krankheitsbildern einmal ab.

»Wobei wir da eben auch durchaus unterschiedlich an die Dinge herangehen. Auch, wenn es häufig so dargestellt wird, behandeln wir eben nicht jeden Patienten gleich, sondern nach den gleichen Grundsätzen, weil das eben auch eine ethische Fragestellung ist und Algorithmen oder Leitlinien geben da den Weg vor. Beispiel Reanimation:

Wenn ich als Notarzt komme, wird häufig bereits von der RTW-Besatzung reanimiert oder wir fangen unmittelbar damit an, sofern wir keine absolut sicheren Todeszeichen sehen. Aber in dieser Zeit prüft man eben schon, ob man dem Patienten damit überhaupt einen Gefallen tut und ob diese Hilfeleistung wirklich noch sinnvoll ist. Der 80 Jahre alte Patient, dessen Fahrrad vor der Haustür steht und der täglich zum Einkaufen geht, voll mobil ist und eine hohe Lebensqualität hat, ist eben etwas anderes als ein Patient mit dem gleichen Notfallbild, der seit Jahren nur noch im Bett liegt und vor sich hin siecht, weil er schwere Grunderkrankungen hat. Wir sammeln also während der Maßnahmen die notwendigen Informationen, um darüber entscheiden zu können, wie groß unser Angriff überhaupt wird und manchmal wird auf Grundlage dieser Einschätzungen eine Maximaltherapie durchgeführt und in anderen Fällen sehen wir dann unmittelbar, dass es moralisch einfach nicht vertretbar wäre, den natürlichen Sterbeprozess mit so invasiven, also eingreifenden Maßnahmen noch länger hinauszuzögern. Wir versuchen da, den mutmaßlichen Willen des Patienten herauszufinden und hierauf orientiert zu handeln. Geholfen wird natürlich auch allen Patienten, aber es ist eben manchmal die bessere Hilfe, keine Medikamente mehr zu geben.

Den Krebspatienten im Endstadium nun noch unter Aufbieten aller Kräfte lebend oder gar unter Reanimationsbedingungen ins Krankenhaus zu bringen, wo er wenige Stunden später elendig stirbt, ist ethisch unvertretbar. Schwierig wird es dann mit Patientenverfügungen oder Angehörigen. Wo eben auch klar sein muss, dass solche Verfügungen eine Chimäre sind. Vor Ort besteht ja schließlich überhaupt keine Möglichkeit, so etwas inhaltlich oder gar juristisch prüfen zu können. Theoretisch kann so eine Willensbekundung auch gefälscht sein, der Patient seine Meinung geändert haben, das kann man überhaupt nicht beurteilen. Wichtiger sind da schon die Feststellungen zu Grunderkrankungen, zum Beispiel Patientenakten oder Pflegeberichte, die Aufschluss bieten und in solche Entscheidungsfindungen einbezogen werden.«

Während in der Öffentlichkeit die Wahrnehmung von Patientenverfügungen als Sicherheit überwiegt, wie bei schweren Erkrankungen die Versorgung als Patient erfolgen oder gerade nicht erfolgen soll, sind diese für das in den Rettungsdiensten tätige Personal – obwohl verbindlich – praktisch bis zu einer sicheren Klärung vollkommen bedeutungslos.[9]

Gerade im Mai 2019 musste ein Notfallsanitäter miterleben, wie eine etwa 100 Jahre alte Patientin in einem Pflegeheim einen Schlaganfall erlitt und er zur Versorgung gerufen wurde. Als er die Patientin mitnehmen wollte, widersprach das auf der Station tätige Personal seinem Anliegen und verwies auf das hohe Lebensalter der Patientin. Schließlich wurde dem Helfer sogar eine aus dem Internet ausgedruckte Patientenverfügung als Vordruck mit unleserlicher Unterschrift präsentiert, bei der einige Absätze durchgestrichen waren. Der erfahrene Retter verwies höflich auf die bekannte Telefonnummer, so man sich über ihn beschweren wolle: 112. Er sammelte die Patientin ein und fuhr los zur nächstgelegenen Notaufnahme eines Krankenhauses mit Stroke-Unit. Während der Fahrt telefonierte er, es war bereits nachts gegen ein Uhr, mit dem Sohn der alten Dame, der völlig entsetzt nachfragte, welche Patientenverfügung denn gemeint sei, denn es gab schlicht gar kein solches Dokument.[10]

In der kurzen Zeit, die für die Versorgung von Notfallpatienten überhaupt nur zur Verfügung steht, sind derartige Unterlagen nur wenig hilfreich und können von Notärzten und Notfallsanitäter gerade deswegen nicht verbindlich sein. Weitaus eher ist es der eigene Eindruck von vorhandenen Grunderkrankungen und dem jeweiligen Notfallbild, dem gefolgt wird. Dies kann dann für einen Patienten bedeuten, dass er nicht gerettet wird, obwohl er ausdrücklich nicht zu sterben wünscht, weil er einfach medizinisch gesehen nicht mehr gerettet werden kann. Andererseits bedeutet dies aber auch, dass ein Patient mit ausdrücklichem Wunsch danach, dass keine lebensverlängernden Maßnahmen ergriffen werden sollen, trotzdem zunächst gerettet werden muss. Die Auseinandersetzung mit dem Patientenwillen erfolgt selbstverständlich, aber sie erfolgt später in der relativen Sicherheit des Krankenhauses, wo die entsprechenden Möglichkeiten dazu bestehen.

Dabei muss ebenso berücksichtigt werden, dass die meisten Patientenverfügungen überhaupt nicht die hohe Zahl unterschiedlicher Notfallbilder und der dabei bestehenden Möglichkeiten zur Therapie berücksichtigen und unzulässig verallgemeinern. Für Ärzte und Nichtärzte im Rettungsdienst werfen solche Dokumente in aller Regel auch mehr Fragen auf, als dass diese tatsächliche Antworten zu liefern vermögen: Woher soll morgens in einem kleinen Schlafzimmer auch beurteilt werden können, ob denn Möglichkeiten zu einer Therapie bestehen und in welchem Zustand sich der Patient danach befinden würde?

»Wobei wir eben gerade dabei häufig das Problem erleben, dass es mit diesen Informationen in Pflegeeinrichtungen nicht funktioniert. Wenn wir gerufen werden, der Patient liegt vor uns im Bett und auf Nachfrage heißt es dann ›nix gut‹ – ja, sehe ich selber, dass das nicht gut ausschaut, ich brauche aber halt Informationen und die Frage nach der Patientenakte ist nicht selten ein Unterfangen, bei dem man sich dann um die 30 Minuten durchfragen muss, um endlich an jemanden zu geraten, der eine verständliche Sprache spricht und Auskünfte geben kann. Und wenn man sich dabei vergegenwärtigt, dass in eben diesem Zeitfenster ohne weitere Hintergrundinformationen Entscheidungen getroffen werden müssen, wird nachvollziehbar, warum sich der Pflegemarkt zu einem ernsthaften Problem entwickelt.

Es spricht ja überhaupt nichts dagegen, ausländische Arbeitskräfte zu integrieren, aber wir brauchen Ansprechpartner, klare Abläufe und die notwendigen Informationen und daran hapert es oftmals gewaltig. Weniger also ein Problem der Arbeitnehmer als der Betreiber solcher Einrichtungen und der Politik, die die seit Jahrzehnten entstandenen Lücken in der Pflege mit solchen Schnellschüssen dann zu stopfen versucht und nun die Patienten in Notsituationen darunter leiden lässt.

Pflege heißt ja immer, dass es zu Notfällen kommen kann und häufig genug dann auch kommen wird. Und da ist schon eine feststellbare Diskrepanz, pflegende Angehörige geben sich deutlich mehr Mühe und die Information für Rettungsdienste funktioniert in aller Regel reibungslos. Wir hatten gerade aktuell wieder so einen Fall, wo wir zu einer Reanimation kamen und im Kühlschrank stand die Notfalldose mit allen Daten über Vorerkrankungen und Medikamente. Wo man dann eben schnell einen Eindruck bekommt, was man noch machen kann, was man machen muss und ob sich das überhaupt für den Patienten noch lohnt, überhaupt noch irgendwas zu machen. Das ist ja auch die wesentliche Frage bei allem, dass es schlussendlich dem Patienten dient und nicht mir selber als Arzt.

Aber das ist eben nicht reguliert, selbst dazu gibt es keine einheitlichen Standards, nach welchen Kriterien eine solche Wiederbelebung abzubrechen sein wird, es ist nach wie vor eine Individualentscheidung des Arztes und im Zweifel haben wir dann als Notarzt das juristische Problem. Gerade junge Ärzte mit noch wenig Erfahrung sichern sich dann ab, indem Patienten in die Notaufnahmen gebracht werden, die besser friedlich daheim gestorben wären.«

Das hierbei nicht angesprochene Dilemma ist die Übertragung solcher Entscheidungen von Ärzten auf Notfallsanitäter. Gegenwärtig dürfen diese eine solche Entscheidung schlicht nicht treffen und müssen ihre Maßnahmen immer ergreifen, außer beim Vorliegen sicherer Todeszeichen, wie etwa der bereits begonnenen Verwesung des Betroffenen oder Enthauptungsunfällen.[11]

Sofern nun allerdings nicht eindeutige Fälle vorliegen wie die sommerliche Rettung eines Ertrinkungsunfalls im Badesee, bei dem der Patient noch Schlittschuhe als Hinweis auf ein Ertrinken sechs Monate zuvor an den Füßen trägt, ist der Notarzt zu alarmieren – was sich angesichts von bereits signifikant ausgedünnten Notarztstandorten zu einem ernsthaften Problem zu entwickeln droht. Es ist vorhersehbar, dass angesichts des demografischen Wandels und der strukturellen Entwicklungen im Rettungsdienst der hier bestehende Arztvorbehalt aufgeweicht werden wird und auch muss, will man nicht jeden Zweifelsfall mit den Möglichkeiten einer technischen Reanimation hierzu in die Notaufnahme eines Krankenhauses transportieren müssen.

Noch schlimmer aber ist es, die Herbeiführung solcher Situationen durch eine fehler- und lückenhaft betriebene Pflegepolitik zu forcieren. Der Betrieb einer Pflegeeinrichtung ist ein ausgesprochen lukratives Unterfangen, während gleichzeitig eine exzessive Personalnot für die Durchführung von Pflegemaßnahmen besteht. Dass die dabei vorhandenen Personalengpässe geschlossen werden müssen, ist selbstverständlich, bedarf jedoch klarer gesetzlicher Vorgaben für die Zusammenarbeit mit Rettungsdiensten.

Wo also die Kommunikation zwischen Pflege und Notfallrettung schon bisher nicht ausreichend funktioniert und immer wieder zu Schwierigkeiten führt, wird über die verpflichtende Einrichtung entsprechender Datenbanken zu diskutieren sein müssen, auf die Retter in Akutsituationen Zugriff nehmen können, um wenigstens rudimentäre Informationen zum Patienten als Entscheidungsgrundlage zu erhalten.

»Wobei Klarheit auch immer relativ ist. Normalerweise sollte klar sein, wohin ein Patient muss: Die nächstgelegene geeignete Notaufnahme. Es bringt ja schließlich nichts, wenn wir so schnell es nur geht zum Patienten fahren und dort die Maximalversorgung beginnen, um im Anschluss stundenlang eine regelrechte Irrfahrt über die Dörfer zu absolvieren. Faktisch kommt aber genau das eben in der Wirklichkeit immer wieder vor, weil wir bei der Voranmeldung von Patienten feststellen müssen, dass Notaufnahmen eine Aufnahme ablehnen.

Es ist normal, dass Krankenhäuser überlaufen werden, von Zeit zu Zeit passiert so etwas. Die Sahne bei der Kaffeefahrt stand ein paar Stunden zu lange und dann hat man es in der Notaufnahme plötzlich mit einem ganzen Schwung Senioren zu tun, die über Erbrechen und Übelkeit klagen. Oder es grassiert eine wirkliche Grippe und die vorhandenen Kapazitäten in den Kliniken reichen kurzfristig mal nicht aus, auch das gehört eben zur Heilkunst. Die Notaufnahmen haben die Möglichkeit, sich als belegt abzumelden. Dann können sie von Rettungsmitteln eben für eine gewisse Zeit nicht angefahren werden, bis der Patientenstau sich vor Ort gelöst hat, und man disponiert eben einfach entsprechend um. Leider versuchen Notaufnahmen häufig, die Patienten loszuwerden, indem man die Überbelegung inoffiziell kommuniziert, oder es fangen Diskussionen mit Notärzten oder Notfallsanitätern an.«

Ein Insider, der selbst jahrelang in einem süddeutschen Bundesland als Notarzt fuhr, erklärt die Hintergründe solch inoffizieller Ablehnungen: »Viele Krankenhäuser machen dies, weil sie für die Daseinsvorsorge entsprechende Fördermittel kassieren und auf diese nicht verzichten wollen, wenn sie plötzlich nicht mehr an der Versorgung der Bevölkerung teilnehmen können. Es ist also ein Problem im System, dass die Notaufnahmen offiziell verfügbar gemeldet bleiben, während tatsächlich keine Kapazitäten mehr bestehen. Ist eine Notaufnahme also 1/3 des Monats nicht in der Lage, an dieser Versorgung teilzunehmen, kann dies mindestens eine anteilige Kürzung dieser Gelder bedeuten. Passiert es zu häufig, würden die Kliniken dann völlig aus dieser Förderung genommen und entsprechend fehlten dann die Einnahmen, mit denen kalkuliert wird, somit löst man dieses Problem eben lieber inoffiziell. Aber das wird den Kliniken auch zu einfach gemacht, weil wirkliche Überprüfungen nicht stattfinden und diese Fördermittel im Haushalt auch fest eingeplant werden.« [12]

Die Auswirkungen solcher Überbelegungen kennt auch Peer Knacke aus seiner beruflichen Praxis:

»Man merkt schon, dass durchaus getrickst wird und in solchen Fällen die Versorgung der Bevölkerung leidet. Rettungsdienst hört ja nicht auf, wenn die Türschwelle vom Krankenhaus erreicht wird, die Versorgung der Patienten draußen auf der Straße muss im Prinzip verzahnt sein mit der Versorgung in der Notaufnahme und rein technisch betrachtet ist die akute Hilfe im Rettungswagen bereits eine Art vorgelagerter Notaufnahme. Und wenn man dann mitbekommt, dass es wieder mal eine Irrfahrt gegeben hat, weil die Krankenhäuser nicht versorgen wollten oder konnten, macht einen das schon ein Stück weit wütend. Obwohl das auch in manchen Fällen entscheidend darauf ankommt, wie man einen

Patienten anmeldet, denn mit deutlichen Worten gegen den Willen der Klinik kann man sich durchaus auch durchsetzen.

Wobei man da als Notarzt meist beide Seiten kennt, die wenigsten Notärzte sind ja ausschließlich im Rettungsdienst tätig, höchstens solche, die über Börsen vermittelt werden, etwa als Urlaubsvertretungen oder fest angestellte Notärzte. Aber meist ist man ja im klinischen Alltag immer noch Arzt, ob nun als Anästhesist oder als Chirurg, da kann man ja schließlich nicht beim Notruf im Operationssaal eine Pause einlegen und den Patienten um Verständnis bitten, dass man nach der Rückkehr weiterschneidet, weil man eben mal kurz zu einem Autounfall fahren muss. Und wenn man dann als Notarzt Dienst hat, fehlt man somit also immer dem jeweiligen Klinikum und muss sehen, dass hier auch die entstehenden Lücken geschlossen werden. Natürlich kann man in den einsatzfreien Zeiten immer noch etwas Papierkram erledigen oder Gespräche mit Patienten führen, aber auch das ist faktisch nicht vorhersehbar, an manchen Tagen passiert absolut gar nichts und an anderen Tagen ist man ohne Pause durchgehend von Notfall zu Notfall unterwegs.

Und dass das Krankenhaus als Arbeitgeber eben nicht Ärzte bezahlt, damit die dann im Krankenhaus fehlen und für den Rettungsdienst arbeiten, versteht sich von selbst. Wobei da dann auch etwas der ›Stalldrang‹ wirkt und man natürlich immer gerne dorthin fahren möchte, wo ein warmes Essen wartet oder die Kaffeemaschine, somit ist man da auch proaktiv tätig in der Akquise neuer Patienten, die man dem Krankenhaus bringt, und dann refinanziert sich dies über diese neuen Kunden auch etwas, sodass es sich für den Betreiber also auch durchaus lohnen kann, Notärzte zu stellen. Zudem ist eine qualitativ hochwertige Notfallversorgung auch immer ein Aushängeschild für eine Klinik.«

Gerade hier zeichnet sich das Kernproblem der beabsichtigten Schließungen von Krankenhäusern und ihrer Notaufnahmen in den kommenden Jahren deutlich ab: Um die Versorgung der Bevölkerung auf dem bisher üblichen Niveau gewährleisten zu können, würden kommerzielle Anbieter die entstehenden Lücken füllen müssen oder aber zunehmender Bedarf auf bestehen bleibende Notärzte zukommen, die ein deutliches Mehr an personellen und somit auch finanziellen Belastungen für die Kliniken bedeuten würden. Es ist für die Patienten erkennbar nachteilig, wenn der Transport über weite Entfernungen in geeignete Notaufnahmen eine Erfüllung medizinischer Leitlinien erschwert, es bedeutet aber zusätzlich auch, dass die weitere Behandlung außerhalb des sozialen Umfeldes wird erfolgen müssen. Angehörige müssen also entsprechend lange Wege zurücklegen, nicht nur für Höflichkeitsbesuche, auch für die Beschaffung notwendiger Hintergrundinformationen wie zum Beispiel frühere Befunde durch Ärzte.

Gleichzeitig kann man natürlich von Krankenhäusern als Wirtschaftsbetriebe nicht erwarten, hier einen unvertretbaren Personalaufwand zu betreiben und Notärzte zu stellen, die dann im klinischen Betrieb fehlen. Gerade in Anbetracht der zu erwartenden Zunahme an Notfalleinsätzen für die kommenden Jahre und Jahrzehnte jedoch ist dies ein sich vorhersehbar verschärfendes Problem und wird unvermeidbar dazu führen, dass der klassische Notarzt lokaler Prägung sich zu einer Ausnahmeerscheinung wandeln wird.

»Wobei wir uns eben schon manchmal wundern müssen, wie sich da die Lebenswirklichkeiten unterscheiden können. Wo ständig in den Medien über Probleme mit der Rettungsgasse zu lesen ist, muss ich konstatieren, dass das nach meinen eigenen Erfahrungen so gut wie immer problemlos funktioniert. Und auch die Qualität der Ersten Hilfe und die Bereitschaft, Menschen in der Not zu helfen, haben in den letzten Jahren doch deutlich spürbar zugenommen, das hat sich wirklich massiv verbessert. Ich erinnere da einen Fall, bei dem wir als Notarzt für einen Patienten am FKK-Strand (Freikörperkultur-Strand) gerufen wurden und beim Eintreffen an der Schranke von einem splitterfasernackten Mann in Empfang genommen wurden, der sich trotz allem penibel eine Signalweste angezogen hatte, um erkennbar zu sein. Da muss man schon feststellen, dass das Thema ernst genommen wird, wenn auch manchmal mit absurd erscheinenden Auswüchsen.«

Es zeigt sich wiederholt, dass hier Medien häufig auf Medienberichterstattung reagieren und sich zu wenig mit den tatsächlichen Problemstellungen im Bereich der Notfallrettung auseinandersetzen.

Positiv ist festzustellen, dass hier eine qualitative Verbesserung bei der Ersten Hilfe und der Bereitschaft zur Hilfeleistung überhaupt dargestellt wird. Die Deutsche Gesellschaft für Anästhesiologie und Intensivmedizin (DGAI) hat dies so auch 2018 festgestellt: Lediglich 39 Prozent der Patienten mit einem Herzstillstand erfahren bei diesem Notfall eine von Laien vorgenommene Wiederbelebungsmaßnahme bis zum Eintreffen des Notarztes. Zum Vergleich: In Norwegen liegt diese Quote bei etwa 70 Prozent.[13] Und dennoch zumindest ein bescheidener Fortschritt: 2012 zeigte eine Erhebung der DGAI beim Deutschen Reanimationsregister, dass lediglich 15 Prozent der Passanten bereit waren, bei einem Herzstillstand mit der Reanimation zu beginnen.[14]

Obwohl zahlreiche Versuche unternommen werden, die Zahl solcher Hilfeleistungen insgesamt zu verbessern, ist die Verbreitung von Kenntnissen in Erster Hilfe in der Gesellschaft nach wie vor nicht auf dem Niveau, auf dem dies der breiten Masse von Notfallpatienten einen wirklich überzeugenden Vorteil bieten kann. Dabei ist es in erster Linie die Unsicherheit der Helfer, die aus Angst vor negativen Konsequenzen lieber nicht helfen. Es ist ein typisch deutsches Phänomen: »Wer nichts tut, macht keine Fehler und wer keine Fehler macht, macht alles richtig.« Im Fall der medizinischen Notfälle jedoch, so erklärt Professor Peter Sefrin, Bundesarzt des Deutschen Roten Kreuzes, ist genau dieses Nichtstun der entscheidende Aspekt: »Man kann im Prinzip bei der Hilfeleistung als Laie nichts falsch machen. Der einzige Fehler, der überhaupt möglich ist, ist es, nichts zu tun!«[15]

Dabei ist es vor allem die Angst vor Strafe, die Personen davor zurückschrecken lässt, die notwendige Hilfe zu gewähren, und sie dazu bringt, das Problem an die Rettungsdienste auszulagern. Die gute Absicht der Hilfeleistung kann jedoch auch bei Fehlern niemals bestraft werden, sofern diese nicht absichtlich begangen wurden. Genau das Gegenteil ist der Fall: Das Unterlassen von Hilfeleistung kann mit Freiheitsstrafe bis zu einem Jahr oder Geldstrafe geahndet werden, es ist eine Straftat.

Dass diese dann auch tatsächlich kein Pappenstiel für die Täter bedeutet, zeigt der Fall eines 83-jährigen Mannes, der am 3. Oktober 2016 im Eingangsbereich einer Bank bewusstlos zusammengebrochen war. Mehrere Personen hatten das Foyer der Bank betreten und Geld am Automaten abgehoben, dabei den hilflosen Menschen aber komplett ignoriert und waren teilweise sogar über ihn hinweggestiegen. Erst nach etwa 20 Minuten hatte ein Zeuge einen Notruf abgesetzt. Der ins Krankenhaus eingelieferte Senior verstarb eine Woche später.

Das Amtsgericht Essen verurteilte eine 39-jährige Frau sowie zwei 55 und 61 Jahre alte Männer zu Geldstrafen zwischen 2 400 und 3 600 Euro wegen unterlassener Hilfeleistung. Die Staatsanwaltschaft hatte bereits in ihrem Plädoyer darauf hingewiesen, dass mit der Ahndung ein deutliches Zeichen gesetzt werden sollte, damit »wir uns nicht in Richtung einer wegsehenden Gesellschaft bewegen«.[16]

Fatal daran ist, dass wir bereits jetzt schon eine wegsehende Gesellschaft geworden sind.

»Aber die wirklichen Probleme, mit denen man bei der täglichen Arbeit zu kämpfen hat, die bleiben häufig unbeachtet, wo man sich manchmal auch fragt, ob man überhaupt auf dem gleichen Planeten lebt«, bekundet Peer Knacke aus seinem Beruf als Notarzt. Probleme, die in der gesellschaftlichen Wahrnehmung bisher noch gar nicht diskutiert werden.

»Eines davon ist der ständig steigende Verwaltungsaufwand, einerseits für die juristische Absicherung erforderlich, andererseits aber auch für die qualitätsrelevanten Auswertungen. Kaum sind wir von einem Einsatz zurück, beginnt die strenge Dokumentation, das Ausfüllen von Formularen an Computern, Papieren und so weiter und das steht zeitlich der eigentlichen Arbeit an Notfallpatienten kaum nach.

Das geht dann so weit, dass ich ohne die mir bestens bekannten Notfallsanitäter des Rettungshubschraubers Patienten in einem bodengebundenen Transport mit einem mir völlig fremden Team begleiten muss, nur um so luftrechtliche Vorschriften erfüllen zu können. Diese speziell ausgebildeten HEMS TC (speziell für die Luftrettung ausgebildete Notfallsanitäter, die Autoren) brauchen eigenständige Aus- und Weiterbildungen, brauchen dann zudem vor Ort weitere Zertifizierungen für die Tätigkeit im Rettungsdienst, müssen die jährlichen Pflichtstunden absolvieren und so weiter und am Ende haben die kaum noch Zeit, praktisch zu arbeiten und nebenbei ein Privatleben zu unterhalten. Da erlebt man also schon ein Übermaß an Regularien, das die Rettung von Menschenleben dann inzwischen manchmal eher behindert als tatsächlich fördert.«

Tatsächlich muss man manchmal durchaus die Frage stellen, wo bei einem Arbeitstag von acht Stunden überhaupt noch die Zeit bleiben soll, um bei allen Formalitäten und der Erfüllung verwaltungsrechtlicher Vorgaben Patienten helfen zu können. Denn das Personal steht erst dann wieder für Einsätze zur Verfügung, wenn der vorherige Einsatz vollständig bearbeitet wurde – also auch der anfallende »Papierkrieg«. Hier wäre weniger Verwaltungsaufwand also von feststellbarem Vorteil für die Verfügbarkeit von Rettungsmitteln.

»De facto ist der Rettungsdienst durch die Fehlentwicklungen des Föderalismus auf dem direkten Weg in eine ernsthafte Krise, wenn diese nicht sogar schon bereits begonnen hat: Uns behindern zunehmend Vorschriften auf regionaler Ebene dabei, das zu tun, wofür wir schlussendlich da sind, und immer mehr Gesetze und Regelungen machen uns die Arbeit immer schwerer, wo es tatsächlich auf technischer Ebene und durch die Fähigkeiten des Personals eigentlich hätte deutlich besser werden müssen. Diese Diskrepanz zwischen Anspruch und Wirklichkeit ist es, mit der ich in meinem Beruf zu kämpfen habe und die ich für mich auf regionaler Ebene zu beseitigen versuche, aber das kann immer nur ein Tropfen auf den heißen Stein sein. Entscheidend für die Zukunft wird es sein müssen, dass auf Ebene des Bundes das Problem endlich aufgegriffen wird und eben nicht nur in Gesprächsgruppen und Sachverständigenräten Lösungen gesucht werden, sondern mittels einer einheitlichen Gesetzgebung ein klarer Kurs geschaffen wird, um die Versorgung von Patienten aus der regionalen Nische zu holen und allen Betroffenen den gleichen hohen Standard zukommen zu lassen.«

Genau hier trifft der Ostholsteiner Notarzt den Nagel auf den sprichwörtlichen Kopf. Es ist inhaltlich nicht zu verstehen, dass die Bundespolitik es den Ländern überlässt, eigene Vorgaben zu Hilfsfristen regelrecht im Labor zu konstruieren und dabei je nach Region unterschiedliche Modelle akzeptiert. Modelle, die häufig nur Theorie sind und in der Praxis nicht zu erfüllen.

Der Anspruch des Bundesbürgers besteht in einer qualitativ seiner Erkrankung angemessenen Notfallversorgung, nicht einer rein lokalpolitischen Bedingungen geschuldeten Versorgungslage. Wenn in der Hansestadt Hamburg wiederholt die Versorgung nicht gewährleistet ist und Rettungsmittel die gesetzlichen Vorgaben bereits schlicht nicht mehr einhalten können, endet die Verantwortlichkeit eines Bundeslandes und die des Bundes beginnt. Denn es sind Bundesgesetze, auf die sich die Finanzierung dieser Leistungen stützen, und es sind ebenso Bundesgesetze, die hier bereits jetzt die Grundlagen für die Etablierung der notwendigen Standards in der Ausbildung formuliert haben.

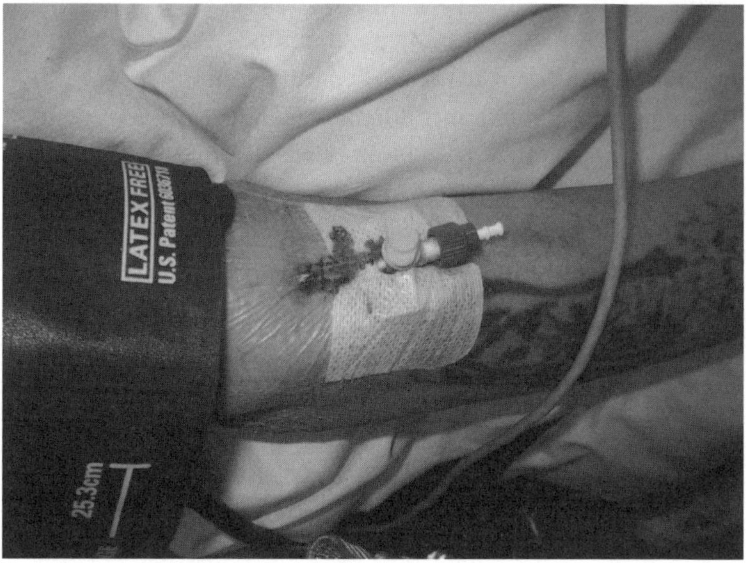

Invasive Maßnahmen wie venöse Zugänge sollten ursprünglich allen Notfallsanitätern erlaubt werden, doch mancherorts bestehen nach wie vor Vorbehalte

So also eine Änderung des Grundgesetzes, wie aktuell von Bundesgesundheitsminister Jens Spahn (CDU) zur Novellierung der Rettungsdienste gefordert wird, überhaupt zur Diskussion stehen muss, muss dabei ebenso angemerkt werden, dass auf dem bisherigen Weg vielfach auf Ebene der Länder und Kreise Artikel 2 Grundgesetz mit Füßen getreten wird: »Jeder hat das Recht auf Leben und körperliche Unversehrtheit.« Es existiert somit also kein Gesetz, das den Verantwortlichen überhaupt den Raum zur Interpretation ließe, wieso die staatlichen Bemühungen um diese Grundrechte in einem Bundesland etwas geringer ausfallen dürfen als in einem anderen. Und dies muss ausdrücklich betont werden: Versorgungslücken für die Bevölkerung sind unmittelbare Eingriffe in die Grundrechte auf Leben und körperliche Unversehrtheit durch ein Unterlassen.

»Dass es ernsthaft ein regelrechtes Glücksspiel ist, wo man nun gerade als Patient einen Notfall erleben muss und um welche Art von Notfall es sich dabei handelt, ist erschreckende Wirklichkeit in diesem Beruf und das ist schon erstaunlich, dass wir als eine der führenden Industrienationen gerade in diesem Bereich schlechter aufgestellt sind als andere Länder. Natürlich, die rettungsdienstliche Versorgung in der Bundesrepublik ist auf einem vergleichsweise sehr hohen Niveau, nur kann dieses Niveau trotz verfassungsrechtlichem Gleichheitsgrundsatz nicht für alle Patienten gleichermaßen gewährleistet werden. Und dass die Politik so tut, als seien die dadurch entstehenden ›Streuverluste‹ tragische Einzelschicksale oder unvermeidbar, pervertiert dieses sonst so gute System zusehends.

Man kann aber auch nicht einfach akzeptieren, wenn die Versorgung der Bevölkerung eben nur zu 80 oder 90 Prozent entsprechend gut ist, und die restlichen Prozent unter der Rubrik ›Pech gehabt‹ subsumieren, schlussendlich geht es dabei um Millionen Menschenleben bei solchen Berechnungen:

Der Notfallsanitäter, der keinen externen Herzschrittmacher auf seinem RTW hat, kann dann eben dem Patienten nicht suffizient helfen und muss auf den Notarzt warten. Fehlt es auf dem

Rettungsmittel an geeigneten Medikamenten, um etwas gegen gefährlichen Bluthochdruck zu unternehmen, kann man dem Patienten eben nicht helfen und riskiert entsprechende Komplikationen. Und das darf nicht sein, dass die Bundespolitik zwar ein Gesetz geschaffen hat, um das Berufsbild des Notfallsanitäters entstehen zu lassen, bei der Ausgestaltung der Lebensrettung dann aber an Länder und Kommunen verweist, wo im Prinzip jeder machen kann, was er gerade für angemessen erachtet. Da ist man tatsächlich auf halbem Wege stehengeblieben und nimmt diese Risiken für die Patienten scheinbar billigend in Kauf – was mich wundert, weil es sich ja eben nicht auf das zeitlich doch eng begrenzte Bild eines medizinischen Notfalls reduziert. Der Schlaganfall, der Herzinfarkt oder der Autounfall mit einem Radfahrer hören ja als medizinisches Problem nicht auf, wenn die Notsituation erfolgreich gemeistert wurde, es geht dabei ja auch um die entstehenden Folgekosten für eine unter Umständen lange Therapie, Folgeoperationen und eine Reha, der Patient fällt für eine bestimmte Zeit beruflich aus, möglicherweise sogar dauerhaft und es entsteht ein gewaltiger Schaden für die Gesellschaft, nicht nur für den Patienten und unmittelbar betroffene Angehörige. Weil es ja eben nicht nur um Leben und Tod geht, sondern gerade auch um die resultierende Lebensqualität der Patienten. Und da politisch ein System zu akzeptieren, das diese Qualität aus sich selbst heraus durch gravierende Schwächen schädigen kann, macht schon nicht im Ansatz Sinn, geschweige denn lässt sich plausibel der Öffentlichkeit verkaufen.«

Was eigentlich 2014 mit dem Notfallsanitätergesetz gelöst werden sollte, hat sich als klares Problem erwiesen: Solange einzelne Länder und Kreise die Möglichkeit eines Eingreifens haben und abweichende Dienstanweisungen möglich sind, wird hiervon auch entsprechender Gebrauch gemacht. Dabei wird nicht selten zu dem Trick gegriffen, die Handlungs- oder Dienstanweisungen (SOP; dt. Standard Operating Procedure) entsprechend direkt zu formulieren, um sich juristisch nicht angreifbar zu machen, man verzichtet lediglich auf die Bereitstellung technischer Geräte oder entsprechender Geräte unter freundlichem Hinweis auf den Notarzt, der diese selbstverständlich mitbringen würde. Mit anderen Worten: Der NotSan wird auf die Notwendigkeit etwa eines 12-Kanal-EKGs verwiesen, kriegt das Gerät aber eben trotzdem nicht.[17]

»Wenn ich nicht die Medikamente des Pyramidenprozesses zur Verfügung stelle, dann macht der ganze Prozess bereits inhaltlich keinen Sinn mehr, und die Hilfeleistung bei spezifischen Notfallbildern wird nur noch eingeschränkt möglich. Natürlich unterscheidet sich die Ausbildung von Ärzten und Notfallsanitätern erheblich. Einfaches Beispiel: Ich musste im Studium ein ganzes Jahr lang einen Kurs machen, um mit dem Stethoskop Herzgeräusche unterscheiden zu lernen und so mögliche Krankheitsbilder erkennen zu können. So etwas lernt nichtärztliches Personal nicht, dafür ist in der Ausbildung auch überhaupt keine Zeit. Die Ausbildung fokussiert sich auf eine große Bandbreite von Notfallbildern, aber eben nicht die therapeutische Erfahrungsbreite eines Arztes. Trotzdem ist das gut so und macht einen Trend möglich, der den Notarzt auf der Straße doch deutlich entlastet. Wenn dann diese Entlastung aber nur bröckchenweise stattfinden kann, ist sie eben keine Entlastung und dies geht dann immer zum Nachteil von Patienten. Natürlich auch zum Nachteil der Notärzte, ganz klar, aber im Zweifelsfall bedeutet dies eben gefährliche Verzögerungen, weil der Notarzt gerade durch einen Einsatz gebunden wird, den er eigentlich gar nicht fahren müsste. Nur ist eben die beabsichtige Regelkompetenz des neuen Notfallsanitäters kein wirkliches Eingeständnis einer eigenen Kompetenz geworden, wird aber als regelrechter Etikettenschwindel mancherorts als genau dies verkauft. Und das ist dann natürlich eine zentrale Befürchtung, dass in der Folge auf Notärzte verzichtet werden wird, dass also Stellen gestrichen werden aufgrund dieser Tendenzen und am Ende die Wartezeiten für Patienten deutlich länger werden, ohne dass qualifiziert geholfen werden kann.«

Es ist bezeichnend, dass Behörden und Unternehmen proaktiv mit dem neuen Begriff des Notfallsanitäters werben und ausdrücklich auf damit einhergehende Verbesserungen in der Notfallversorgung der Bevölkerung verweisen, gleichzeitig aber bei der Ausstattung der Rettungsfahrzeuge nur selten weitreichende Änderungen verbunden gewesen sind. Im Beispiel der Berufsfeuerwehr Hamburg etwa ist die entscheidende technische Neuerung für die so bezeichneten RTW der Wechsel auf ein neues Beatmungsgerät, das nun auch über die Möglichkeit zur Kapnometrie (Überwachung der Ausatemluft) verfügt.

»Und natürlich führt eine solche Politik auch zu erheblicher Frustration bei Rettungsdienstpersonal, die dann eben miterleben müssen, dass sie trotz intensiver Ausbildung und staatlicher Prüfung nicht so arbeiten dürfen, wie sie es gelernt haben, und dem Leiden ihrer Patienten manchmal tatenlos zusehen müssen. Berlin ist hier ausgesprochen weit und hat in den letzten Jahren bemerkenswerte Entwicklungen umgesetzt, weg von dem ›Aushilfsretter‹ früherer Jahrzehnte hin zu einem hochprofessionellen Rettungsdienst der Feuerwehr, die mit eigenständig entwickelten SOPs, also klaren Handlungsanweisungen, zunehmend eine Vorbildfunktion entwickeln. Und das kommt dann eben auch beim Personal gut an, während andernorts ausgebildetes Personal regelrecht wegrennt, weil andere Arbeitgeber nicht durch bessere Bezahlung attraktiver sind oder angenehmere Arbeitsbedingungen, sondern ganz konkret durch die gewährten Kompetenzen den aufgestauten Frust beseitigen helfen.

Das ist auch völlig verständlich, wenn ich einem Bäcker das Backen verbiete, wird der sich eben entsprechende Möglichkeiten suchen, wo seine Kompetenz entsprechend gewürdigt wird, und bei solchen Fragen der Motivation von Mitarbeitern ist der Rettungsdienst keine Ausnahme. Es geht ja bei allem immer um das Patientenwohl und darum, dem Patienten nicht absichtlich zu schaden, somit wird eben die qualitative Verschlechterung der Hilfe durch zu enge Kompetenzabgrenzungen als genau dieser Schaden wahrgenommen und führt nicht selten zu Gewissenskonflikten, die dann nur noch über einen Wechsel des Arbeitgebers gelöst werden können. Warum dies aber einfach hingenommen wird als übliches Leistungsgefälle und nicht über ein Bundesgesetz einheitliche Standards definiert werden, bleibt mir bisher rätselhaft. Die Realisierung über den Verordnungsweg wäre jedenfalls problemlos möglich und könnte auch unkompliziert dem jeweiligen Stand der medizinischen Wissenschaft angepasst werden, etwa auch durch den Verweis auf aktuelle Leitlinien, die ja ohnehin von den Juristen als Standard für die Patientenversorgung gewürdigt werden.«

Die erheblichen Nachwuchsprobleme bei Notfallsanitätern sind also angesichts des Ausbildungsweges kaum verwunderlich: Wer Notfallsanitäter werden will, macht in aller Regel zunächst die Ausbildung zum Rettungssanitäter, um bereits erste Erfahrungen sammeln zu können und um über ein stabiles Fundament für das weitere Lernen in der Notfallrettung zu verfügen.[18]

Spätestens also nach 320 Unterrichtseinheiten findet sich der Auszubildende auf einem Rettungsmittel wieder und kollidiert vielfach mit einer Berufswirklichkeit, die ihm die Anwendung des Erlernten nicht nur ausdrücklich untersagt, er erlebt auch, wie dann sein weiteres Berufsbild so weit begrenzt wird, dass das auf ihn zukommende Lernen praktisch keinerlei Sinn für ihn machen kann. Er muss sich auf staatliche Prüfungen vorbereiten und Wissen nachweisen, das für ihn keinerlei Nutzen bedeutet.

Dass dann gerade an diesem Punkt angehende Notfallsanitäter lieber Rettungssanitäter bleiben und sich einen ansprechenderen Beruf suchen, in dem eine Selbstverwirklichung auch möglich ist, oder in ein Bundesland wechseln, das deutlich bessere Arbeitsmöglichkeiten bietet, versteht sich im Grunde von alleine.

»Dass diese Weiterentwicklung des Berufsbildes hin zu einheitlichen Standards bisher völlig vernachlässigt wurde, ist aus meiner Sicht ein Versagen der Bundespolitik, mit dem zahllosen Patienten in Deutschland auch geschadet wurde. Und dieser Zustand ist nicht mehr akzeptabel, das muss sich inzwischen sehr, sehr dringend ändern. Es klingt vielleicht makaber, aber wir überregulieren die Prävention mit Fahrradhelmen und mit den Folgen eines barrierefreien Zugangs für Rollstuhlfahrer in Behörden, aber das, was dazwischen stattfindet und darüber entscheidet, ob ein Unfallopfer im Rollstuhl landen muss oder nicht, wird dabei zu oft vernachlässigt. Manchmal sogar völlig vernachlässigt. Und das in einem Land, wo sogar die Glühbirnen penibel geregelt sind.«

Das Geschäft mit dem Tod

Um auf dem technisch aktuellen Stand zu sein, bedarf es auch in der Notfallmedizin ständiger Aus- und Fortbildung. Doch auch in diesem Segment tummeln sich Anbieter, die sich moralisch fragwürdiger Methoden bedienen. In aller Regel unbeachtet von der Öffentlichkeit.

Einige Herstellerunternehmen von Medizinprodukten betreiben eigene Institute. An anatomischen Präparaten können dort spezielle Techniken weitervermittelt und geübt werden. Dabei geht es hauptsächlich um die Verkaufsförderung, denn das eingesetzte Material kommt ausschließlich von den Herstellern selbst und soll in erster Linie die Vorzüge der jeweiligen Produkte darstellen. Kurz: Es geht um Leichenteile, an denen der korrekte Umgang mit Medizinprodukten geübt werden darf.

Die Nachfrage nach derartigen Weiterbildungen ist enorm, zumal die Herstellerunternehmen kontinuierlich neue Produkte auf den Markt bringen oder bestehende Produkte verändern oder verbessern. Ein Brancheninsider, der anonym bleiben möchte, berichtet: »Im Grunde gibt es viel zu wenig Körperspender, die ihren Körper nach dem Tod zur Verfügung stellen. Der Bedarf ist da ganz deutlich größer, um ein Vielfaches, es gibt geradezu viel zu wenige Leichen, um all diese Schulungen vornehmen zu können. Um dann trotzdem bedarfsorientiert arbeiten zu können, werden menschliche Überreste aus dem Ausland bezogen, überwiegend Osteuropa. Ein Knie beispielsweise ist da schon für etwa 500 Euro erhältlich, damit daran geübt werden kann.«[1]

Es ist schwer vorstellbar, doch tatsächlich können problemlos menschliche Überreste gekauft werden, um den bestehenden Bedarf decken zu können. Selbst über das Internet werden inzwischen bei Amazon menschliche Fingerknochen angeboten oder Teile von Beinen.[2] Auf der Website des Anbieters, finden sich sogar menschliche Schädel für knapp 1 250 Dollar.[3]

Die Herkunft solcher sterblichen Überreste ist dabei nicht immer so eindeutig feststellbar, wie man es sich gemeinhin denkt: Bereits 2004 wurde in den USA öffentlich, dass ein Mitarbeiter der Universität von Kalifornien regelmäßig Körperteile von Verstorbenen entwendet und diese mit der Post verschickt hatte.[4] Das Geschäftsmodell erwies sich als ausgesprochen lukrativ: Während der Marktpreis für einen menschlichen Leichnam in den USA mit seinerzeit etwa 10 000 Dollar beziffert wurde, konnten über einen Verkauf in Einzelteilen sogar bis zu 16 000 Dollar verdient werden – wie bei einem Auto, das in Teilen ebenso mehr wert ist als im Ganzen.

Das ausgesprochen einträgliche Geschäft mit Verstorbenen ist dabei nicht neu. Bereits im 19. Jahrhundert bestand ein großer Bedarf an Körpern für die medizinische Wissenschaft, der durch die wenigen zur Verfügung stehenden Leichen nicht im Ansatz gedeckt werden konnte. So entwickelte sich der »Leichendiebstahl«, der schlussendlich dazu führte, dass in Großbritannien besondere Grabsicherungen gekauft werden konnten, die als verschließbare Metallsärge oder Käfige (»Mort-Safe«, dt.: Toten-Tresore) ein Entwenden der sterblichen Überreste erschweren sollten.

Traurige Berühmtheit erlangte in diesem Zusammengang eine Mordserie in Edinburgh: dort brachten William Burke und William Hare in den Jahren 1827 und 1828 16 Menschen um, um ihre Leichen an das Medical College zu verkaufen. Nachdem sie zunächst Leichen auf Friedhöfen ausgegraben hatten, beschafften sie frische Leichen, indem sie ihre Opfer meist betrunken machten und erstickten, um so möglichst intakte Leichen verkaufen zu können. Diese besondere Form des Tötens wurde sogar in der Folge nach Burke benannt und wird heutzutage nicht selten als Foltermethode verwendet. Nur drei Jahre später flog in London eine weitere Gruppe Leichenhändler auf, die ebenfalls Menschen zielgerichtet ermordet hatte, um so Höchstpreise beim Verkauf zu erzielen. Einer der Täter gestand später vor Gericht, in einem Zeitraum von zwölf Jahren zwischen 500 und 1000 Leichen gestohlen und weiterverkauft zu haben.[5]

Wer nun glaubt, dass ein Diebstahl von Leichen ein den damaligen Umständen geschuldeter Anachronismus ist und heutzutage in Europa nicht mehr vorkommt, muss eines Besseren belehrt werden:

Bereits in den 80er Jahren ermittelten in Norddeutschland zahlreiche Polizeibehörden ob des Diebstahls von Leichen. Überwiegend junge Mädchen waren teilweise aus ihren Gräbern verschwunden, manchmal sogar vor den Bestattungen in den Särgen gegen Ballast ausgetauscht worden. Die Ermittlungsbehörden konnten sich damals keinen Reim auf die Vorgänge machen und trotz intensiver Ermittlungen blieben die Vorfälle meist ungeklärt.[6] In der Regel ungeklärt bleibt auch das zunehmende Verschwinden Verstorbener in Italien, wo inzwischen die alte britische Mode der Grabsicherungen wieder aufgegriffen wurde und Bestattungsunternehmen Alarmanlagen und Sicherungssysteme für Gräber anbieten.[7]

Im Gegensatz zu den Universitäten des 19. Jahrhunderts oder den heutigen Herstellern von Medizinprodukten haben Universitäten aktuell kaum Probleme damit, Körperspenden zu wissenschaftlichen Zwecken, also der Forschung und Lehre, zu erhalten.

Manche Universitäten können sich sogar über ein Überangebot von Menschen freuen, die ihre sterbliche Hülle nach ihrem Tod der Wissenschaft zur Verfügung stellen wollen. Und das ist auch gut so, denn für die Ausbildung von Ärzten und Assistenzpersonal ist die Arbeit mit Verstorbenen zwingend notwendig.

Nach dem Wegfall des Sterbegeldes über die gesetzlichen Krankenversicherungen im Jahr 2003 stellt eine solche Körperspende inzwischen aber keine kostenfreie Alternative zur Beisetzung mehr dar. Während früher über das Sterbegeld die anfallenden Kosten getragen wurden, müssen freiwillige Spender inzwischen auf einem Konto zwischen 1000 und 2000 Euro hinterlegen, um die spätere Bestattung zu finanzieren.

Wenn die Körperspende nicht mehr benötigt wird oder schlicht verbraucht ist, erfolgt eine Einäscherung der Leiche und die Urne wird würdevoll beigesetzt. Hierfür unterhalten die Universitäten eigene Urnenfelder auf Friedhöfen, wo der Spender gedacht wird und man stolz auf ihre Unterstützung ist, die ja die Ausbildung neuer Generationen von Medizinern überhaupt erst möglich macht.

Dass sich das Hamburger Universitätskrankenhaus Eppendorf 2019 über die fehlende Bereitschaft zu solchen Körperspenden beklagte, ist als eine Ausnahmeerscheinung in diesem Bereich zu betrachten.[8]

Abseits des universitären Betriebes von Forschung und Lehre beabsichtigte ein Unternehmen in Berlin, die kommerzielle Aus- und Weiterbildung von Sanitätspersonal an Körperspenden in Deutschland anzubieten. Der Plan scheiterte jedoch vorzeitig, da die zuständigen Behörden die Erlaubnis versagten.

Weil nur wissenschaftliche Institute und Universitäten von der Bestattungspflicht ausgenommen seien, nicht aber Unternehmen der Privatwirtschaft, wurde dem Antrag nicht stattgegeben. Als sich der Antragsteller gegen diese Entscheidung vor dem Verwaltungsgericht wehrte, stellten die Richter klar, dass ein derartiger Umgang mit Verstorbenen in Deutschland nicht erwünscht sei.[9] Waren also die Exponate der Ausstellung »Körperwelten« des Gunther von Hagen noch hart an der Grenze des moralisch und juristisch Vertretbaren gewesen, war der Ansatz einer reinen Kommerzialisierung von Leichnamen dann doch ein Schritt über diese Grenze hinaus gewesen.

Das Problem: Obwohl derartige Bestimmungen in nahezu allen Landesgesetzen ausdrücklich festgehalten sind, scheint es in Deutschland durchaus Medizinproduktehersteller zu geben, die in einer Grauzone solche Weiterbildungen an menschlichen Leichen anbieten. So wirbt ein solches Unternehmen offensiv im Internet damit, dass für jeden Teilnehmer seiner Kurse ausreichend Körperspenden zur Verfügung stünden und eine maximale Begrenzung auf zwei Ärzte pro Leichnam notwendig sei. Dabei unterhält das Unternehmen in der Bundesrepublik überhaupt kein Programm, um in den Besitz solcher Körperspenden gelangen zu können.

Wobei nicht allein die Beschaffung solcher Leichen Fragen aufwirft, denn nach verrichteter Arbeit muss man die menschlichen Überreste auch wieder loswerden. Ohne die dazu notwendigen Dokumente stellt sich eine solche Entsorgung jedoch als problematisch dar, denn die gesetzlichen Regelungen in der Bundesrepublik sind ausgesprochen streng und ermöglichen kaum ein Begräbnis »unter der Hand«. Zudem ist der Umgang mit derartigem »ethischen Abfall« strikt reguliert – er gilt als Sondermüll, der verbrannt werden muss.[10]

Was 2017 in Bayern zu einem veritablen Skandal führte, weil ein Bestattungsunternehmer aus Regensburg angeblich zwischen 2011 und 2015 etwa 200 Leichenteile und medizinische Abfälle einfach in Särgen anderer Verstorbener mitverbrannt habe. Mehrere Zeugen hatten sich an die Polizei gewandt und berichtet: Eine »Maria« habe immer wieder Säcke mit Leichenteilen zum Krematorium gebracht, die dort zusammen mit Verstorbenen eingeäschert worden sein sollen.

Die Staatsanwaltschaft stelle das Verfahren schließlich 2018 ein, weil ein Tatnachweis aufgrund der Umstände nicht zu führen war und die Schuld als ohnehin gering angesehen wurde.[11]

Ähnlich suspekt stellt sich die Entsorgung von Leichenteilen dar, die aktuell in Norddeutschland betrieben wird und auf die die Autoren im Sommer 2019 stießen:

Aufnahme von Google Earth, die die Aushebung eines Massengrabes auf dem Friedhof Glashütte zeigt

Auf dem Norderstedter Friedhof Glashütte, so berichtet es ein Insider aus einem Herstellerunternehmen, seien die Leichenteile in regelrechten Massengräbern entsorgt worden. Bei einer Nachschau auf dem Friedhof scheinen sich diese Angaben zu bestätigen: die Autoren stießen auf frische Gräber in den Parkbereichen, manche von ihnen außerhalb der gekennzeichneten Gräberfelder, ohne Kennzeichnungen und mit Abmessungen von teilweise bis zu acht mal zwei Metern. Aufnahmen bei Google Earth verstärken diesen Eindruck. Es scheint auf diesem Friedhof ein übliches Geschehen zu sein, solche Löcher auszuheben. »Über 50 Leichen« so erzählt es der Insider, seien in den letzten Monaten bereits an den Friedhof gegangen. Einzelne Gräber sollen hierbei für bis zu zehn Leichname genutzt worden sein, die sogar in Einzelteilen in Säcken entsorgt worden seien.

Auf Nachfrage bei der zuständigen Stadt Norderstedt räumte man gegenüber den Autoren ein, dass tatsächlich solche »Körperspenden« auf besagtem Friedhof begraben lägen. Für das Jahr 2018 stellt man fest: »Die Körper beziehungsweise die Körperteile der Körperspender kommen aus einem internationalen Schulungs- und Fortbildungszentrum für Mediziner, das ein in Norderstedt ansässiges Unternehmen vor Ort betreibt. (...) Im Vorjahr haben 155 solcher Bestattungen (124 Erdbestattungen/ 31 Urnenbestattungen) in Glashütte stattgefunden.«[12]

Von den entsprechenden abfallrechtlichen Vorschriften der LAGA (Bund-/ Länderarbeitsgemeinschaft Abfall) und einer notwendigen Verbrennung als medizinischem Sondermüll nach dem Abfallschlüssel 180102 scheint man in Norderstedt keine Kenntnis zu haben.[13] Man betrachtet solche Bestattungen von medizinischem Sondermüll als normales Geschehen, wie man auch ausdrücklich betont: »Um den Ablauf der Bestattungen kümmert sich ein bekanntes, ortsansässiges Bestattungsinstitut. Die Bestattungen finden auf dem Friedhof Glashütte im Bereich einer ›Anonymen Erdgrabstätte im Rasen‹ beziehungsweise im Bereich einer ›Anonymen Urnengrabstätte‹ statt.« Abgerechnet wurde dies »auf Basis der gängigen Gebührensatzung des städtischen Friedhofs.«

Frisches Massengrab auf dem Friedhof Glashütte im Juli 2019, geschätzt acht mal zwei Meter groß

Das Bemerkenswerte: Betreiber dieses von der Stadt Norderstedt beschriebenen medizinischen Instituts ist die Firma Johnson & Johnson, die bereits in den UCLA-Skandal mit Leichenteilen im Jahr 2004 als Abnehmer verwickelt war. Auf Nachfrage beim Unternehmen teilt man mit, dass es sich um kommerziell in die Bundesrepublik importierte Körperspenden handele:

»Körperspenden werden dem Johnson & Johnson Institute von einer Organisation in den USA zur Verfügung gestellt, die von der American Association of Tissue Banks (AATB; dt.: Amerikanischer Verband der Gewebebanken; die Autoren) zertifiziert ist. AATB ist eine professionelle, gemeinnützige, wissenschaftliche Fortbildungsorganisation und das führende Normierungsgremium zur Förderung der Sicherheit bei Verwendung von gespendetem menschlichem Gewebe.«[14] Ausdrücklich Wert legt man auf die Feststellung, dass die gespendeten Körperteile mit »Respekt und Würde« behandelt würden. Dies stelle man mit »strengen Prozessen« sicher.

Allerdings passt diese Darstellung nicht dazu, wie auf dem Friedhof in Glashütte die entsprechenden Leichenteile vorbei an den Sondermüllvorschriften beerdigt wurden. Und schon gar nicht dazu passt, dass dies unter Einbeziehung der zuständigen Behörden erfolgt sein soll:

»Das Johnson & Johnson Institute in Norderstedt hält sich an alle gesetzlichen Vorgaben für die Beschaffung, Verwendung, Kremierung und Bestattung von Körperspenden unter Aufsicht und Kontrolle der zuständigen Behörden wie dem Ministerium

Grab außerhalb der regulären Grabanlagen auf dem Friedhof Glashütte

für Soziales, Gesundheit, Jugend, Familie und Senioren des Landes Schleswig-Holstein, dem Hafenärztlichen Dienst Hamburg und der Stadt Norderstedt.«

Den Angaben des Insiders zufolge hat man sich jedoch nicht an die gesetzliche Vorgabe gehalten, wonach solche Körperteile ausschließlich verbrannt werden dürfen. Warum hier überhaupt im Zusammenwirken mit der zuständigen Behörde und einem Bestattungsunternehmen die abfallrechtlichen Vorschriften für medizinischen Sondermüll umgangen wurden, ist allerdings nicht zu klären gewesen. Inwieweit man die gleichzeitige Bestattung mehrerer Menschen in einem Grab als »respektvoll« bezeichnen kann, ist dabei eine moralische Darstellung, die Johnson & Johnson wird erklären müssen. Ganz zu schweigen davon, dass eine Beerdigung in einem Grünstreifen zwischen Zaun und Hecke eines Friedhofs, außerhalb der regulären Grabanlagen, kaum als würdevoll angesehen werden kann.

Es wird schlimmer

Die bereits heute in der Notfallversorgung der Bevölkerung bestehenden Defizite sind überwiegend Ergebnis einer Politik, die es über Jahre versäumt hat, angemessen auf stattfindende Entwicklungen zu reagieren und die notwendigen Maßnahmen zu ergreifen. Berücksichtigt man, dass allein zur Entwicklung des Notfallsanitätergesetzes mehr als ein Jahrzehnt notwendig war, wird offensichtlich, dass nahezu alle bisherigen Lösungsansätze überwiegend auf die Vergangenheit gerichtet sind und zukünftige Problemstellungen noch gar nicht in dem erforderlichen Ausmaß berücksichtigen.

Steigenden Einsatzzahlen der vergangenen Jahre stehen inzwischen Landkreise gegenüber, in denen kaum noch der für die Notfallrettung erforderliche Nachwuchs an Personal gewonnen werden kann, zudem ist der Krankenstand bei einzelnen Behörden und Hilfsorganisationen so hoch wie nie zuvor. Bundesweit stiegen die Einsatzzahlen zwischen 1992 und 2013 nach einer Analyse der Bundesanstalt für Straßenwesen um 32,9 Prozent, sodass hier ein Trend zu einer zunehmenden Einsatzhäufigkeit besteht bei gleichzeitiger Entwicklung von Personalengpässen, folglich bereits der Ist-Zustand nur noch schwer aufrechtzuerhalten sein kann.[1]

Verschärft wird dies durch Entwicklungen, auf die als äußere Faktoren seitens der Rettungsdienste keinerlei Einfluss genommen werden kann, allen voran der demografische Wandel in unserer Gesellschaft, der bereits in wenigen Jahren entscheidende Auswirkungen auf die Notfallversorgung der Bevölkerung haben wird. Seit 1972 liegt die Sterberate in Deutschland entscheidend höher als die Geburtenrate und zunehmende Leistungsfähigkeit der modernen Medizin, auch der Notfallmedizin, trägt dazu bei, dass der Anteil älterer Menschen in der Gesellschaft stetig wächst.[2] Die Lebenserwartung bei Männern hat sich so beispielsweise von ursprünglich 45 Jahren auf über 77 Jahre verbessert, womit selbstverständlich auch ein entsprechend gestiegener Bedarf an medizinischer Versorgung einhergeht. Gleichzeitig trägt die sinkende Geburtenrate dazu bei, dass der Personalpool, aus dem diese Versorgungskapazität wird geschöpft werden können, absehbar immer geringer wird. Kurz: Für die kommenden Jahre ist mit einem erheblich steigenden Bedarf an rettungsdienstlichen Einsätzen zu rechnen und gleichzeitig mit immer weniger Fähigkeiten, diesen Bedarf decken zu können.

Hat Hamburg im Juni 2019 feststellen müssen, dass in lediglich knapp 62 Prozent statt der vorgegebenen 90 Prozent der Einsätze die geforderte Hilfsfrist von acht Minuten eingehalten werden konnte, wird dies unvermeidbar durch gravierende Verschärfungen des Einsatzaufkommens und damit einer Bindung von Rettungsmitteln schon in wenigen Jahren als die »gute, alte Zeit« bezeichnet werden müssen.[3] Kommt dann in knapp der Hälfte der Fälle das Rettungsmittel zu spät, wird dies Fragen aufwerfen, ob die bestehenden Hilfsfristen überhaupt noch eingehalten werden können. Dass dies politische Diskussionen mit sich bringen wird, an deren Ende also eine Verschlechterung der Versorgung der Bevölkerung stehen wird, ist deutlich zu befürchten – unabhängig davon, mit welch vollmundigen Versprechungen man versuchen wird, dies dem Wähler noch halbwegs plausibel verkaufen zu können.

Dabei allerdings muss man auch berücksichtigen, dass solche Defizite in einer Verschlechterung der Ergebnisse ihren Widerhall finden werden müssen und somit ein Teufelskreis in Gang gesetzt werden wird, der die Zahl pflegebedürftiger Patienten denklogisch massiv vergrößern wird: Wem bei einem Schlaganfall nicht mehr rechtzeitig geholfen werden konnte, wird wegen der dadurch eingetretenen Hirnschäden auf Hilfe angewiesen sein und aufgrund der damit einhergehenden Folgeschäden dann zusätzliche Einsätze der Notfallretter deutlich wahrscheinlicher werden lassen. Es ist, wenn man so will, eine für Krankenkassen und Gesellschaft kostenintensive Arbeitsbeschaffungsmaßnahme, allerdings dann ohne die Arbeitskraft.

Eine Studie der Rettungsdienstkooperative in Schleswig-Holstein (RKiSH) aus dem Jahr 2010 beschäftigte sich intensiv mit den Fragestellungen des demografischen Wandels und seiner Bedeutung für die Entwicklungen im Rettungsdienst.[4] Begrenzt lediglich auf einen Berichtszeitraum von 15 Jahren zeugt die Studie nicht nur von dramatischen Entwicklungen und der Entstehung von Versorgungslücken, vor allem war sie ausgesprochen treffsicher in ihrer Zukunftsprognose, der die bisherigen Entwicklungen recht geben mussten. Dabei kann die Studie, inhaltlich begrenzt auf das nördlichste Bundesland, durchaus als Blaupause für die drohenden Entwicklungen quer durch die Republik gelten, die Probleme in der Nachwuchsgewinnung, der Kostenentwicklung und schlussendlich der Bevölkerungsentwicklung bestehen überall. Der hochgerechnete Kosten- und Leistungsnachweis (KLN) 2025 weist eindringlich auf bevorstehende Entwicklungen hin:

Zielsetzung der Studie war die Ermittlung des geschätzten Einsatzaufkommens für die Jahre 2015, 2020 und 2025, verbunden mit der Fragestellung, welche Änderungen dies in der Material- und Personalentwicklung für diesen Rettungsdienstbereich in Schleswig-Holstein würde notwendig werden lassen. Mit dazu gehörte die Feststellung der zu erwartenden Kosten in der Notfallrettung und dem Krankentransport insgesamt sowie die vorhersehbaren Entwicklungen durch demografische und strukturelle Entwicklungen.

Bereits eingangs wird eine zu erwartende Abnahme der Bevölkerung im Bundesland um etwa 1,5 Prozent für den Zeitraum bis 2025 festgestellt, der eine Zunahme der Bevölkerungsanteile über 75 Jahren um 55 Prozent gegenüberstünde. Eben dieser Anteil wird dabei auch für die Zunahme der rettungsdienstlichen Einsätze erwartet, etwa 56 Prozent prognostizieren die Autoren der Studie für den Entwicklungszeitraum bis 2025.[5]

Einschließlich der Fluktuationen im Personalbereich rechnet die RKiSH nur für ihren eigenen Einsatzbereich daher mit mindestens notwendigen 36 Neueinstellungen per anno. Überträgt man dies auf die Entwicklungen im Bundesgebiet, bedeutet dies jährlich mehr als 3 000 neue Mitarbeiter für die Rettungsdienstorganisationen, die zur Abdeckung des täglichen Bedarfs erforderlich werden würden. Zum Vergleich: Die Berliner Feuerwehr mit einem auf dieser Grundlage errechneten Bedarf von jährlich etwa 150 Notfallsanitätern hat 2014 die ersten Klassen mit 20 Teilnehmern starten lassen. Im Jahr 2018 hatte die Funktionsbesetzung der RTW bereits einen Ausfall von 8,4 Prozent zu beklagen. Bei Fortsetzung dieser Personalpolitik wird sich dieser Ausfall bis 2025 wesentlich vergrößern.[6]

Die Vorhersehbarkeit eines akut bestehenden Personalmangels und hieraus resultierender Lücken in der staatlichen Daseinsvorsorge hat unlängst für Diskussionen gesorgt. So will beispielsweise das DRK bestehende Engpässe im Personal nunmehr nicht mehr nur für die Pflege mit ausländischen Fachkräften besetzen, sondern ausdrücklich auch im Rettungsdienst. Hierbei verwies der hessische DRK-Präsident Norbert Södler darauf, dass Sprachkenntnisse im Rettungsdienst weniger wichtig seien als in der Pflege.[7] Was zwar im Prinzip eine richtige Maßnahme ist zur Nachwuchsgewinnung, die Bedeutung des in der Notfallrettung tätigen Personals aber wieder auf das Niveau der »Krankenwagenfahrer« herabwürdigt und dabei völlig die Lage verkennt, dass gerade durch die zahlreichen Ethnien und Sprachen in unserer Gesellschaft gute Kenntnisse der Sprache wesentlich sind. Oder anders formuliert: Beim Aufziehen einer Spritze auf Wunsch des Notarztes sollte zwischen Tramal und Tramadol sprachlich unterschieden werden können, denn das eine ist ein eher mildes Schmerzmittel, das andere ein hochwirksames Medikament zur Narkose, mit dem in den USA Hinrichtungen vollzogen wurden. Auch für einen kleinen sprachlichen Lapsus ist somit in der Lebenswirklichkeit der Notfallrettung kein Platz, entsprechend werden auch von zahlreichen Hilfsorganisationen umfangreiche Sprachkurse vor Ausbildungen in der Notfallmedizin angeboten – darunter auch das DRK, etwa in Hamburg.

Hinzu kommt eine gerade bei Feuerwehren vorherrschende Tendenz, Rettungsdienst als lästige Zweitverwendung zu betrachten, die vielen Beamten nicht entspricht, sowohl im Selbstbild als auch der Motivation. Wer zur Feuerwehr geht, will löschen und kollidiert dabei dann häufig mit medizinischen Ansprüchen. Was im Grunde auch richtig ist, denn wer dies will, kann sich ohnehin gleich bei einem Rettungsdienst bewerben.

Entsprechend groß sind die Probleme der Feuerwehren, ihre Mitarbeiter ohne Beförderungen oder Anreize beim Gehalt dazu motivieren zu können, die Ausbildung zum Notfallsanitäter freiwillig zu absolvieren. In Hamburg führte dies sogar zu einer regelrechten Rebellion innerhalb der Berufsfeuerwehr gegen die Behördenleitung, die sich ihrerseits mit harten Bandagen diesem Kampf zu stellen versuchte: Der Landesvorsitzende der Deutschen Feuerwehrgewerkschaft (DFeuG), Daniel

Dahlke, warf der Behördenleitung im Januar 2019 öffentlich vor, eine Hexenjagd auf Beamte zu betreiben und sie mit Disziplinarverfahren zu überziehen, weil diese sich der Weiterbildung verweigerten.[8] Die Feuerwehr bestreitet zwar, dass es in diesem Konflikt zu einer solchen »Hexenjagd« gekommen sei, doch fühlten sich gerade ältere Feuerwehrleute mit dem neuen Berufsbild und der Qualifizierung persönlich überfordert. Bis 2020, so sieht es die Planung der Behörde vor, sollen 1 200 der insgesamt 2 500 Mitarbeiter die Qualifikation zum Notfallsanitäter erhalten haben und somit jeder Rettungswagen mit entsprechend mindestens einem NotSan besetzt sein. Stand im Januar 2019: Lediglich 600 Mitarbeiter haben die Qualifikation oder die Ergänzungsprüfung zum Notfallsanitäter. Unlängst haben von 25 angetretenen Prüflingen gerade mal drei die Prüfung bestanden.[9]

Ähnlich deutlich wie bei der Personalsituation: Die Studie der RKiSH stellt fest, dass bis 2025 eine Zunahme der Kosten von stolzen 88 Prozent zu erwarten sein wird. Während hierbei die Entgelte für die Notfallrettung zwischen 15 und 75 Prozent je nach Landkreis steigen sollen, können dabei Krankentransporte und Notarzteinsätze sogar auch deutlich billiger angeboten werden.[10] Wobei ebenso festgestellt wird, dass der größte Anteil dabei gar nicht den mit nur etwa elf Prozent zu Buche schlagenden Einsätzen selbst zu beziffern sein wird, vielmehr ist die erforderliche Vorhaltung an geeigneten Rettungsmitteln und Personal mit 82 Prozent der entscheidende Kostenfaktor. Mehr Einsätze zu Zeiten hohen Patientenaufkommens erfordern unvermeidbar mehr Rettungswagen und das dafür notwendige Personal.

Eindringlich warnt die Untersuchung allerdings davor, den Zeitraum 2025 als Endpunkt der demografischen Entwicklung zu betrachten, auf den es als Lösung hinzuarbeiten gälte. Das

Gegenteil ist der Fall: Die Bevölkerungsentwicklung wird über 2025 als fortgesetzten Trend beschrieben zu weiterer Überalterung und feststellbaren Personalengpässen. Die zwischen 1949 und 1969 geborenen Einwohner sind in den vorliegenden Modellrechnungen im Jahr 2010 zwischen 40 und 60 Jahren alt, auf sie entfallen als Altersklasse jährlich zwischen 40 und 100 Einsätze bezogen auf 1 000 Einwohner jährlich.

2025 sind diese dann bereits als geburtenstarke Jahrgänge geltenden Bürger zwischen 55 und 75 Jahre alt und bedeuten somit bereits ein jährliches Einsatzaufkommen zwischen 60 bis 200 Notfällen pro 1 000 Einwohner. In der Altersklasse zwischen 80 bis 100 Jahren allerdings steigt diese Häufigkeit überproportional auf zwischen 500 und 1 000 Alarmierungen pro 1 000 Einwohner pro Jahr, rein statistisch wird also jeder dieser Altersklasse einmal jährlich als Notfallpatient vom Rettungsdienst versorgt. Dabei gleichen die Notfallbilder sogar die Todesfälle in dieser Patientengruppe mehr als aus: Wer in dem Alter noch lebt, wird deutlich mehr Notfalleinsätze anfordern müssen. Der zu erwartende Scheitelpunkt der Entwicklung wird erst zwischen 2040 und 2050 erreicht werden, erst dann nimmt die Gesamtzahl der Jahrgänge wieder signifikant ab.

Dabei wird auf das hohe Risiko hingewiesen, die Versorgung der Bevölkerung in weniger dicht besiedelten Gebieten kaum noch wirtschaftlich betreiben zu können, wenn sich der bisherige Trend fortsetzen wird.[11] Dabei ist die medizinische Versorgung, einschließlich der notfallmedizinischen Fürsorge, ein entscheidender Standortfaktor und wird dazu beitragen, dass bei schwindender Versorgungsdichte eine zunehmende Umsiedelung in Ballungsräume zu befürchten sein wird. Dort also, wo zunehmende Wartezeiten auf Rettung bei einem Notfall zu befürchten sein wird und sogar Notarztstandorte aus finanziellen Gründen nicht mehr betrieben werden können, wird es kaum

Anreize für Senioren geben, ihren Lebensabend verbringen zu wollen – und seien die Sonnenuntergänge noch so schön.

Die Entwicklung geht also nicht allein dahin, dass Pflegeheime in Städten einen deutlich größeren Zulauf erfahren werden als auf dem Land, vor allem bedeutet dies weit größere Anforderungen an die für diese Ballungsräume zuständigen Rettungsdienste, die in der Praxis kaum noch zu bewältigen sein werden. Eine Zunahme des Einsatzaufkommens um die dargestellten 56 Prozent bis 2025 bedeutet für einen Großraum wie Hamburg eine Steigerung der Einsatzzahlen von knapp über 253 000 auf stolze 394 000 Fahrten pro Jahr.[12] Regionale Dienstleister oder Behörden wie eine Landesfeuerwehr können einen solchen Bedarf realistischerweise dann nicht mehr decken, geschweige denn wirtschaftlich arbeiten. Die »GOMER« würden zu einem unvermeidbaren Pendelverkehr zwischen Pflegeeinrichtungen und Notaufnahmen führen, der selbst große Notaufnahmen in den Kliniken völlig auslasten würde.

Zudem würde die Kostensituation regelrecht explodieren und bei einem derartigen Szenario die Marke von 100 Prozent deutlich überschreiten. Statt den ursprünglichen 463 Euro wäre also eher eine Gebühr von 1 000 Euro für einen Notfalltransport mit einem Rettungswagen zu erwarten. Denn anders wäre eine Finanzierung dieses Einsatzaufkommens schlicht nicht mehr möglich. Wobei die Beitragszahler der geburtenschwächeren Jahrgänge sicherlich kein Verständnis dafür haben werden, diesen unvertretbaren Aufwand noch finanzieren zu müssen. Allein ein jährlicher Aufwand von einer knappen halben Milliarde Euro für Notfalltransporte in Hamburg wäre ein veritabler Generationenkonflikt.

Es ist daher offensichtlich, dass es neuer Modelle bedarf, um die bevorstehenden Entwicklungen abdecken zu können und hier noch wenigstens halbwegs wirtschaftlich eine Daseinsvorsorge für die Bevölkerung betreiben zu können. Unvermeidbar hierzu gehört die Zusammenlegung von Pflege und Versorgung bei medizinischen Notfallsituationen, sodass damit ein Tätigwerden der Rettungsdienste bereits im Ansatz vermieden wird.

Erste Pflegeheime haben bereits die in unmittelbarer Nähe befindliche Versorgung durch Ärzte als Standortvorteil erkannt und werben aktiv mit den Vorteilen einer solchen Lage, allerdings sind derartige Einrichtungen bisher eher eine Ausnahme, wie das Seniorenheim »Kursana« in Reichenbach, das nur etwa 100 Meter von einem Krankenhaus entfernt liegt.[13] Hier wäre durchaus daran zu denken, dass zumindest Pflegeeinrichtungen bei einem Kollektiv von Patienten mit höheren gesundheitlichen Risiken zu einer entsprechenden Standortwahl angehalten werden müssen oder noch besser gleich bei der Wahl neuer Standorte die medizinische Akutversorgung zur Auflage gemacht würde, etwa durch Vermietung von Räumlichkeiten an medizinische Versorgungszentren.

Ebenso muss die Qualifikation des in der Pflege tätigen Personals zielgerichtet darauf orientiert werden, Akutsituationen erkennen und angemessen handeln zu können, um in solchen Fällen klarer zwischen Anforderungen des Rettungsdienstes, ärztlicher Bereitschaftsdienste oder reiner Transportunternehmen unterscheiden zu helfen: Der aus dem Bett gefallene Patient bedarf keiner Alarmierung eines Rettungsdienstes, um ihn mit vereinten Kräften zurück in sein Pflegebett bringen zu können, und es ist auch nicht Aufgabe eines Notfallsanitäters, Patienten bei Ausfall eines Fahrstuhles auf ihre Zimmer in einer Pflegeeinrichtung zu helfen.

Tatsache ist aber auch, dass das gesteigerte Aufkommen von Fehlalarmierungen und Bagatelleinsätzen in die Prognosen einbezogen ist und hier eine Vereinheitlichung der Leitstellen bei

Notrufen und deren Abfragealgorithmen ein mit entscheidender Faktor sein wird, die zunehmende Zahl an Disponierungen zu reduzieren. Die nur mit erheblichen Investitionen in die Notfallrettung zu realisierenden Änderungen sind also wesentlich, um zukünftige Kosten und die Probleme ihrer Finanzierung zumindest ansatzweise aufzufangen.

Ebenfalls muss deutlicher getrennt werden zwischen dem notwendigen Krankentransport und der Notfallrettung. Inzwischen wurden mit der Einführung von speziellen Notärzten, die ausschließlich für die Begleitung von Intensivtransporten zuständig sind, erste Schritte unternommen. Die Verlegungsarzteinsatzfahrzeuge (VEF) sind dabei im Prinzip wie die NEF der Notärzte besetzt und ausgestattet, jedoch aus der regulären Notfallrettung herausgenommen und dienen speziell dem arztbegleiteten Transport von Patienten bei der Verlegung zwischen Krankenhäusern, um somit die in einem Landkreis tätigen Notärzte entlasten zu helfen und vor allen dafür Sorge zu tragen, dass eine Versorgung durch Notärzte bei tatsächlichen Notfällen gewährleistet bleibt.[14] Im Rendezvous-System treffen sich die VEF ebenfalls mit Rettungswagen, um so einen Intensivtransport vornehmen zu können. Der Vorteil: Bei Engpässen im Rettungsdienst können die VEF zur Notfallversorgung hinzugezogen werden und dienen so auch als Personalreserve.

Ähnliche Entwicklungen werden auch bei Rettungswagen kaum vermeidbar sein. Bereits heute sind zahlreiche RTW quasi als NAW bei solchen Transportfahrten im Einsatz und überhaupt nicht mehr oder nur noch peripher in die Notfallrettung integriert. Es ist also vorhersehbar, dass dieser Markt in Zukunft von privatwirtschaftlichen Unternehmen auch dort übernommen werden wird, wo Behörden oder von ihnen beauftragte Dienstleister bislang solche Fahrten – zumindest noch teilweise – wahrnehmen, weil es für Behörden nicht mehr finanzierbar sein wird. Hier ist zu erwarten, dass es zu noch deutlicheren Differenzierungen als bisher wird kommen müssen.

Zu befürchten ist aber auch, dass dem Beispiel von Berlin, Hamburg und Frankfurt andere Kreise folgen werden und eine Reduzierung der Kosten in der Notfallrettung durch Vereinfachungen bei Personal und Ausstattung realisiert wird. Gerade weil hier bereits so massive Probleme mit der Etablierung von Mindeststandards in den Ländern aufgetreten sind, ist es durchaus vorstellbar, dass einzelne Landkreise über diesen Weg versuchen werden, mit heimlichen Streichungen in der Daseinsvorsorge den Schein von flächendeckender Versorgungsqualität aufrechtzuerhalten. Umso wichtiger ist es, dass endlich bundeseinheitliche Standards etabliert werden, einem Missbrauch von »Mehrzweckfahrzeugen« oder »Rettungswagen Typ B« einen gesetzlichen Riegel vorzuschieben.

Gerade, wenn Kostensteigerungen von 82 Prozent durch die Vorhaltung in der Notfallrettung zu befürchten sind, sind solche Optionen durchaus verlockend, kurzfristig Einsparungen zu realisieren, die Patienten und Angehörigen auf den ersten und auch auf den zweiten Blick nicht auffallen würden.

Ebenfalls notwendig ist hierbei jedoch auch die ethische Fragestellung, der sich unsere Gesellschaft vehement zu entziehen versucht und auf die auch die Politik bislang keine Antwort zu liefern vermochte:

Welche Versorgungsqualität soll für die Bevölkerung als angemessener Mindeststandard bei Notfällen vorgehalten werden und welche Verluste an Gesundheit und Menschenleben sind dabei noch als akzeptabel zu vertreten?

Eine gleichbleibend hohe Versorgungsqualität besteht bereits heute nicht mehr für alle Teile der Bevölkerung in der Bundesrepublik und tatsächlich wird die Entwicklung in der nahen und mittleren Zukunft diese Schere zwischen hochwertiger Notfallmedizin und Lückenfüllerei regionaler Anbieter noch deutlich weiter auseinanderklaffen lassen als bisher schon, zumal praktisch jeder Landkreis seine eigenen Vorstellungen davon realisieren darf, was für die Bevölkerung als angemessen zu gelten hat und was nicht. Die Feststellung, ob also überhaupt ein Mangel oder ein Problem vorliegt, wird dadurch erheblich erschwert und wird erst offensichtlich werden, wenn das Kind längst in den Brunnen gefallen sein wird und angesichts des demografischen und strukturellen Wandels die Versorgung regelrecht in sich zusammenbricht. Wie bei einem Schiff, das über dem Rost nur noch vom Lack zusammengehalten wird und das dann irgendwann unvermeidbar untergehen wird.

Entsprechend muss vor Eintreten der wirklich problematischen Phase ab 2025 ein organisatorischer Wandel in der Notfallversorgung auf die kommenden Probleme vorbereiten, wobei hierzu auch die Einbindung entsprechender Möglichkeiten beim Personalaufbau gehört. Man muss sich aber auch nicht wundern, dass solche Möglichkeiten ungenutzt brachliegen, wenn die Qualifizierung von Rettungsassistenten zum Notfallsanitäter nicht entsprechend gewürdigt wird und Beamte in der gleichen Gehaltsstufe verbleiben müssen. Es ist verständlich, dass längst bestehende Lücken so schon heute nicht geschlossen werden können.

Es ist auch zu befürchten, dass die bereits bei der Pflege aufgetretene Tendenz, durch deutlich geringer qualifiziertes Personal hochwertige Arbeiten verrichten zu lassen, sich auch in der Notfallrettung etablieren wird, um dem drohenden Personalnotstand begegnen zu können. Erste Schritte in diese Richtung werden bereits mit Überlegungen begonnen, einen »Notfallsanitäter light« durch Veränderungen in der knapp dreimonatigen Ausbildung zum Rettungssanitäter durch Intensivierungen des Theorieunterrichtes zu erzielen.[15] Und es gibt bereits Konzepte für die Schaffung eines neuen Ausbildungsweges für eine eigene Qualifikation zwischen dem RettSan und dem NotSan, wobei die Diskussionen tendenziell in Richtung einer einjährigen Ausbildung gehen.

Dass das so gewonnene Personal dann nicht auf dem KTW für den Krankentransport zwischen Pflegeheim und Arztpraxis eingesetzt werden soll, liegt bei solchen Überlegungen auf der Hand, dafür wären solche Helfer schlicht überqualifiziert. Vielmehr zeigen diese Überlegungen deutlich, dass bestehende und zu erwartende Versorgungslücken so geschlossen werden sollen und der hochqualifizierte Notfallsanitäter in die heutige Rolle des Notarztes verdrängt werden wird: Für keinen anderen Zweck könnte solches Personal mit einjähriger Ausbildung überhaupt eingesetzt werden. Dass dann die Gesetze der Länder geändert würden und damit auch geringer qualifiziertem Personal die Möglichkeit eröffnet würde, eigenverantwortlich auf dem Rettungswagen zu fahren, ist vorhersehbar. Es ist angesichts der bevorstehenden Personalnot ein kaum vermeidbares Konzept. Dem Unkundigen wird dies freilich nicht auffallen, am Auftreten der Retter würde sich aus Sicht des Laien nichts ändern, in der Qualität der Versorgung aber wäre dies ein Schritt zurück in die Zeit der Rettungssanitäter vor Schaffung der entsprechenden Berufsbilder 1989.

Dass dies keine bloße Vermutung ist, zeigt die Tatsache, dass das Land Berlin über die Feuerwehr die gleichen Methoden bereits jahrelang betrieben hat und dies niemandem, außer in Fachkreisen, so wirklich aufgefallen ist. Es wurde auch nie politisch diskutiert, warum die Versorgungsqualität in diesem Bundesland eine andere war als in den Landkreisen um die Metropole herum.

Ohnehin stellt sich die Frage, warum der Gesetzgeber überhaupt die Abschaffung des alten Berufsbildes des Rettungsassistenten im Jahr 2014 für notwendig erachtete, wo er gleichzeitig mit dem Notfallsanitäter einen neuen Beruf geschaffen hat, der ehrenamtliche Tätigkeit durch entsprechende Ausbildungen unmöglich werden ließ: Sich in der Freizeit aus Überzeugung zu qualifizieren vom Rettungssanitäter zum Notfallsanitäter ist selbst den motiviertesten Helfern heute nicht mehr möglich, das Gesetz verlangt eine Ausbildung in Vollzeit. Die kann zwar gerade noch so von drei Jahren auf eine Dauer von fünf Jahren gestreckt werden, etwa durch Halbtagsunterricht für Alleinerziehende, das war es dann aber schon mit der Flexibilität für eine Ausbildung in der Notfallrettung.[16] Wer sich engagieren möchte, steht nach der Ausbildung zum RettSan vor einer Wand, die undurchdringlich ist. Früher, noch zu Zeiten des Rettungsassistentengesetzes, war dies kein Problem, auch ehrenamtliche Helfer konnten in ihrer Freizeit an Weiterbildungen teilnehmen, um sich zu qualifizieren, und haben davon regen Gebrauch gemacht.

Eine tatsächliche Notwendigkeit zur Abschaffung des RettAss hat aber bei Ausgestaltung des Notfallsanitäters niemals wirklich bestanden. Im Gegenteil, es wurde sogar die Möglichkeit eingeräumt, sich in einer Übergangsfrist zum NotSan qualifizieren zu können und damit faktisch aufzusteigen. Dabei ergibt sich das Problem, dass ein großer Teil der Notfallversorgung bis dahin durch ehrenamtliche Helfer gewährleistet wurde, für die nun kein Personalnachwuchs mehr möglich wurde. Von daher wäre es erkennbar besser gewesen, hätte man den Ausbildungsweg des Rettungsassistenten belassen und lediglich die Kompetenzen und Aufgabengebiete klarer voneinander abgegrenzt, denn Nachteile für die Notfallrettung hätte dies keine gebracht: Noch immer fahren in Berlin solche »Retter alter Schule« und dürfen die wichtigsten Maßnahmen im Rahmen der »Notkompetenz« ergreifen.

Wobei es auch verhältnismäßig unproblematisch wäre, könnte sich auf diesem Wege ehrenamtliches Personal durch zusätzliche Ausbildungen zum Notfallsanitäter qualifizieren und somit quasi vollwertig in der Rettung tätig werden. Dass dies möglich ist und sich auch bewährt hat, zeigt ja das aktuelle Modell der Überleitung in dieses Berufsbild auf.[17]

Natürlich ist klar, dass mit der Aufwertung und der gestiegenen Professionalisierung der Notfallrettung durch dieses Berufsbild vor allem ein Anreiz geschaffen werden sollte, entsprechendes Personal für eine anspruchsvolle Tätigkeit gewinnen zu können, die sich deutlich von bisherigen Modellen abgrenzen sollte. Aus dem Assistenten des Notarztes sollte so eine Fachkraft geschaffen werden, die eigenverantwortlich durch eine Regelkompetenz Aufgaben ausführen konnte, die bis dato dem Arzt vorbehalten waren. Als Hauptproblem aber hat sich inzwischen die zunehmende Personalnot herausgestellt: Nachwuchs für eine so anspruchsvolle Tätigkeit ist selten und wird auch vorhersehbar weniger werden, sodass der entscheidende Fehler in der Professionalisierung selbst zu sehen ist – für einen großen Teil der rettungsdienstlichen Notfalleinsätze bedarf es nicht des hochqualifizierten Notfallsanitäters auf seinem Rettungswagen.

Der Patient, der mit dem Fahrrad stürzt und sich den Arm bricht, ist zwar auf eine sofortige Hilfe angewiesen, doch muss diese inhaltlich nicht das Maß dessen übersteigen, was bereits vor Etablierung der Notfallsanitäter möglich gewesen ist und tagtäglich realisiert wurde. Der Patient ohne vitale Gefährdung, der auf ein Rettungsmittel angewiesen ist, ist mit dem Rettungsassistenten ausgezeichnet bedient gewesen und könnte sich selbst heute nicht über eine unzureichende Versorgung beklagen. Der unter Flüssigkeitsverlust leidende Senior in einem heißen Sommermonat wäre, ohne schwere Symptome, ebenso gut versorgt, wie er es auch heute durch den NotSan ist, wobei die damalige Ausbildung ein deutlich wertigeres Fundament geboten hat als heutige Überlegungen durch deutlich kürzere Ausbildungen: Gegenüber Modellen von sechs Monaten bis zu einem Jahr Ausbildung sind die zwei Jahre Vollzeitausbildung des RettAss noch immer deutlich im Vorteil gewesen. In der Konsequenz zeigen diese Konzepte jedoch deutlich auf, dass der RettAss eine Lücke hinterlassen hat, die der NotSan nicht zu schließen vermag und angesichts der Entwicklungen bis 2025 und darüber hinaus auch nicht mehr zu schließen vermögen wird.

Wobei ein erhebliches Problem in der typisch deutschen Tendenz zur Vereinheitlichung begründet liegt. Ganz anders in Österreich:

Dort baut die Ausbildung zum Notfallsanitäter auf der 260 Stunden umfassenden Ausbildung zum Rettungssanitäter auf und umfasst etwa 480 Stunden. Durch zusätzliche Ausbildungen ist es dabei möglich, besondere Notfallkompetenzen zu erwerben, wie sie in Deutschland nur der Notfallsanitäter anwenden darf. Somit stehen die 780 Stunden Ausbildung in Österreich den in Deutschland etwa 4600 Ausbildungsstunden gegenüber, wobei die Tätigkeiten durchaus vergleichbar sind.[18] Dabei werden nicht automatisch durch das Abschlusszeugnis alle Qualifikationen und Kompetenzen gleichzeitig genehmigt, vielmehr handelt es sich um individuelle Ausbildungsmodule, die abhängig sind von der jeweiligen Person und somit die Maßnahmen einschränken oder freigeben, je nach Fähigkeitsprofil des Einzelnen.

Das Modell des Rettungsassistenten war im Vergleich hierzu mit 2400 Stunden deutlich fundierter und würde selbst heute als weitestgehend unproblematisch gelten können, würden die seinerzeit bestehenden Defizite in den Kompetenzregelungen durch solche Individuallösungen hinreichend berücksichtigt werden. Vor allem böte es eine hinreichende Perspektive für die Zukunft, ehrenamtliche Helfer in die Konzepte wieder einbinden zu helfen, die aus beruflichen oder sozialen Gründen keine Vollzeittätigkeit in der Notfallrettung ausüben können oder wollen und die bereits jetzt zutage getretene Fähigkeitslücken schließen könnten.

Tatsache ist, dass zwischen dem Rettungssanitäter mit 560 Stunden Ausbildung und der Berufsausbildung zum Notfallsanitäter mit 4600 Stunden Vollzeitausbildung eine gravierende Lücke klafft, die absehbar zu einer völligen Überforderung der Rettungsdienste führt oder aber eine Auffüllung in der Notfallrettung durch deutlich geringer qualifiziertes Personal unvermeidbar werden lässt, wenn dieses Vakuum nicht mittelfristig durch die Einführung eines dem RettAss entsprechenden Ausbildungsweges gefüllt werden kann.

Andernfalls ist die inzwischen realisierte Lösung nicht passend zum eigentlichen Problem und wiederholt nur die Ansätze der 70er- und 80er-Jahre, hochqualifiziertes Personal in NAW zum Patienten bringen zu wollen, ohne dass hierzu eine wirkliche Notwendigkeit aufgrund des Notfallbildes besteht. Bevor aber der Notfallsanitäter mit dem Rettungseinsatzfahrzeug in einem ähnlichen Rendezvous-System tätig werden wird wie bereits heute schon der Notarzt, sollte besser überlegt werden, ob man die Rettungswagen wieder mit entsprechend gering qualifiziertem Personal auszustatten wünscht oder besser einen gesunden Mittelweg finden will, Mehrzweckfahrzeuge vom »Typ B« mit gut ausgebildetem und qualifiziertem Personal disponieren zu können. Sofern die Ausstattung eines Rettungswagens vorhanden ist und so als Arbeitsplatz für Notfallsanitäter oder Notarzt dienen kann, wäre gegen eine solche Lösung nichts einzuwenden.

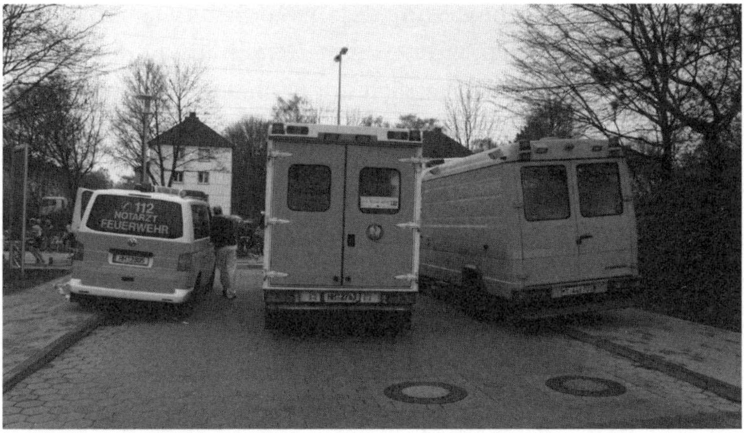

Die bisherige Trennung in NEF, RTW und NAW wird durch den demografischen Wandel nicht mehr zu finanzieren sein

Immer nur zwischen den Extremen hin- und herzupendeln, macht keinen Sinn und wird auch der Wirklichkeit in der Notfallrettung nicht im Ansatz gerecht. Die »MICU« als Rettungsmittel, mit der ein Notfallsanitäter zu jedem Bagatelleinsatz ausrückt, ist sinnbildlich gesprochen bereits das Schießen mit Kanonen auf Spatzen, während der KTW mit einem Rettungssanitäter schnell an Grenzen der technischen Ausstattung und der Ausbildung geraten kann, falls sich die Bagatelle doch als ernst zu nehmendes Notfallbild herausstellt. Wenn bereits bei der Abfrage des Notrufes festgestellt werden kann, dass die Indikationen für eine solche »Zwischenlösung« vorhanden wären, könnte auch das althergebrachte Modell durchaus seinen Zweck erfüllen und so wenigstens einen Beitrag dazu leisten, dem gesellschaftlichen Wandel wirkungsvoll entgegentreten zu können.

Das Anspruchsdenken einer quasi medizinischen Vollkaskoversorgung auch bei solchen Fällen, bei denen eine Therapie erkennbar keine Verbesserung des Gesundheitszustandes mehr bringt, sondern lediglich noch eine Stabilisierung des Pflegebildes, wird sich gesellschaftlich nur noch wenige Jahre durchhalten lassen. Insbesondere da die Generation der Babyboomer durch den »Pillenknick« ein deutliches Weniger an Nachwuchs produziert hat, wird es schwer werden, hier Angehörige zu finden, die entsprechende Entscheidungen werden treffen können. Vielmehr wird dies von Gerichten eingesetzten Betreuern übertragen werden müssen, die jedoch aufgrund der rechtlichen Rahmenbedingungen dabei stets auf eine umfassende Versorgung der Patienten Wert legen müssen.

Dabei gehört dieses Problem nicht allein in den Kreis der Notfallretter, die sich diesen Fragestellungen in den Einsätzen ausgeliefert sehen werden, es betrifft uns alle vielmehr unmittelbar selbst. Denn so gerne wir auch glauben, uns mit entsprechenden Patientenverfügungen und Testamenten abgesichert zu haben, wir werden mit hoher Wahrscheinlichkeit selbst zu eben genau den Patienten gehören, deren Leben und Leiden durch dieses Problem künstlich verlängert werden wird. Das Personal der Rettungsdienste hat dabei herzlich wenig Entscheidungsgewalt und ist nicht einmal befugt, unseren Willen respektieren zu dürfen, sobald entsprechende Anordnungen der Gerichte getroffen wurden.

Entsprechend der Tatsache, dass wir als Patienten also mit hinreichender Wahrscheinlichkeit bei dieser Entwicklung ein Teil des Problems sein werden, sollten wir bereits heute motiviert sein, ein Teil der erforderlichen Lösung sein zu wollen. Dazu gehört, dass politisch Wege gefunden werden müssen, den Patientenwillen so auszugestalten, dass die Rettungsdienste ihn im Notfall auch realisieren können und dem Wohl des Patienten dienen und nicht mehr alles medizinisch nur Mögliche umsetzen müssen.

Gerade aber dadurch, dass in der Pflege häufig die bestehenden Dokumentationspflichten nur unzureichend erfüllt werden, erfordert dies eine neue Art des Zusammenwirkens von Rettungsdiensten und der Versorgung von palliativen Patienten, die eindeutige Regelungen umfasst, wie etwa die Einrichtung entsprechender Register oder zumindest die Übergabe gesicherter Informationen an Leitstellen, noch bevor es überhaupt zu einem Notfallbild kommt. Dazu gehört auch, dass das Personal der Rettungsdienste gesicherten Zugriff auf digitalisierte Patientenakten erhalten kann, in denen entsprechende Informationen zuverlässig und verifizierbar aufzufinden sind.

Ob jemand als Organspender dienen möchte, ob jemand überhaupt reanimiert zu werden wünscht und welche Vorerkrankungen eigentlich zu dem jeweiligen Notfallbild geführt haben, ist gegenwärtig in aller Regel für das eingesetzte Rettungsdienstpersonal überhaupt nicht nachvollziehbar. Im Hinblick auf kommende Entwicklungen ist dieser Zustand inzwischen inakzeptabel und bedarf dringend einer entsprechenden Überarbeitung, zumindest die grundlegenden Informationen an der Einsatzstelle verfügbar zu machen, die angesichts der regelrechten Schwemme an älteren, multimorbiden Patienten auf Notfallsanitäter und Notärzte zukommen wird.

Wohlgemerkt geht es dabei nicht um Sterbehilfe oder derartige Konstrukte, vielmehr geht es um zu erwartende Schwierigkeiten bei der Ausgestaltung der bereits heute hochgradig problematischen Feststellung des Patientenwillens, ob überhaupt und wenn ja, in welcher Form eine Hilfeleistung überhaupt gewünscht oder abgelehnt wird.

Was sich dringend ändern muss

Dass es in der Bundesrepublik nicht »das« Rettungswesen gibt, sondern in Wirklichkeit viele nebeneinander bestehende Strukturen, die häufig völlig unterschiedliche Vorstellungen davon haben, was eine effektive Hilfeleistung bei medizinischen Notfällen darstellen soll, ist für die betroffene Bevölkerung kaum noch nachvollziehbar.

Gravierende Unterschiede in der Qualität der Versorgung einerseits, andererseits aber auch in der Wartezeit bis zum Eintreffen der Retter sind der Bevölkerung bis heute weitestgehend verschwiegen worden und überall wurde der Eindruck erweckt, die Daseinsvorsorge in der Bundesrepublik würde von der Politik verantwortlich betrieben. Wo man auch nachfragt, die zuständigen Behörden versuchen, die bestehenden Zustände als optimalen Zustand zu verkaufen und den wahlberechtigten Steuerzahler regelrecht darüber zu täuschen, dass eine angemessene Versorgung nur in Teilen realisierbar ist. Dabei muss man klar betonen, dass zwischen den Einwohnern Düsseldorfs oder Berlins prinzipiell keine Unterschiede bestehen, die Behörden aber dennoch völlig abweichende Vorstellungen davon hatten und haben, wie man sich bei Notfällen angemessen um Patienten zu kümmern hat. Angesichts bestehender Leitlinien in der Notfallmedizin, die den jeweiligen Stand der Wissenschaften eindeutig definieren, ist eine solche Unterscheidung auch inhaltlich nicht mehr nachvollziehbar.

Es fehlt überall, wo wir nachfragten, an klaren Vorgaben und unmissverständlichen Regelungen. Im Prinzip kann jeder Kreis, jede Gemeinde sich nach eigenen Vorstellungen frei entfalten und dabei auf die unterschiedlichen Rettungsdienstgesetze der jeweiligen Länder verweisen. Genau das machte die Recherche auch so schwierig, es geht eben nicht einfach nur um eine »richtige« oder »falsche« Hilfeleistung, vielmehr geht es in jedem einzelnen Fall um die Frage, ob diese für die Patienten nun suffizient gewesen ist oder eben nicht und ob dies ein Hinweis auf bestehende Strukturdefizite gewesen ist.

Während für Kliniken hier die Haftung für derartiges Organisationsverschulden auch in der Öffentlichkeit umfassend diskutiert wurde und Gerichtsurteile einen klaren Kurs weisen, fehlte es für den Bereich der Notfallrettung nicht selten an genau solchen Kriterien, da diese bislang nicht im Fokus des öffentlichen Interesses standen. Und dennoch zeigte sich klar auf, dass ein wesentliches Problem in der fehlenden Einheitlichkeit der Ausgestaltung liegt und auf regionaler Ebene zu viele Möglichkeiten bestehen, die gesetzlichen Vorgaben und medizinischen Leitlinien freier Interpretation unterfallen zu lassen.

Dass die Feuerwehr Hamburg beispielsweise gleichzeitig Genehmigungsbehörde und Anbieter ist, lässt nur den Rückschluss auf eine sich selbst autark verwaltende Behördenstruktur zu, bei der bislang niemand so richtig eine qualifizierte Dienstaufsicht ausgeübt hat – sonst hätte unvermeidbar auffallen müssen, dass diese Verwaltungsakte als sittenwidrig zu gelten haben, da sie per se unlauteren Wettbewerb darstellen würden.

Und ebenso hätte in Berlin zweifelsfrei bei einer nur oberflächlichen Prüfung der Feuerwehr frühzeitig die Frage auftreten müssen, warum die von der Bundesärztekammer empfohlenen Medikamente der Notkompetenz nicht als Mindestausstattung auf den Rettungswagen anzutreffen waren. Dieser Mangel war bereits so offensichtlich, dass man sich sogar in einschlägigen Internetforen jahrelang über die Berliner Feuerwehr amüsierte ob dieser befremdlichen Entscheidung.

Die stattfindende Diffusion von Verantwortung ist so auch das Hauptproblem angesichts der Tatsache, dass zwar die Ausbildung des Personals im Rettungsdienst durch Gesetze geregelt ist, für die Prüfung aber genau die Regionalbehörden zuständig sind, die hier erhebliches Interesse daran haben, den Betrieb als reibungslos der Öffentlichkeit darzustellen, und dabei in erster Linie Kosten sparen wollen. Dass sich so Niedersachsen und Nordrhein-Westfalen überhaupt nicht dafür interessierten, wie die Hilfsfristen in den einzelnen Kreisen bis 2017 eingehalten wurden, und ihrer Verantwortung für die eigene Bevölkerung somit nicht im Ansatz nachgekommen sind, ist nur noch als erschreckend verantwortungslos zu bezeichnen. Dass die zwischen 100 000 bis 200 000 jährlichen Opfer des plötzlichen Herztodes kein ausreichendes Argument gewesen sind, die staatlichen Pflichten der Daseinsvorsorge auch entsprechend wahrzunehmen, kann nur noch als erstaunlich beurteilt werden. Entweder herrscht in der Politik eine völlige Ahnungslosigkeit ob dieser Lebensrisiken und wirkungsvoller Hilfeleistung oder es ist den Verantwortlichen schlicht vollkommen egal gewesen.

Es ist offensichtlich, dass die Länder, denen bislang die Hoheit über die Notfallrettung obliegt, hier hoffnungslos versagt haben und ihrer Verantwortung nicht ausreichend nachgekommen sind, die eigene Bevölkerung auch nur ausreichend zu schützen. Der Föderalismus hat sich in diesem Fall als eine wesentliche Ursache des Problems herausgestellt. Es bedarf einer entschiedenen Reaktion des Bundes, diese Probleme aufzugreifen und die Verantwortung zu übernehmen, um diese zumindest mittelfristig lösen zu helfen.

Ob dies nun in der Schaffung gesetzlicher Normierungen der Kompetenzen von Rettungsdienstpersonal, Mindestanforderungen an die Ausstattung von Rettungsmitteln oder auch der Durchsetzung von angemessenen Hilfsfristen besteht, kann schlussendlich dahingestellt bleiben, wenn nicht auch auf der Ebene des Bundes eine einheitliche Kontrolle dieser Maßnahmen realisiert werden kann. Kurz: Es braucht dringend eines Bundesamtes für das Rettungswesen, um endlich einheitliche Qualitätsstandards zu entwickeln und dann auch entsprechend durchsetzen zu können.

Zwar existiert mit dem Bundesamt für Bevölkerungsschutz und Katastrophenhilfe eine Einrichtung, die sich mit den Sachfragen des Zivilschutzes und auch Fragen der Notfallmedizin beschäftigt, dies jedoch im Hinblick auf die Einwirkungen von Kriegen und Krisen sowie Katastrophen und Großschadensereignissen nach dem Zivilschutz- und Katastrophenhilfegesetz.[1] Der weitaus größere Anteil der allgemeinen Lebensrisiken durch medizinische Notfälle war dort bisher weitestgehend vernachlässigt worden, zumal dies auch nicht Aufgabe des Bundes, sondern der Länder ist. Geht man jedoch davon aus, dass in dieser Behörde 300 Mitarbeiter tätig sind, wird man kaum umhinkommen können, hier ein zumindest ebenbürtiges Amt einrichten zu müssen, um so wenigstens die Ausgestaltung der Notfallrettung kontinuierlich überprüfen zu lassen und so Mindeststandards durchzusetzen.

Dabei geht es nicht darum, die Notfallrettung zu einer originären Leistung des Bundes werden zu lassen. Dafür wäre das Nebeneinander der bestehenden hauptamtlichen und ehrenamtlichen Retter ebenso viel zu komplex wie die verschiedenen

Hilfsorganisationen und beteiligten Unternehmen. Doch muss es eben möglich werden, dass die Anforderungsprofile an die Fähigkeiten der eingesetzten Retter einem bundesweit gleichen Standard ebenso entsprechen wie die in den Fahrzeugen anzutreffende Ausstattung oder die Auswahl geeigneter Notfallmedikamente: Der Rettungswagen in Kiel muss die gleiche hohe Qualität haben wie der Rettungswagen in Berlin oder in München. Die Versorgung muss allerorts vordringlich dem Wohl der Patienten dienen und eben nicht mehr der juristischen Absicherung der Verantwortlichen oder den finanziellen Interessen der einbezogenen Organisationen.

Dabei muss dann auch klargestellt werden, dass unsere Gesellschaft Verstöße gegen eine solche Qualität nicht dulden können wird und diese sanktioniert werden müssen, wie auch entsprechende Informationen für Angehörige und Patienten verfügbar sein müssen: Kommt das Rettungsmittel zu spät zur Einsatzstelle, muss zumindest hinterfragt werden, warum dies geschehen ist, und ein solcher Vorfall nicht unter den fünf bis zehn Prozent aufgefasst werden, die als Normabweichung bei Hilfsfristen gelten. Denn selbst die Zählweise für solche Zeitverläufe ist bislang nicht einheitlich geregelt. Und prozentuale Abweichungen sind dann ebenso relativ: Zehn Prozent aller Rettungseinsätze, zehn Prozent der Fahrten eines jeden Fahrzeuges oder zehn Prozent der tatsächlichen Hilfeleistungen?

Bei einer Großstadt mit 300 000 Einsätzen jährlich bedeutet eine solche Abweichung, dass dann eben die Hilfe für 30 000 Patienten später eintrifft, nur ist überhaupt nicht geregelt, was dieses später dann sein soll: 15 statt 12 Minuten, 25 statt der vorgeschriebenen 15 Minuten oder möglicherweise 30 Minuten? Und sind solche Abweichungen nicht bereits naturgemäß dadurch verbraucht, dass durch schlechte Verkehrs- und Witterungsbedingungen, etwa bei Glatteis im Winter, Verzögerungen auftreten?

Ein weiteres, ganz entscheidendes Problem sind die Regelungen der Sozialgesetzbücher, die die Leistungen der Rettungsdienste überwiegend als Transportleistungen begreifen und nicht als qualifizierte medizinische Hilfe vor Ort. Doch wenn nur die Transportleistungen entsprechend abgerechnet werden können, liegt es in der Natur der Sache, dass Transporte in die zentralen Notaufnahmen erfolgen und sich diese dann darüber beklagen, von Patienten regelrecht überlaufen zu werden.

Dabei sind die Krankenkassen zu einem erheblichen Teil schuld an dieser Problemstellung, haben sie es doch unterlassen, die vergangenen Jahrzehnte die Leistungen der Rettungsdienste zu überprüfen und als die hochwertige Dienstleistung zu begreifen, die diese in vielen Fällen tatsächlich sind. Es hätte auffallen müssen, wenn in einzelnen Feuerwehren andere Standards etabliert wurden, als diese in Leitlinien vorgegeben wurden. Doch allzu häufig haben auch die Kassen den Rettungsdienst als reine Transportleistung aufgefasst und nicht ausreichend hinterfragt, was dort überhaupt mit den Patienten geschieht. Der Eindruck drängt sich auf, dass die medizinische Leistung für viele Krankenversicherungen erst durch das Entstehen von Fallpauschalen beim Überschreiten des Klinikeingangs beginnt und die Notfallrettung gar nicht existiert.

Entsprechend finden sich allerorts inzwischen in Krankenhäusern Informationsbroschüren und Aushänge zum Beschwerdemanagement und man wird bereits regelrecht von den Ansprechpartnern bedrängt mit Fragebögen, ob man denn zufrieden gewesen sei mit dem angebotenen Service. Bei dem Bereich der Notfallrettung existieren solche Manager anscheinend überhaupt nicht und entsprechende Informationen suchen Patienten auch in den Online-Angeboten häufig vergeblich. An wen man sich überhaupt wenden muss, um Einblick in die eigene Patientenakte zu erhalten, ist in den meisten Fällen völlig unklar und mutiert für die Betroffenen nicht selten zu einem regelrechten Spießrutenlauf.

Vollkommen unverständlich ist, dass der demografische Wandel bislang kaum ausreichend berücksichtigt wurde und die zukünftigen Entwicklungen, die sich bereits jetzt abzeichnen, sich zu einem regelrechten Konflikt zu entwickeln beginnen mit den etablierten Strukturen in der Notfallrettung, die als Auffangnetz für eine falsche Pflegepolitik zunehmend missbraucht werden. Dass jedoch Notärzte und Notfallsanitäter nicht dazu vorgesehen sind, Personalkosten bei Pflegeeinrichtungen und Pflegediensten reduzieren zu helfen, wurde bisher als Kriterium bei der Qualität der entsprechenden Anbieter weitestgehend ignoriert.

Den traurigen Höhepunkt dieser Menschenverachtung mussten die Bewohner eines Pflegeheimes im Odenwald am 23. Mai 2019 erleben: Weil der einzige Aufzug des Seniorenheimes defekt war und die Technikfirma keine zügige Reparatur vornehmen konnte, setzte das Pflegepersonal einen Notruf an die Feuerwehr und Rettungsdienste der Region ab. Die jedoch sahen keinen Notfall in der Situation, trotz der Pflegebedürftigkeit und der Tatsache, dass die Senioren mehrere Stunden in Rollstühlen warten mussten. Schließlich alarmierte die Pflegedienstleitung die Haus- & Wildtierrettung Neckartal-Odenwald & Greifswald/Ostsee an, zu deren Trägergesellschaft das Pflegeheim gehört. Die Tierretter brachten so sechs Senioren, die im Speisesaal festsaßen, in Tragetüchern zurück auf ihre Zimmer.[2]

Menschenverachtung, die schlussendlich auf ein völlig falsches Miteinander von Pflege und Notfallrettung gegründet ist und hier die Personalnot auszulagern versucht, statt klar zwischen den unterschiedlichen Arbeitsbereichen zu trennen. Auch, weil hinsichtlich dieser Trennung keine eindeutigen Abgrenzungen bestehen und Rettungsdienste als Servicedienstleister überall dort betrachtet werden, wo die missratene Pflegepolitik an ihre natürlichen Grenzen stößt. Warum das Pflegeheim für Senioren Träger einer Tierrettung ist, jedoch nicht das notwendige Geld für einen Reservefahrstuhl zu investieren vermochte, erschließt sich dabei auch auf den zweiten Blick nicht. Einzig: Die Anforderungen an den Betrieb solcher Einrichtungen sind deutlich zu gering, wenn keine personellen Reserven für eben solche Fälle gefordert werden und hier Notfallretter einspringen sollen, die bestehenden Probleme zu lösen.

Ebenfalls erheblicher Änderungsbedarf besteht offenkundig bei der allgemeinen Notrufnummer 112, über die gegenwärtig als integrierte Leitstellen sowohl Rettungsdienste als auch Feuerwehren im Notfall erreichbar sind. Das vermehrte Aufkommen von Notrufen, die ohnehin bereits zu 80 Prozent Fehlalarmieren der Notärzte bedingen, hat in den letzten Jahren berechtigt für eine Diskussion der neuen Notrufnummer der ärztlichen Notfalldienste über die 116 117 gesorgt, das eigentliche Problem damit jedoch nicht im Ansatz zu lösen vermocht:

Inzwischen wurde damit die Verantwortung für die Auswahl des geeigneten Helfers, ob nun Notfall oder scheinbarer Notfall, an den Hilfesuchenden ausgelagert, der selber als Laie entscheiden soll, welche Dienstleistung er in Anspruch zu nehmen wünscht. Ohne die Qualifikation jedoch kann ein solcher Anspruch lediglich Wunschdenken sein und geht völlig fehl. Sinnvoller wäre es da, Vorbildern wie in Großbritannien zu folgen und die Notrufe allgemein durch geschultes Personal entgegennehmen zu lassen, das in der Folge eine Auswahl trifft und das Gespräch an einen geeigneten Disponenten weiterleiten kann: Der erste Mitarbeiter am Telefon muss weder löschen können noch reanimieren, er muss lediglich wissen, an wen er den Hörer sinnbildlich weiterreichen kann, um damit einen wesentlichen Beitrag zur Entlastung von Notfallrettung und Feuerwehr leisten zu können und im Bedarfsfall an einen ärztlichen Notfalldienst umzuleiten. Dass es eben nicht unserer nunmehr drei Notrufnummern bedarf und einer Werbetrommel für diese, zeigen Beispiele aus dem Ausland eindrucksvoll auf.

Ganz anders hingegen sind die Änderungen, die es in der Gesellschaft selbst braucht, das Engagement der Notfallretter nicht nur ausreichend zu würdigen, sondern auch besser zu unterstützen:

Die Belastungen des in der Rettung eingesetzten Personals sind in erster Linie seelisch und führen die Helfer in Grenzbereiche unseres Alltages, die für die normale Bevölkerung bereits Ausnahmesituationen darstellen und häufig traumatische Erfahrungen bedeuten. Trotz dieser extremen Belastungen und drei Jahre dauernden Berufsausbildungen ist die Personallage in diesem Segment ausgesprochen schlecht. So reduzierte sich die Funktionsbesetzung bei der Berliner Feuerwehr so erheblich, dass die Ausfälle bei Rettungswagen von 0,8 Prozent im Jahr 2011 auf zuletzt 8,4 Prozent im Jahr 2018 angestiegen sind bei zuletzt sogar absinkendem Krankenstand.[3]

Andere Organisationen zahlen ihren Helfern nicht einmal einen den Leistungen entsprechenden Lohn, in manchen Bereichen existieren keine Tarifverträge und es ist erkennbar, dass der Einstieg als Rettungssanitäter bei einem Grundgehalt von 1 600 Euro nicht wirklich verlockend erscheint, zumal hiervon bei einigen Unternehmen sogar schon Teile als Ausbildungskosten abgeführt werden müssen. Wenn dann auch noch das Personal während der Ausbildung zum Notfallsanitäter durch die vorherige Ausbildung zum Rettungssanitäter für Transportfahrten regelrecht verschlissen wird, ist die Motivation, sich mit Unfallopfern und Notfallpatienten beschäftigten zu müssen und nachts nicht mehr schlafen zu können, entsprechend gering ausgeprägt und nur noch wirkliche Idealisten entscheiden sich für diesen Beruf. Verständlich, in anderen Branchen verdient man deutlich mehr und hat vor allem bessere Aufstiegschancen, zumal man häufig die verpflichtenden Weiterbildungsmaßnahmen nicht bezahlt bekommt und dafür auf seine Freizeit verzichten muss.

Das Berufsbild insgesamt attraktiver zu machen und dafür Sorge zu tragen, dass sich mehr Menschen für eine Tätigkeit in der Notfallrettung entscheiden, ist letztlich aber nur dann möglich, wenn auch die Arbeitsbedingungen selber deutlich verbessert werden durch den Abbau von Überstunden, die in dieser Branche bereits die Regel darstellen: Der Notfall will versorgt sein, man kann nicht einfach pünktlich in den Feierabend oder an der Einsatzstelle mal kurz das Team auswechseln und im Zweifel bedeutet das Abarbeiten einer solchen Lage eben nicht wenige Minuten, sondern beinhaltet auch Transport und Übergabe des Patienten, womit häufig bereits volle Arbeitsstunden anfallen.

Sehr viel hängt auch mit der Anerkennung zusammen, die Rettungsdienstpersonal und Notärzte für ihre Tätigkeit erfahren. Und da müssen wir als Gesellschaft uns auch selbst hinterfragen, ob die – wenn auch nur geringfügig – zunehmende Gewalt gegen die Helfer das eigentliche Problem ist oder die zunehmend geringere Wertschätzung ihrer Arbeit für uns alle.

Das wirklich Erstaunliche ist, dass wir in unseren Recherchen trotz der bestehenden Probleme, trotz der politischen Konflikte und der viel zu geringen Wertschätzung für die Tätigkeit der Retter allerorts auf Menschen getroffen sind, die ehrlich helfen wollen. Dass die Defizite, Konflikte oder Probleme in der Notfallrettung an den Notfallsanitätern, Notärzten, Rettungsassistenten oder Rettungssanitätern liegen würden, können wir als Ergebnis zweifelsfrei ausschließen.

Abkürzungsverzeichnis

AED	Automatisierter Externer Defibrillator
ASB	Arbeiter-Samariter-Bund
BÄK	Bundesärztekammer
BtmG	Betäubungsmittelgesetz
CIRS	Critical Incident Reporting System
DRK	Deutsches Rotes Kreuz
EKG	Elektrokardiographie
FKK	Freikörperkultur
GOMER	Get out of my emergency room
GSG 9	Grenzschutzgruppe 9
HEMS TC	Helicopter Emergency Medical Services Technical Crew Member
KBA	Krankentransporte, Behinderten- und Altenhilfe e. V.
KSK	Kommando Spezialkräfte
KTW	Krankentransportwagen
MICU	Mobile Intensiv Care Unit
MRU	Medical Response Unit
NAW	Notarztwagen
NEF	Notarzteinsatzfahrzeug
NotSan	Notfallsanitäter*in
NSU	Nationalsozialistischer Untergrund
PTBS	Posttraumatische Belastungsstörung
RettAss	Rettungsassistent*in
RettSan	Rettungssanitäter*in
RKiSH	Rettungsdienstkooperative in Schleswig-Holstein
RTW	Rettungswagen
SAR	Search and Rescue
SEG	Schnelleinsatzgruppe
SOP	Standard Operating Procedure
TEN	Trainingszentrum für Erste Hilfe und Notfallmedizin
VEF	Verlegungsarzteinsatzfahrzeug

Glossar

Automatisierter externer Defibrillator Gerät zur Behandlung von Herzrhythmusstörungen durch Abgabe von Stromstößen. Durch die einfache Handhabung besonders für die Erste Hilfe durch Laienhelfer geeignet.

Ärztlicher Bereitschaftsdienst Notdienst der Kassenärztlichen Vereinigung, auch KV-Notdienst genannt. Die Kassenärztlichen Vereinigungen haben nach § 75 Abs. 1 SGB V eine fach- und hausärztliche Versorgung auch außerhalb der regulären Sprechstunden sicherzustellen. Hierzu betreiben die Kassenärztlichen Vereinigungen sogenannte Notfallpraxen bzw. den fahrenden ärztlichen Hausbesuchsdienst.

Ärztlicher Leiter Rettungsdienst Ein im Rettungsdienst tätiger Arzt, der im jeweiligen Rettungsdienstbereich die medizinische Kontrolle über den Rettungsdienst wahrnimmt und für die Qualität der präklinischen notfallmedizinischen Patientenversorgung und -betreuung verantwortlich ist.

Asystolie Eine Form des Herzstillstandes, bei dem das EKG nur noch eine durchgehende »Nulllinie« zeigt, keine elektrische Aktivität mehr im Herzen stattfindet und das Herz nicht mehr pumpt.

Defibrillation Durch einen Defibrillator abgegebene gezielte Stromstöße. Diese können Herzrhythmusstörungen beenden.

Elektrokardiographie Dient der Diagnostik von Herzrhythmus und Herzfrequenz. Standardausrüstung auf einem Rettungswagen.

Hilfsfristen Beschreibt die Zeit, bis zu der Hilfesuchende qualifizierte Hilfe des Rettungsdienstes erfahren.

Katheterlabor Spezieller Behandlungsplatz, in dem Patienten über die Leiste oder das Handgelenk eine Art Draht direkt ins Herz geschoben werden kann, um einen Infarkt therapieren zu können.

Krankenwagen Unspezifischer Sammelbegriff für im Rettungsdienst verwendete Fahrzeuge, wie Rettungswagen oder Krankentransportwagen.

Krankenfahrt Ist im Gegensatz zum Krankentransport kein Teil des Rettungsdienstes. Die beförderten Patienten benötigen während der Fahrt weder eine qualifizierte medizinische Betreuung noch die technische Ausstattung eines Krankentransportwagens. Meist werden Krankenfahrten von Taxis durchgeführt.

Krankentransport Transport von Patienten im Krankentransportwagen (KTW).

Krankentransportwagen Für den Transport von nicht lebensgefährlich verletzten oder kranken Patienten, die eine Betreuung durch qualifiziertes Personal oder die besondere technische Ausstattung eines solchen Fahrzeugs benötigen.

Notarzteinsatzfahrzeug Befördert im Rahmen des Rendezvous-Systems einen Notarzt unabhängig vom RTW zur Einsatzstelle.

Notarzt Neben der Approbation als Arzt benötigen Notärzte eine jeweils landesrechtlich geregelte Qualifikation im Rahmen einer Weiterbildung Notfallmedizin.

Notfallsanitäter Höchste nichtärztliche Qualifikation im Rettungsdienst.

Pyramidenprozess Ein Abstimmungsprozess zur Ausgestaltung des Notfallsanitätergesetzes (NotSanG). Empfiehlt im Rahmen eines Maßnahmenkatalogs bestimmte Therapiemaßnahmen und Notfallmedikamente, die Notfallsanitäter erlernen bzw. anwenden sollen.

Rendezvous-System RTW und NEF fahren unabhängig voneinander zur Einsatzstelle. Falls es nach der erfolgreichen notärztlichen Versorgung nicht mehr erforderlich ist, dass der Notarzt den Patienten auch beim Transport ins Krankenhaus begleitet, wird der Patient nur vom RTW transportiert. Das NEF-Team ist so wieder schnell einsatzbereit für den nächsten Einsatz.

Rettungsassistent Bis zur Einführung des Notfallsanitäters war die Ausbildung zum Rettungsassistenten die höchste nichtärztliche Qualifikation im Rettungsdienst.

Rettungsleitstelle Ist für die Annahme und Bearbeitung von (rettungsdienstlichen) Notrufen zuständig. Alarmiert und disponiert nach bestimmten Kriterien die jeweils geeigneten Rettungsmittel.

Rettungssanitäter Können den höher qualifizierten Notfallsanitätern oder momentan noch Rettungsassistenten bei der Versorgung von Notfallpatienten assistieren.

Rettungstransportwagen Auch als Rettungswagen bezeichnet. Für die Notfallrettung geeignetes Fahrzeug mit der entsprechenden personellen Besatzung und medizinisch-technischer Ausstattung.

Schlaganfall Auch Apoplex genannt. Plötzlich auftretende Durchblutungsstörung im Gehirn.

Schockraum Ein spezielles Behandlungszimmer in der Notaufnahme für lebensbedrohlich Erkrankte oder Verletzte. In diesem Raum finden sich alle Instrumente zur Lebensrettung zentral an einem Platz.

Stroke-Unit Schlaganfalleinheit. Spezielle Versorgungseinrichtung für Schlaganfallpatienten, technisch ausgestattet wie eine Intensivstation.

Anmerkungen

Konfrontation mit der Realität

1 »Wenn der Rettungswagen keine Rettung bringt«, in: ARD Plusminus, 04.10.2017.
2 Die Eintreffzeit bestätigte uns später das Rettungszentrum der Bundeswehr auf persönliche Nachfrage vor Ort im BWK Hamburg.

Rettungswesen in Deutschland

1 Rüdiger Soldt: »Rettungswagen den Weg geebnet«, in: *Frankfurter Allgemeine Zeitung*, 19.09.2013.
2 Weitere Informationen zu dem Fall finden Sie auf der Website der Steiger Stiftung online unter: https://www.steiger-stiftung.de/ueber-die-stiftung/historie#1969-1 [18.07.2019].
3 Mehr Details dazu online unter: https://europa.eu/youreurope/citizens/travel/security-and-emergencies/emergency/index_de.htm#shortcut-0-112-einheitliche-euweite-notrufnummer [19.07.2019].
4 Michael Wesener: »Am Tatort: 300 Patronenhülsen«, in: *Die Zeit*, 09.09.1977.
5 Weiteres zur Geschichte und Entwicklung der ADAC Luftrettung ist unter folgender Website zu finden: https://luftrettung.adac.de/ueber-uns/geschichte/ [19.07.2019].
6 Unter folgender Internetseite finden Sie weitere Informationen zum Wandel der Mercedes-Modelle und der Ausstattung: rtw-blaulicht.de/tag/mercedes-benz/ [19.07.2019].
7 Stellungnahme der Bundesärztekammer zur Notkompetenz von Rettungsassistenten und zur Delegation ärztlicher Leistungen im Rettungsdienst, 16.10.1992, »Medikamente deren Applikation im Rahmen der Notkompetenz durchgeführt werden kann«, Bundesärztekammer, 11.03.2004.
8 So durfte etwa nach dem Zugunglück von Eschede im Landkreis problemlos Morphin von Rettungsassistenten gegeben werden.
9 »Kompetenzen überschritten: BRK entlässt Rettungsassistenten«, in: *Windsheimer Zeitung*, 25.11.2013.
10 Weitere Informationen zum Käfer »Heidelberg 10« unter: https://www.auto.de/magazin/heidelberg-10-revolutionierte-das-notarzt-system/ [19.07.2019].

11 In Hamburg unterhält beispielsweise die Bundeswehr derzeit drei NAW, davon zwei für Intensivtransporte.
12 Notfallsanitätergesetz vom 22.05.2013.
13 Die konkrete Ausgestaltung wird in den Ländern und Kreisen geregelt.
14 Präsentation der Firma GARD, 14.02.2019.
15 Schulz, Jane: »Kein Retter in der Not« (Stand: 19.12.18) http://news.doccheck.com/de/229344/kein-retter-in-der-not/ [19.07.2019].
16 § 7 Hamburgisches Rettungsdienstgesetz vom 09.06.1992.
17 § 3 Niedersächsisches Rettungsdienstgesetz vom 02.10.2007.
18 Christian Heinrich: »Wenn Freiwillige Leben retten«, in: *Spiegel Online,* 02.01.2018.
19 Weitere Details zu First Responder unter: https://www.johanniter.de/dienstleistungen/im-notfall/rettungsdienst/first-responder/ [19.07.2019].
20 Katharina Mayer: »Nur mit kulanten Chefs gibt es ehrenamtliche Sanitäter«, in: *Schwäbisches Tagblatt*, 26.06.2011.
21 Weitere Informationen zur Rechtslage unter: http://www.medizinrecht-schwetzingen.de/first-responder-und-sonderrechte/ [19.07.2019].
22 Prof. Dr. Gerhard Nadler: »Sonder- und Wegerecht des NEF bei Begleitung des RTW«, Rettungsdienst, S&K Verlag, Dezember 2017, S. 78 ff.
23 Nils Sander: »Bayern: Muss die Feuerwehr zur Reanimation ausrücken?«, in: *Feuerwehrmagazin*, 06.08.2018.
24 Weitere Informationen finden Sie unter: https://ff-neuengamme.de/index.php/technik/first-responder-wehr [19.07.2019].
25 Bekanntmachung des Bayerischen Staatsministeriums des Innern, 27.04.2011, Fassung vom 07.02.2013, ID3-2281.10-111.
26 Husum startet Pilotprojekt für Rettungseinsätze (Stand: 02.02.2019), https://www.ndr.de/nachrichten/schleswig-holstein/Husum-startet-Pilotprojekt-fuer-Rettungseinsaetze,husum274.html [19.07.2019].
27 Gemeinde-Notfallsanitäter entlasten Notärzte (Stand: 10.01.2019), https://www.aerztezeitung.de/politik_gesellschaft/notfallversorgung/rettungswesen/article/979300/pilotprojekt-gemeinde-notfallsanitaeter-entlasten-notaerzte.html [19.07.2019].
28 Unter folgender Website finden Sie Rettungsdienstinformationen zu jedem Bundesland: http://www.skverlag.de/rettungsdienstschulen/rettungsdienstinfos.html, Stand Mai 2019 [19.07.2019].
29 Mitteilungen der Innenministerien an die Autoren, 2018.
30 Zum plötzlichen Herztod mehr unter: https://www.zoll.com/de/informationen/plötzliche-herztod [19.07.2019].

Pressemitteilung der Deutschen Gesellschaft für Kardiologie – Herz- und Kreislaufforschung e. V. vom 20.04.2017. Interview auf dem ERC-Kongress vom 28.09.2017.

31 Mehr Sicherheit für Feuerwehrleute – externer Defibrillator übergeben (Stand: 14.07.2006) https://osthessen-news.de/n1126433/bad-hersfeld-mehr-sicherheit-f-r-feuerwehrleute---externer-defibrillator-bergeben.html . [19.07.2019].
32 Marktsichtung der Autoren, Stand Dezember 2018.
33 Mitteilung Prof. Peter Sefrin vom 29.09.2017.
34 Mitteilung Wolfgang Petersen aus März 2017.
35 Zugang zur Website unter: http://unser-notarzt.de/.
36 Koalitionsvertrag zwischen CDU, CSU und SPD, 19. Legislaturperiode vom 12.03.2018, S. 100.
37 Pressemitteilung des Deutschen Bundestages vom 15.05.2019.
38 Umfangreiche Notdienstreform mit Grundgesetzänderung geplant (Stand: 18.12.2018), https://www.aerzteblatt.de/nachrichten/99918/Umfangreiche-Notdienstreform-mit-Grundgesetzaenderung-geplant [19.07.2019].

Krankenwagenfahrer?

1 Die Interviews wurden zwischen 2017 und 2018 geführt.
2 Deutsche Alzheimer Gesellschaft: »Die Häufigkeit von Demenzerkrankungen« als PDF: https://www.deutsche-alzheimer.de/fileadmin/alz/pdf/factsheets/infoblatt1_haeufigkeit_demenzerkrankungen_dalzg.pdf.
3 Daten entnommen aus der offiziellen Website des Deutschen Berufsverbandes Rettungsdienst e. V.: https://www.dbrd.de/index.php/aktuelles/202-13-05-2014-rettungsdienst-gegen-kindesmisshandlung.html [19.07.2019].
4 Dominik Reinle: »Kindesmisshandlung – Ärzte brauchen ›Mut und Zivilcourage‹« (Stand: 02.04.2019), https://www1.wdr.de/nachrichten/landespolitik/kompetenzzentrum-kinderschutz-nrw-interview-100.html [19.07.2019].
5 Eine Übersicht finden Sie unter folgender PDF-Datei: https://www.bundesaerztekammer.de/fileadmin/user_upload/downloads/Bundesweiter_Ueberblick_ueber_die_Notarztqualifikation.pdf.
6 Interview vom 10.07.2019.
7 Stern, Jenny: »Gewalt gegen Rettungskräfte – Das sagen die Zahlen« (Stand: 24.01.2019), https://www.br.de/nachrichten/bayern/gewalt-gegen-rettungskraefte-das-sagen-die-zahlen,RFEiEx2 [19.07.2019]. Wie viel Gewicht tragen Einsatzkräfte? (Stand: 17.03.2016), https://www.retter.tv/organisationen/weitere-organisationen_ereig,-Video-Wie-viel-Gewicht-tragen-Einsatzkraefte-_ereignis,35191.html [19.07.2019].
8 Weiteres unter: https://notarztdienste.de/
9 Manfred Gihl, Dr. Stefan Kappus: »Die Dienstgebäude der Feuerwehr Hamburg«.

10 Stichproben der Autoren aus dem Zeitraum März 2018 bis März 2019.
11 Eine ausführliche Guideline zur Therapie eines akuten Herzinfarktes bei Patienten mit persistierender ST-Streckenhebung unter folgendem Link als Download: https://leitlinien.dgk.org/files/PL_STEMI_Internet_13.pdf
12 Tipps zur Vermeidung von hitzebedingten Beschwerden finden Sie unter folgender Website: https://www.asklepios.com/presse/presse-mitteilungen/konzernmeldungen/2018-mai/20180525-mehr-notfall-patienten-wegen-sommerhitze~ref=eb4b30af-4bd6-4365-9b67-31baebfb4962~ [19.07.2019].
13 Einen Überblick des Sichtungssystems können Sie unter folgendem Link abrufen: https://www.zrf-saar.de/mediapool/415/vorinfo_sichtung_v2.pdf [19.07.2019].
14 Jörg Krey: »Das Manchester-Triage-System – ein Konzept für deutsche Leitstellen?«, 6. Symposium Leitstelle aktuell, 12.-13.06.2018.
15 Der Begriff entstammt Samuel Shems »House of god«, einer zynischen Darstellung des Krankenhausalltags in den USA der späten 70er-Jahre.
16 Präsentation der Firma GARD, 14.02.2019.
17 Sichtung vom 01.05.2019.

Notfall oder »Notfall«?

1 Ruf, Jürgen: Notärzte in Not (Stand: 27.12.2015), https://www.spiegel.de/karriere/hohe-belastung-fuer-notaerzte-zahl-der-einsaetze-steigt-stark-a-1066747.html [19.07.2019].
2 Bei Erkrankungen, die nicht lebensbedrohlich sind, aber außerhalb von Werktagen auftreten, und somit ein Besuch beim Hausarzt nicht möglich ist, kann der ärztliche Bereitschaftsdienst erreicht werden. Unter folgendem Link findet man einen Überblick zum Bereitschaftsdienst (Rufnummer 116117), der je nach Bundesland zu unterschiedlichen Zeiten erreichbar ist: https://www.116117.de/html/de/regionen.php [19.07.2019].
3 Weitere Informationen unter: https://www.verbraucherzentrale.de/wissen/gesundheit-pflege/aerzte-und-kliniken/krank-in-der-nacht-am-wochenende-oder-an-feiertagen-116117-11001 [19.07.2019].
4 Wie im folgenden Artikel geschildert, wird selbst im Falle von Herzinfarkt noch immer wieder der Hausarzt angerufen anstatt der Notarzt: https://www.herzstiftung.de/Herzinfarkt/Hausarzt.php [19.07.2019].
5 Josefa Lehmke: »Ärztlicher Bereitschaftsdienst: Was in den Notfallkoffer gehört«, in: *Deutsches Ärzteblatt,* 2016; 113 (18): A-870/ B-736/ C-724.
6 Wie im folgenden Interview mit Frank Heringer aus dem Frankfurter Interdisziplinären Institut für Notfallmedizin und Simulationstraining

erläutert wird: https://www.dps-medical.de/blog/warum-notfallmedizin-uns-alle-betrifft/ [19.07.2019].

7 »Debatte um Pflichtbereitschaftsdienste ausgelöst«, in: *Deutsches Ärzteblatt*, 10.02.2017.

8 Weitere Informationen zum Unternehmen GARD unter folgender Website: http://www.gard.org/standorte/hamburg/aerztlicher-notfalldienst-hamburg.html [19.07.2019].

9 Zum ärztlichen Hausbesuch-Service in Hamburg unter: https://www.notarzt-hamburg.de/hausbesuch/ [19.07.2019].

10 Abgeordnetenhaus Berlin, Ausschuss für Gesundheit, Pflege und Gleichstellung, 29. Sitzung, Wortprotokoll vom 14.01.2019.

11 Katharina Gilles und Stefani Geilhausen: »Nach Tod eines Jungen: Leichnam soll exhumiert werden«, in: *NRZ*, 05.01.2018.

12 Beate Bahner: »Vertragsärztlicher Notdienst: Des einen Freud´, des anderen Leid«, in: *Deutsches Ärzteblatt*, 2009; 106(22): A-1163/ B-999/ C-971.

13 Ebenda.

14 »Planet Wissen: Notfallrettung in der Krise«, in: *WDR*, 21.01.2019.

15 Mitteilung vom 10.07.2019.

Schwarze Machenschaften

1 Vernehmungsprotokoll André S., Tagebuchnummer ST12-120003/17.

2 Florian Flade: »Das unfassbare Doppelleben des Oberleutnants Franco A.«, in: *Welt*, 27.04.2017.

3 Vernehmungsprotokoll Rainer H., Tagebuchnummer ST12-120003/17; »Franco A. hortete 1 000 Schuss Munition« (Stand 04.05.2017), https://www.spiegel.de/politik/deutschland/bundeswehr-soldat-franco-a-hortete-1000-schuss-munition-a-1146177.html [19.07.2019].

4 Vernehmungsprotokoll André S., Tagebuchnummer ST12-120003/17.

5 Vernehmungsprotokoll André S., Tagebuchnummer ST12-120003/17.

6 Christina Schmidt, Martin Kaul: »Kommando Heimatschutz«, in: *TAZ*, 20.12.2017 »Nordkreuz: Morde in ganz Deutschland geplant«, in: *NDR*, 06.07.2019.

7 »NSU-Ausschuss lädt Vorgesetzten von Kiesewetter vor«, in: *MDR Thüringen Journal*, 14.03.2019.

8 Christina Schmidt, Martin Kaul, Sebastian Erb, Alexander Narbert: »Hannibals Verein«, in: *TAZ*, 21.12.2018.

9 Michael H.: »Familien im Personenschutz«, in: *Uniter e.* V., abgerufen im Januar 2017.

10 https://www.ten-y.de/die-notfallretter/referenzen/ [19.07.2019].

11 Pressemappe als PDF unter folgendem Link: https://www.uniter-network.de/wp-content/uploads/Pressemappe_MRU.pdf [19.07.2019].

12 Interview aus dem März 2017.

13 Ebenda.
14 Zum Schutz der eingesetzten Beamten und Soldaten werden hier keine näheren Angaben zu Einsatzorten und -mitteln getätigt.
15 Mitteilung aus dem Dezember 2017.
16 Doppel-Anschlag sollte offenbar Bahnhof treffen (Stand: 01.01.2016), https://www.welt.de/politik/deutschland/article150516441/Doppel-Anschlag-sollte-offenbar-Bahnhof-treffen.html [19.07.2019].
17 »Anti-Terror-Übung: Polizei zieht positive Bilanz«, in: *NDR*, 06.11.2018.
18 Edison Hayden, Michael: »Terror in the UK – A Timeline of Recent Attacks« (Stand: 15.09.2017), https://abcnews.go.com/International/terror-uk-timeline-recent-attacks/story?id=47579860 . [19.07.2019].
19 Basich, Melanie: »How to … Acquire AEDs« (Stand: 01.01.2003), https://www.policemag.com/338972/how-to-acquire-aeds [19.07.2019].
20 Weitere Details siehe Suchdatei von Sunnyvale mit Details zum öffentlichen Treffen, den Kosten der AED-Geräte etc.: https://sunnyvaleca.legistar.com/LegislationDetail.aspx?ID=1638103&GUID=0E6CDC27-6F65-40B9-9471-88FCB874CE2C&Options=&Search= [19.07.2019]; Beyond the badge, Vol 2, No 6, Juni 2009.
21 Mitteilung aus dem Januar 2018.
22 Rieke Beckwermert, Maximilian Matthies: »Polizistin rettet Kleinkind auf der Straße das Leben«, in: *Schleswig-Holstein-Zeitung*, 06.10.2016.
23 Christina Hein, Jörg Steinbach: »Polizei erkannte Schlaganfall nicht: Kasselerin stundenlang festgehalten«, in: *Hessische/ Niedersächsische Allgemeine*, 28.02.2018.
24 Bundesgerichtshof, Urteil vom 04.04.2019 – III ZR 35/18.
25 SAR Jahresbericht 2016, Luftfahrtamt der Bundeswehr.
26 Mitteilung vom 28.9.2017.
27 Weitere Details siehe Suchdatei von Sunnyvale mit Details zum öffentlichen Treffen, den Kosten der AED-Geräte etc.: https://sunnyvaleca.legistar.com/LegislationDetail.aspx?ID=1638103&GUID=0E6CDC27-6F65-40B9-9471-88FCB874CE2C&Options=&Search= [19.07.2019].
28 »Demo-Sanitäter freigesprochen« (Stand 15.09.2018), http://amnesty-polizei.de/demo-sanitaeter-freigesprochen/ [19.07.2019].
29 Mitteilungen mehrerer Quellen aus dem Mai 2019.
30 »Mann arbeitet jahrelang als falscher Notfallarzt«, in: *Welt*, 19.12.2017.
31 Interview aus dem Juni 2019.
32 »Brisante Patientendaten für jeden zugänglich?«, in: *NDR*, 26.09.2016.

Pflegen und Hegen

1 »Fast 40.000 Stellen in der Pflege unbesetzt«, in: *Spiegel Online*, 08.01.2019.
2 Vorliegende interne Unterlagen der Jobcenter, Stand 2018.
3 Folgender Link beinhaltet ein beispielhaftes Kursangebot, das nach Abschluss des Kurses den Führerschein und das Zertifikat garantiert. Beides wird finanziell von den Behörden übernommen: https://www.vividus-akademie.de/weiterbildung/betreuungskraft-pflegebasiskurs-fuehrerschein-berlin/ [19.07.2019].
4 Mitteilung aus dem Januar 2019.
5 Interview vom 30.12.2018.
6 Mitteilung aus dem Januar 2019.
7 Interview vom 24.4.2019.
8 »Ein interessanter Job. Mit Sicherheit«, Bundesvereinigung Deutscher Geld- und Wertdienste, Auflage 2017.
9 »Hausnotruf: Bundesgerichtshof wirft Johannitern groben Fehler vor«, in: *Deutsches Ärzteblatt*, 12.05.2017.
10 Mitteilung vom Mai 2019.
11 Ebenda.
12 Interview vom 15.05.2017.

Tarnen und Täuschen

1 Zur Entwicklung der Krankenkraftwagen siehe online unter: http://www.feuerwehr-potsdam.de/bf_rettungsdienst/entwicklung_krankenkraftwagen_3.htm [19.07.2019].
2 Siehe folgende Liste als PDF: https://www.ambulanzengel.de/03%20DIN%201789%20(1).pdf.
3 Weitere Details online unter: https://www.ff-frohnau.de/fahrzeuge/rettungswagen/ [19.07.2019].
4 »1983: Neuer Standard bei Krankenwagen«, in: *DDR-Fernsehen*, 16.05.1983.
5 Kammergericht Berlin, Urteil vom 19.05.2016 – 20 U 122/15.
6 Mitteilung Beamter der Feuerwehr Berlin vom 14.03.2017.
7 Ebenda.
8 Stellungnahme der Bundesärztekammer zur Notkompetenz von Rettungsassistenten und zur Delegation ärztlicher Leistungen im Rettungsdienst, 16.10.1992; »Medikamente, deren Applikation im Rahmen der Notkompetenz durchgeführt werden kann«, Bundesärztekammer, 11.03.2004.
9 »Medizinische Handlungsanweisungen für die Notfallrettung im Land Berlin« Feuerwehr Berlin, Stand 01.02.2019.
10 Kammergericht Berlin, Urteil vom 19.05.2016 – 20 U 122/15.

11 Eine Anleitung finden Sie online unter: https://www.berliner-feuerwehr.de/ihre-sicherheit/im-notfall/leben-retten/ [19.07.2019].
12 Interview vom 23.05.2019.
13 Ebenda.
14 Ebenda.
15 Mitteilung der Feuerwehr Berlin vom 02.10.2017.
16 Der C1 in der Version der Feuerwehr Hamburg konnte bei der Reanimation am 04.10.2017 in Aktion erlebt werden.
17 Telefonische Mitteilung der Hamburger Behörde für Inneres und Sport, 10.11.2017.
18 Mail der Hamburger Behörde für Inneres und Sport vom 10.11.2017.
19 Christoph Heinemann: »Retter bekommen bessere Ausrüstung«, in: *Hamburger Abendblatt*, 12.11.2018.
20 Präsentation GARD vom 14.02.2019.
21 Ebenda.
22 Christoph Heinemann: »Retter bekommen bessere Ausrüstung«, in: *Hamburger Abendblatt*, 12.11.2018.
23 Mitteilung vom August 2018.
24 Informationen zu den Gebühren aus dem Jahre 1997 finden sich auf folgender Website: http://www.landesrecht-hamburg.de/jportal/portal/page/bshaprod.psml?nid=8&showdoccase=1&doc.id=jlr-FeuerwGebOHA1997V26Anlage&st=lr [19.07.2019].
25 Rettungsdienstprotokoll 171975471, 25.11.2017.
26 Schilderungen der Zeugen vor Ort im Dezember und Januar 2018.
27 Ebenda.
28 https://www.ff-neuengamme.de/index.php/technik/first-responder-wehr [19.07.2019].
29 Telefonische Mitteilung der Hamburger Behörde für Inneres und Sport, 10.11.2017.
30 Mail der Hamburger Behörde für Inneres und Sport, 10.11.2017.
31 S. Maisch, A. Krüger, S. Oppermann, A. E. Goetz, P. Friederich: »Verbessertes Überleben durch leitliniengerechte kardiopulmonale Reanimation«, in: *Der Anästhesist*, 29.06. 2010.
32 Purkhardt, Jessica: Meine Frage an den Magistrat – Notfallmedizinische Ausstattung von Rettungswagen (Stand: 16.11.2017), http://www.jessica-purkhardt.de/index.php/667-meine-frage-an-den-magistrat-notfallmedizinische-ausstattung-von-rettungswagen-start [19.07.2019].
33 Siehe: https://www.ambulanzengel.de/03%20DIN%201789%20(1).pdf .
34 Ebenda.
35 Interview vom 23.05.2019.
36 »Unbarmherzige Samariter – Lohndumping und Leiharbeit im Rettungsdienst«, in: *ARD Plusminus*, 19.09.2012.

37 »Samariter-Bund: Razzia in Münchner Zentrale«, in: *TZ*, 24.05.2016; Kastner, Bernd: »Verdacht: Unbarmherzige Samariter«, in: *Süddeutsche Zeitung*, 22.03.2012.
38 Bewirtschaftung von Haushaltsmitteln des Bundes für den Katastrophenschutz im Zivilschutz auf Standortebene, Anlage zum Rundschreiben – III.5 – 561 – 00 – vom 20.03.2019.
39 Interview vom 01.11.2018.
40 Telefoninterviews aus dem Oktober 2016.

So geht es nicht mehr weiter

1 Interview Jan Gregor Steenberg, 23.05.2019.
2 »Rechtslücke für Notfallsanitäter«, in: *ZDF Frontal21*, 29.05.2018.
3 Änderungsantrag der Fraktion Die Linke, Ausschussdrucksache 18(14)226.
4 Mail des Bundesministeriums für Gesundheit vom 18.05.2018.
5 Allen voran Hamburg, wo bislang kein feststellbarer Unterschied zwischen Rettungsassistenten und Notfallsanitätern besteht.
6 Siehe Gebührenstand 1997: http://www.landesrecht-hamburg.de/jportal/portal/page/bshaprod.psml?nid=8&showdoccase=1&doc.id=jlr-FeuerwGebOHA1997V26Anlage&st=lr [19.07.2019].
7 Kammergericht Berlin, Beschluss vom 20.03.2017 – 20 U 147/16.
8 Weitere Informationen dazu online unter: https://www.neuro-depesche.de/nachrichten/hohes-ptbs-risiko-fuer-rettungskraefte/ [19.07.2019].
9 Volker Meißner: »Patientenverfügung im Rettungsdienst«.
10 Mitteilung vom 30.05.2019.
11 Für die Todesfeststellung greift der Arztvorbehalt nach Heilpraktikergesetz.
12 Mitteilung aus dem April 2019.
13 »Immer weniger Bereitschaft zu Erster Hilfe bei Herzstillstand – Deutsche Anästhesisten mit aktuellen Zahlen – Warnung vor Schließung von OPs, Intensivbetten und Notarztwachen wegen Personalmangel«, Pressemitteilung der DGAI, 09.05.2019.
14 Merlot, Julia: »Reanimation: Deutsche verweigern Erste Hilfe«, in: *DER SPIEGEL*, 12.09.2012.
15 Mitteilung vom 29.09.2017.
16 Schreckenberg, Daniel: »Unterlassene Hilfeleistung in Bank: Darum kamen die Kunden mit Geldstrafe davon«, in: *Der Westen*, 18.09.2017, »Angeklagte müssen Geldstrafen zahlen«, in: *Spiegel Online*, 18.09.2017.
17 So ist man also in Hamburg in genau der Situation, die Berlin nach Urteil des Kammergerichts 2016 abwenden musste.
18 Weitere Informationen unter: http://hamburg.retter-werden.de/ausbildung/

Das Geschäft mit dem Tod

1 Interview vom 10.7.2019.
2 https://www.amazon.com/Human-Vertebra-Thoracic-Natural-Quality/dp/B00N1XMETI/ref=sr_1_5?__mk_de_DE=%C3%85M%C3%85%C5%BD%C3%95%C3%91&keywords=human+bones+real&qid=1564606266&s=gateway&sr=8-5.
3 https://www.skullsunlimited.com/pages/skulls-unlimiteds-research-skulls-and-skeletons.
4 Jack Leonard: »Businessman found guilty in UCLA´s willed body-parts program scandal«, in: Los Angeles Times, 15.5.2009.
5 Susanne Frömel: »Die Leichenräuber von London«, in: *Spiegel Online*, 6.7.2005.
6 »Verkehrt gepolt«, in: *Der Spiegel*, 10/1981.
7 https://www.blick.ch/news/ausland/italien-alarmsystem-soll-leichendiebstahl-verhindern-id548913.html.
8 »Hamburger Anatomie-Institut: Zu wenig Körperspender«, in: *Hamburger Abendblatt*, 22.4.2019.
9 »Firma darf keine Leichenteile für Fortbildung nutzen«, RBB24, 21.5.2019.
10 »Vollzugshilfe zur Entsorgung von Abfällen aus Einrichtungen des Gesundheitsdienstes«, Bund-/ Länderarbeitsgemeinschaft Abfall, Mitteilung Nr.18, 2015.
11 https://www.regensburg-digital.de/60167-2/05072018/
12 Mitteilung vom 5.8.2019.
13 Mitteilung vom 2.8.2019.
14 Mitteilung vom 5.8.2019.

Es wird schlimmer

1 »Notfallversorgung: Wie wird/ soll sie in Zukunft aussehen?«, SQR-BW, Jahrestagung der SEG 4, Stuttgart, 29.01.2019.
2 Sütterlin, Sabine: »Deutschland – eines der kinderärmsten Länder« (Stand: Januar 2008), https://www.berlin-institut.org/online-handbuchdemografie/bevoelkerungsdynamik/regionale-dynamik/deutschland.html [19.07.19].
3 »Hamburger Feuerwehr kommt immer später«, in: *NDR*, 03.06.2019.
4 Michael Scheffler M. A.: »Der Rettungsdienst in Schleswig-Holstein im Jahr 2025«, RKiSH, Heide, 2014.
5 Ebenda.
6 Dienstversammlung der Feuerwehr Berlin vom 14.05.2019.
7 »Deutsches Rotes Kreuz in Hessen kämpft mit Fachkräftemangel«, in: *Ärzteblatt*, 24.05.2019.
8 »Feuerwehr: Ärger um Notfallsanitätergesetz«, in: *NDR*, 15.01.2019.
9 Mitteilung vom 10.07.2019.

10 Michael Scheffler M. A.: »Der Rettungsdienst in Schleswig-Holstein im Jahr 2025«, RKiSH, Heide, 2014.
11 Ebenda.
12 »Feuerwehr Hamburg – Wachstumskurs hält bei weiterhin hohem Einsatzaufkommen an«, Pressemitteilung der Feuerwehr Hamburg, 15.05.2019.
13 Weitere Informationen zu »Kursana« unter: https://www.kursana.de/reichenbach/.
14 T. Metterlein, A. Spall, M. Ressel, M. Ritzka, B. M. Graf, M. Zimmermann: »Arztbegleiteter Patiententransport«, Notfall Rettungsmed DOI10.1007/s10049-016-0133-, Springer-Verlag Berlin Heidelberg 2016.
15 »Empfehlung für eine Verordnung über die Ausbildung und Prüfung von Rettungssanitäterinnen und Rettungssanitätern (RettSan-APrV)«, Ausschuss Rettungswesen, 11./12.02.2019.
16 Holdenried, Ramona: »Personal-Mangel beim Karlsruher DRK – Viele Rettungswagen bleiben stehen« (Stand: 18.10.2016), https://www.ka-news.de/region/karlsruhe/Karlsruhe~/Personal-Mangel-beim-Karlsruher-DRK-Viele-Rettungswagen-bleiben-stehen;art6066,1965870 [19.07.2019].
17 Schmitz-Eggen, Lars: »Rettungsassistent – In 4 Schritten zum Notfallsanitäter« (Stand: 11.10.2018), https://www.rettungsdienst.de/downloads/rettungsassistent-in-10-schritten-zum-notfallsanitaeter-40802 . [19.07.2019].
18 Folgende Website beschreibt eine Ausbildung zum Rettungs- und Notfallsanitäter beim Roten Kreuz in Österreich: https://www.roteskreuz.at/gesundheit/ausbildungen-im-oerk/sanitaeter/ [19.07.2019].

Was sich dringend ändern muss

1 Weitere Details zum BBK online unter: https://www.bbk.bund.de/DE/DasBBK/UeberdasBBK/ueberdasbbk_node.html [19.07.19].
2 Hyslop, Patrick: »Drama im Seniorenheim – Darum wurde die Feuerwehr nicht alarmiert« (Stand: 27.05.2019), https://www.tag24.de/nachrichten/schoenbrunn-schwanheim-senioren-heim-drama-aufzug-tier-rettung-facebook-feuerwehr-1079588 [19.07.19].
3 Dienstversammlung der Feuerwehr Berlin vom 14.05.2019.